# 对外投资提升出口质量的机制研究

Study on the Mechanism of
Foreign Investment to Improve Export Quality

薛安伟 / 著

上海社会科学院出版社
SHANGHAI ACADEMY OF SOCIAL SCIENCES PRESS

# 目 录

导论 ………………………………………………………………… 1

## 第一章　危机以来国际环境变化的态势 ………………………… 11
- 第一节　全球经济格局变化 ………………………………… 13
- 第二节　全球政治格局变化 ………………………………… 22
- 第三节　全球治理格局变化 ………………………………… 29
- 第四节　本章小结 …………………………………………… 34

## 第二章　全球投资制度安排的特征与趋势 ……………………… 37
- 第一节　全球投资制度安排的高标准原则 ………………… 39
- 第二节　全球投资制度安排强调便利化 …………………… 48
- 第三节　全球投资制度安排顺应数字化发展趋势 ………… 53
- 第四节　全球投资制度安排涉及范畴不断扩大 …………… 59
- 第五节　全球投资制度安排关注争端解决机制 …………… 65
- 第六节　本章小结 …………………………………………… 70

## 第三章　中国发展对外直接投资的内在必然性 ………………… 71
- 第一节　中国对外直接投资发展的三个阶段 ……………… 73
- 第二节　中国对外直接投资主要特征的转变 ……………… 83
- 第三节　中国对外直接投资发展的历史转变 ……………… 90
- 第四节　本章小结 …………………………………………… 99

### 第四章　中国企业对外直接投资的新动机 …… 101
- 第一节　绿地投资的动机变化 …… 103
- 第二节　跨国并购的价值投资动机 …… 111
- 第三节　跨国并购的布局全球供应链动机 …… 117
- 第四节　跨国并购的攀升全球价值链动机 …… 124
- 第五节　优化产品结构动机 …… 129
- 第六节　本章小结 …… 134

### 第五章　对外直接投资推动出口增速提效的机理 …… 137
- 第一节　对外直接投资对企业出口的影响概况 …… 139
- 第二节　对外直接投资对贸易的创造效应 …… 146
- 第三节　对外直接投资的出口流失效应 …… 158
- 第四节　对外直接投资提升出口效益的机制 …… 168
- 第五节　本章小结 …… 179

### 第六章　对外直接投资推动出口增速提效的路径 …… 181
- 第一节　影响对外直接投资推动出口增速提效的因素 …… 183
- 第二节　对外直接投资推动出口增速提效的路径 …… 192
- 第三节　以对外直接投资推动出口增速提效的主要困难 …… 203
- 第四节　中国企业"走出去"推动出口增速提效的保障措施 …… 211
- 第五节　本章小结 …… 218

### 第七章　以对外直接投资推动出口增速提效的政策建议 …… 219
- 第一节　继续发挥比较优势，拓展海外市场 …… 221
- 第二节　加快培育高级要素，提升要素能级 …… 229
- 第三节　创新对外合作方式，多渠道扩大出口 …… 235
- 第四节　加强风险管控，提高投资安全 …… 241
- 第五节　本章小结 …… 250

### 后记 …… 251

# 导 论

当今世界正处于百年未有之大变局。从外部看,国际环境深刻变化,保护主义、单边主义等推动经济全球化向逆全球化的方向发展,中美贸易摩擦对两国贸易乃至全球供应链、产业链等都产生了重要冲击,国际政治经济格局正重新调整,中国经济发展的外部条件已经深刻变化。从内部看,中国经济发展阶段、要素结构和生态环境约束都出现了历史性变化,中国经济已经由高速增长阶段转向了高质量发展阶段。切实推动经济高质量发展,是开放新条件下中国经济发展的核心要务,经济高质量发展必然包括提高对外直接投资与出口的高质量发展。因此,在局部逆全球化新背景下,更要积极主动地探索和推进国际投资和国际贸易的双向互动、融合发展的机制。

## 一、研究背景

改革开放以来,中国的经济发展始终与开放紧密相连,外资、外贸、外企等作为新要素深刻地融入中国经济。中国的对外开放政策也不断改革、创新,开放型经济新体制逐步建立、完善。

### (一) 中国对外开放程度不断扩大,投资开放的政策体系逐渐从单向引进转向双向互动

参照国际直接投资的发展历史,从单向引进外资到双向投资布局是开放型国家发展的重要规律,中国的改革开放也将是从单向引资走向全面开放。2002年11月,党的十六大报告中明确提出实施"走出去"战略,对外投资首次被作为国家战略提出来。2007年10月,十七大报告指出,坚持对外开放的基本国策,把"引进来"和"走出去"更好地结合起来。2012年11月,十八大报告提出,全面提高开放型经济水平,加快"走出去"步伐,

增强企业国际化经营能力,培育一批世界水平的跨国公司。2015年10月,十八届五中全会通过的《"十三五"规划建议》指出"完善对外开放战略布局,推进双向开放,促进国内国际要素有序流动",标志着对外开放的战略布局从引进外资走向了双向开放。2017年10月,十九大报告再次将开放战略提升到了形成全面开放新格局,加快培育国际经济合作和竞争新优势。2019年10月,十九届四中全会《决定》指出,建设更高水平开放型经济新体制,实施更大范围、更宽领域、更深层次的全面开放,健全促进对外投资政策和服务体系。2021年3月,十三届全国人大四次会议通过的《"十四五"规划和二〇三五年远景目标纲要》提出实施高水平对外开放,开拓合作共赢新局面。坚持实施更大范围、更宽领域、更深层次对外开放,依托我国大市场优势,促进国际合作,实现互利共赢。发展的实践表明,中国的对外开放水平不断提升,在新发展格局下,对外开放政策不断优化,开放质量稳步提高,逐渐形成了更好地服务于企业"走出去"的对外投资政策体系。

### (二) 全球化大背景下全球价值链分工深刻变化,中国需要继续扩大开放以投资与贸易高质量发展助推价值链升级

在扩大对外开放的过程中,参与全球价值链分工的企业越来越多,中国融入全球产业链、价值链的程度越来越深,国际分工地位不断攀升,各行业专业化程度越来越高。从全球价值链分工发展来看,跨国公司通过国际投资将产品的价值链分布在不同国家,以对外投资形成了出口能力,投资对出口的创造作用逐渐显现。但从投资和贸易的收益来看,并不是所有对外直接投资都能带来出口增长与效益提升,中国不少对外直接投资并没有实现投资收益和驱动出口增长的长期正效应。对外直接投资正处于从规模扩张到质量提升的关键转折,对外直接投资应当发挥更大作用促进国内经济高质量发展。中国相对于其他西方发达国家,仍处于全球价值链的中低端,因此,要以对外直接投资提高出口产品质量,助推国内价值链升级。

## （三）经济全球化演变内在要求贸易和投资加深融合，中国对外直接投资从量变到质变必须使之与贸易相结合

经济全球化和全球产业链布局是由跨国公司主导，由资本驱动的生产要素跨国流动过程，资本流动加剧和中间品贸易增多是这一机制的重要特征。未来世界经济的发展也将更加突出资本和贸易双向促进，对外直接投资可以发挥更大作用。中国是经济全球化的得益者也是维护者，中国的对外直接投资和对外贸易呈现不断融合发展的特点。从2002年提出"走出去"战略以来，中国的对外直接投资快速增长；2015年，中国首次成为资本净流出国，然而投资收益不高制约着对外直接投资的可持续发展。在高质量发展背景下，对外直接投资需要更多与国际贸易相结合，持续提升投资效益。另外，中国出口发展面临新约束，出口增长亟待新动力、新机制破解难题。因此，在贸易投资融合发展的国际背景下，在对外直接投资与出口面临新突破的国内背景下，如何推进国际投资和国际贸易双向互动，特别是发挥对外直接投资的积极作用意义重大。

## （四）中国对外直接投资在制度上具有顶层设计性，要警惕资本持续外流的负效应

中国对外直接投资与西方国家的最大区别在于强调顶层设计的重要作用，国家政策具有较强的引导和指挥棒作用。传统国际投资理论从跨国公司的角度分析对外直接投资的动因或目标，然而，当一国推行对外投资战略时，国际投资的运行机制如何，怎样更有效，国际直接投资理论并没有给出直接答案。中国作为发展中国家，跨国公司的数量有限，大规模对外投资的时间也不长，对外投资理论创新一定程度上跟不上实践发展的需要。从国家战略角度看，对外投资也需要重视推动出口发展的作用，而不是单纯的获取要素。同时，资本外流可能导致国内产业空心化，对经济产生负面效应。中国作为全球第二大对外直接投资国、第一大贸易国，新形势下，国内产业向国外转移的压力和出口发展瓶颈并存，如何利用对外投资促进出口增速提效是当前乃至一段时间内中国对外开放都需要解决的问题。因此，研究

我国的对外直接投资需要结合顶层设计的特征,提出有针对性、可操作的政策建议。

## 二、研究思路和主要内容

本书从中国经济高质量发展的现实背景出发,以对外直接投资推动出口增速提效为主要研究内容,分析对外直接投资推动出口增速提效的必要性、必然性,再分析其理论机制和路径,最后提出相应的政策建议。从思路上,坚持问题导向与理论基础相结合,沿着"问题的提出—国际经验比较—理论机制与影响因素分析—实现路径—战略对策"的总体思路展开,逐步深入问题本质,总结理论机制,提出政策建议。其技术路线图如图0-1所示。

沿着上述研究思路,本书主要内容包括以下几个方面:

### (一)梳理分析当前国际政治经济社会环境深刻变化的特征与趋势

2008年由美国次贷危机引发的全球金融危机造成世界经济持续低迷,不同经济体之间分化加剧,产业格局重塑。与此同时,国际政治和全球治理格局深刻变化,中国外资外贸发展的外部环境与以往相比有了重大转变。特别是在局部逆全球化、中美经贸摩擦加剧等背景下,中国进一步扩大对外开放可能受到更多国际环境的负面影响,中国出口增长的外部条件需要重新评估。因此,系统分析国际政治经济社会环境的变化趋势,是研究对外投资与出口影响关系的重要前提条件。

### (二)新时期中国发展对外直接投资的必然性

2002年以来,中国的对外直接投资逐渐进入快速增长阶段,从2002年的27亿美元增长至2019年的1 369亿美元,目前正处于转型升级发展期。经过高速增长以后,中国的对外直接投资的主体更加多元化、投资领域更加广泛、目的国更加分散,投资布局进一步优化。中国的对外直接投资正经历着从增量时代到存量时代、从绿地投资为主到跨国并购为主、从投资大国

| 整体思路 | 研究内容 | 研究目标 |
|---|---|---|

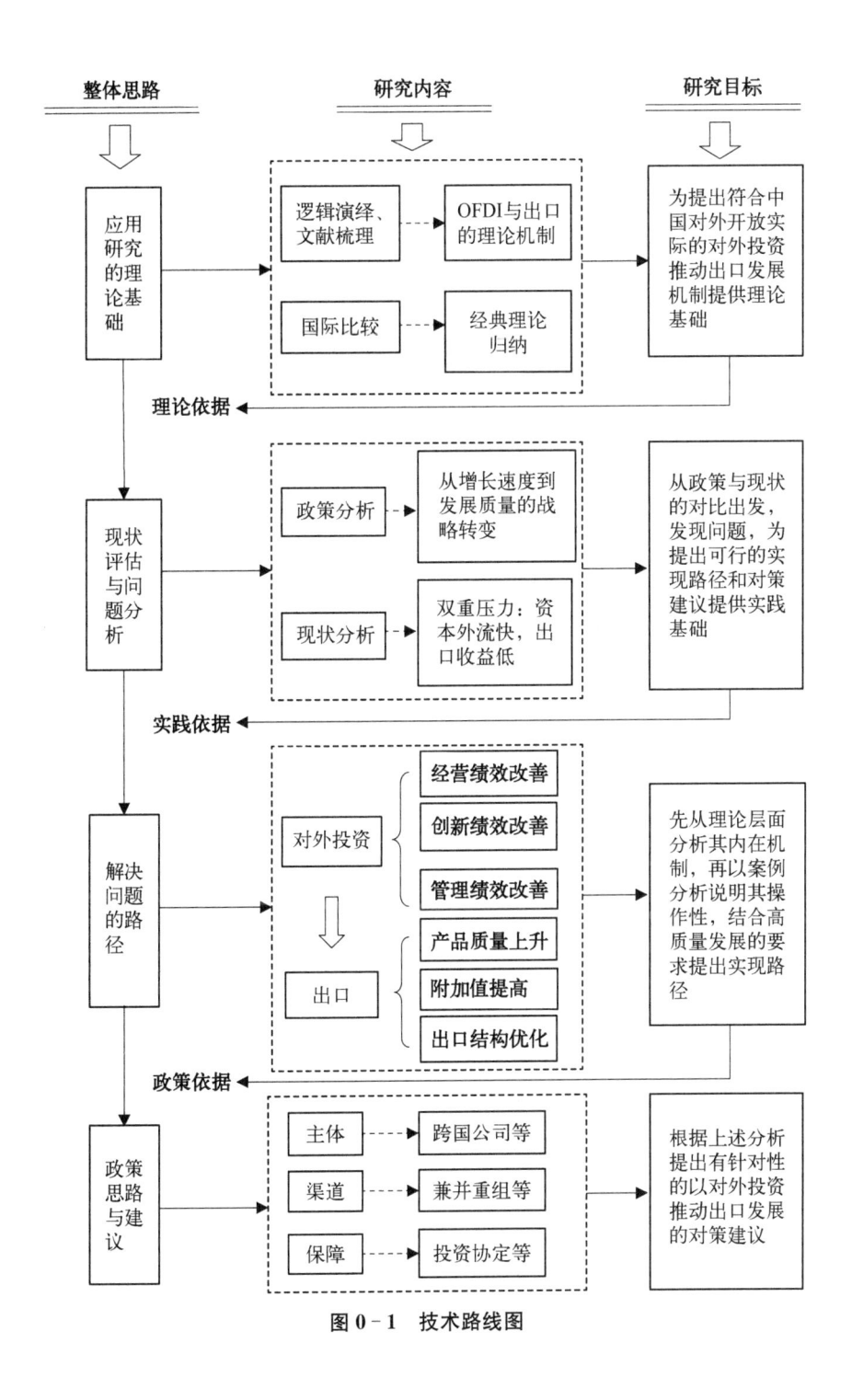

**应用研究的理论基础**
- 逻辑演绎、文献梳理 → OFDI与出口的理论机制
- 国际比较 → 经典理论归纳

→ 为提出符合中国对外开放实际的对外投资推动出口发展机制提供理论基础

**理论依据**

**现状评估与问题分析**
- 政策分析 → 从增长速度到发展质量的战略转变
- 现状分析 → 双重压力：资本外流快，出口收益低

→ 从政策与现状的对比出发，发现问题，为提出可行的实现路径和对策建议提供实践基础

**实践依据**

**解决问题的路径**
- 对外投资
  - 经营绩效改善
  - 创新绩效改善
  - 管理绩效改善
- 出口
  - 产品质量上升
  - 附加值提高
  - 出口结构优化

→ 先从理论层面分析其内在机制，再以案例分析说明其操作性，结合高质量发展的要求提出实现路径

**政策依据**

**政策思路与建议**
- 主体 ---→ 跨国公司等
- 渠道 ---→ 兼并重组等
- 保障 ---→ 投资协定等

→ 根据上述分析提出有针对性的以对外投资推动出口发展的对策建议

图 0-1 技术路线图

向投资强国的历史性转变。推动对外直接投资高质量发展是中国经济发展阶段的必然要求，有助于促进从要素驱动向创新驱动的转变，也是中国企业布局全球产业链、价值链，配置全球资源的重要手段。

### （三）研究新环境、新背景下，中国企业对外直接投资动机的新变化

从投资类型上看，绿地投资由于贴近市场、靠近原材料供应地等优势仍占主导，跨国并购则更有助于企业价值投资、布局全球供应链、攀升价值链、优化产品结构等，正呈现加速发展态势。对外直接投资动机的变化与经济全球化趋势和中国经济发展阶段、内在结构等变化有深刻联系。世界经济形势、地缘政治、中美关系等重大变量仍将影响中国对外直接投资的动机与动向。

### （四）对外直接投资推动出口增速提效的理论机制

对外直接投资对出口的影响既有数量效应又有质量效应。从量上看，对外直接投资能够创造出口，同时也可能导致出口流失；从质上看，对外直接投资通过技术溢出、降低成本、制度创新等提高出口效益。本书通过案例分析，验证对外投资对企业创新的影响机制。对外直接投资对出口的增速提效作用是我国进一步扩大对外投资、发展高质量出口的基础。

### （五）全球投资制度安排的主要特征与发展趋势

缺少多边投资协定是当前全球制度安排的主要缺陷之一，未来，随着全球化的深入发展，资本流动加剧，建立全球性投资制度安排必不可少。全球投资制度安排的特征主要集中在3个方面：1. 更加强调高标准；2. 更加强调便利化；3. 更加注重适应数字化发展趋势。中国仍将坚持渐进改革，通过自由贸易试验区、负面清单等主动探索与创新适应国际高标准、高水平的制度、规则，进一步扩大对外开放。

### （六）以对外直接投资推动出口增速提效的路径

在分析我国对外直接投资推动出口增速提效机理的基础上，研究中国企业以对外直接投资推动出口增速提效的路径：技术进步路径、品牌提升路

径、营销网络路径和生产网络路径等。

### (七) 以对外直接投资推动出口增速提效的政策与启示

基于对机理的分析、路径的研究,结合国内外环境变化,本书提出以下4条以对外直接投资推动出口增速提效的建议：1. 继续发挥比较优势,鼓励企业通过OFDI拓展海外市场；2. 加快培育高级要素,提升要素能级,提高产品附加值；3. 创新对外合作方式,研究扩大出口的渠道；4. 加强风险管控,促进投资安全与效率并重。

## 三、研究价值与意义

### (一) 理论价值

国际直接投资理论一直是世界经济理论的重要组成部分,从20世纪60年代美国经济学家海默提出垄断优势理论以来,针对国际直接投资的研究越来越多,国际直接投资理论日益丰富并成为国际经济学的重要研究领域之一。先后出现了内部化理论、产品生命周期理论、边际产业转移理论、国际生产折衷理论、国际直接投资发展阶段理论等,这些理论多是从发达国家的对外投资实践出发,鲜有利用发展中国家展开分析。虽然小规模生产理论、技术地方化理论、制度适应性理论等,研究了发展中国家的对外投资,但都是从发展中小国展开,很少有以中国这样一个发展中大国为样本进行系统研究的理论。本书从中国企业的对外直接投资实践出发,结合中国的内外部环境变化,试图总结中国对外直接投资的经验,探索提炼中国对外直接投资的理论。研究企业的对外直接投资行为,要从企业面对的国内外投资环境出发,分析企业"走出去"的动机,再进一步到其对企业进出口的影响。这里重点研究了中国企业通过对外直接投资推动出口增速提效的机理和路径,在中国企业对外直接投资理论上试图做出一些有益的补充。

### (二) 实践意义

中国已经从单向引资大国转向了双向投资大国,未来中国必将从对外投资大国迈向对外投资强国。中国企业配置全球资源的能力将进一步增强,不断提高参与经济全球化的能力水平。从现实情况看,中国虽然地大物博,但人均资源非常匮乏,国内对各类资源的需求远远大于供给,中国企业必须学会配置全球资源。中国社会的主要矛盾已经转化为人民日益增长的美好生活需要和不平衡不充分的发展之间的矛盾,需求升级也相应要求供给创新,有必要通过国际市场来满足部分新需求。中国企业的发展壮大必须不断拓展海外市场,布局全球价值链、产业链。所以,大力推动企业"走出去"既有助于满足国内需求,又有助于推动企业做大做强。从提升对外开放水平角度看,中国对外开放的脚步不会停下来,对外投资和出口具备相互影响相互促进的基础,因此以对外直接投资推动出口增速提效符合高水平开放的要求。

经济全球化是历史潮流,不可阻挡。虽然当前有暂时的逆全球化势头,但我们要看清历史的大趋势,继续积极融入经济全球化,坚定推动经济全球化。国际直接投资和国际贸易是经济全球化的驱动要素,中国企业并不能因为经济全球化的暂时逆转而放弃海外拓展,而是要主动迎接挑战、创造条件、抓住机遇,更深层次推动对外投资和出口的融合发展。中国已经是全球第二大对外投资国、最大的货物贸易国、最大的外汇储备国,中国有基础、有条件进行更高水平对外开放,顺应全球长期发展趋势,优化配置全球资源。

# 第一章

## 危机以来国际环境变化的态势

从英国"脱欧"到美国"退群",经济全球化遭受重创,单边主义、贸易保护主义抬头,世界正步入全球化的新阶段。全球供应链在缓慢解体、嬗变,跨国公司正在迅速调整全球战略,国际直接投资和国际贸易发展的外部环境发生了深刻变化。受逆全球化、地缘政治、民族宗教等全球或地区因素的影响,世界经济政治格局面临着重塑。在新形势、新背景下,中国企业走出去将遇到更多新问题、新选择,准确识别外部环境变化,才能化危为机。

## 第一节　全球经济格局变化

20世纪末到21世纪初,全球经济迎来了黄金20年,但是,2008年始发于美国的国际金融危机对全球经济快速持续增长产生了重大而深远的影响。欧洲陷入主权债务危机,新兴经济体增长后劲不足,发展中经济转型依然困难等,越来越多的国家和地区陷入了增长困境。国际金融危机后的世界经济增长持续低迷,不同经济体之间持续分化,产业分工格局走向碎片化等。以剑桥大学的芬巴尔·利夫西为代表的学者认为,最近十几年的全球化进入了后全球化时代[①],全球供应链开始重新布局,价值链开始重构,产业链出现了局部性收缩,本地化趋势增强,这些趋势可能持久影响全球经济格局的演化。

### 一、全球经济总体持续低迷

美国次贷危机引发的国际金融危机对世界经济的影响是全面的、显著

---

① [英]芬巴尔·利夫西:《后全球化时代——世界制造与全球化的未来》,王吉美、房博博译,中信出版社2018年版,第236—238页。

的,至今世界经济仍然处在底部衰退阶段。金融危机的全球蔓延,直接导致国际贸易的大幅萎缩和国际投资的剧烈下滑。根据WTO的测算,商品贸易增速从2007年的6%,下降至2008年的2%,2009年进一步下滑至-12%。同时,根据联合国贸发组织的统计,2007年和2008年的国际直接投资连续大幅下降,同步增幅分别为-23%和-22%。[①] 贸易和投资的低迷直接导致世界经济陷入衰退,如图1-1所示,2008年打破了世界经济增速从1980年以来的持续平稳上升态势。2009年全球经济近乎零增长,2010年以后虽有所反弹,但其增长趋势与危机前相比下降了约1.5个百分点,世界经济陷入长达10年的低速增长。2017年2月,普华永道在报告《长远前景——2050年全球经济排名如何演变?》中,通过分析占全球经济总量85%的32个经济体认为,从2016年至2050年全球经济将以2.6%的速度增长,低于2000—2007年的年均4.5%的增速。[②] 虽然2017年在美国经济带动下,全球经济增长有所反弹,但持续低迷的态势并没有反转。特别是2020年初席卷全球的新冠肺炎疫情再次将脆弱的世界经济拉入谷底,2020年全球经济深

**图1-1 全球GDP实际增长率(1980—2018年)**

数据来源:Wind数据库。

---

[①] 数据来源:Wind数据库。
[②] PwC: "The Long View — How Will the Global Economic Order Change by 2050?", https://www.researchgate.net/publication/314418070_The_Long_ViewThe_Long_View_How_will_the_global_economic_order_change_by_2050, 2021-11-01.

受重创,未来世界经济增长态势更加不确定。全球主要发达经济体纷纷大搞量化宽松,增发货币大放水,世界经济有可能从低增长、低利率、低通胀和高债务的深度调整阶段,迈向低增长高通胀的滞胀阶段,总体低迷可能持续较长时间。

世界经济持续低迷除了外部冲击因素外,深层次原因是全球经济增长缺乏新动力,没有形成科技创新的突破。贸易和投资仅是从表面反映了全球经济活跃度,国际贸易和国际投资的急剧萎缩,全球需求开始下降,贸易量大幅快速减少导致一些企业减产甚至破产;投资额度降低,实体经济活跃度下滑,企业不敢轻易扩张,从而导致从研发再到生产到销售的一系列活动缩减。贸易和投资增速的下滑说明实体经济正在经历困境,这种态势如果不能在中短期内扭转,经济就陷入持续衰退。2011年以后的大多数年份内全球贸易增速持续低于 GDP 增速,商品进出口的萎缩反映有效需求不足,实体经济复苏艰难。

究其根源,贸易和投资减速,GDP 长期低速增长背后的深层次原因是经济增长的旧动力衰减而新动力暂未形成。20世纪90年代初至21世纪初的近20年世界经济快速增长,世界总财富大幅上升,整体绝对收入明显改善,同时积累了诸多结构性问题,比如一些国家债务过高、收入分配不均加剧、虚拟经济过度发展等。这一轮全球化使得资源配置效率更高,推动了经济高速增长,但科技创新和技术进步并没有跟着经济结构转换和质量提高而有新突破。经济增长的最初动力主要来自市场扩大、规模扩大等产生的总量效应,但在全球经济增长达到规模的限制后,没有出现以技术创新带动产业革命进而驱动经济转型升级,即第四次工业革命迟迟未爆发,引领新经济发展的新动能长期缺位,全球经济增长不得不再次陷入低增长区域。

世界经济的低迷对日益开放的中国经济的影响是深远的。1978年改革开放以来,中国经济积极主动融入世界经济,嵌入全球价值链产业链,成为"世界工厂",在世界经济稳定中发挥了重要作用。当前的中国经济已经是世界经济的重要组成部分,与世界经济紧密相连、融为一体。在世界经济持续低迷背景下,中国的外资和外贸发展的外部环境变得更加恶劣,并直接影响国内经济。中国作为"世界工厂",中国经济的发展对外依存度比较高,全球经济持续的低增长导致我国外部需求疲软,出口增速下降。作为对外贸易大国,进出口与国内经济具有很强的联动性,进出口剧烈波动直接影响经济增长速度与发展绩效。中国如何更好利用对外直接投资推动出口增长和出口质量上升意义重大。

## 二、不同经济体间增长分化加剧

金融危机和经济危机是导致不同国家发展差距拉大和内部分配不均的重要助推器。2008年国际金融危机后,在全球经济增长放缓的同时,不同经济体之间增长分化加剧。

### (一)高收入国家与中低收入国家之间的分化加剧

危机后,高收入国家经济增速出现了回暖兆头,中等收入、低收入和最不发达国家增速则有所下滑。如表1-1所示,高收入国家在2008年、2009年的低增长后迅速反弹,2017年、2018年基本回到了2007年的水平。而中等收入、低收入和最不发达国家的经济增速大多数并没有回到2007年的水平,甚至有接近50%的降幅。比如,2007年中等收入国家GDP增速为8.45%,到2019年仅反弹至3.95%,与此同时,高收入国家的增速分别是2.82%和1.68%,反弹速度更快。因此,肇始于美国的国际金融危机,致使危机之后,发展中国家追赶发达国家的进程变缓,发达国家与发展中国家的差距进一步拉大,分化更加明显。"美国生病,全球吃药"的风险仍然没有解除,发展中国家发挥后发优势的难度增大。

表1-1 发达国家、发展中国家等GDP增速对比　　单位:%,不变价

| 年份 | 最不发达国家 | 低收入国家 | 中等收入国家 | 高收入国家 |
|---|---|---|---|---|
| 2007 | 8.26 | 7.57 | 8.45 | 2.82 |
| 2008 | 7.10 | 6.52 | 5.55 | 0.42 |
| 2009 | 4.71 | 4.94 | 2.34 | −3.32 |
| 2010 | 5.93 | 5.80 | 7.48 | 2.95 |

续表

| 年份 | 最不发达国家 | 低收入国家 | 中等收入国家 | 高收入国家 |
| --- | --- | --- | --- | --- |
| 2011 | 4.35 | 3.26 | 6.02 | 1.86 |
| 2012 | 4.77 | 2.33 | 5.19 | 1.29 |
| 2013 | 5.81 | 5.69 | 5.14 | 1.46 |
| 2014 | 5.59 | 5.03 | 4.47 | 2.03 |
| 2015 | 3.63 | 2.09 | 3.98 | 2.34 |
| 2016 | 4.02 | 3.88 | 4.31 | 1.71 |
| 2017 | 4.86 | 4.36 | 4.94 | 2.38 |
| 2018 | 4.42 | 3.59 | 4.65 | 2.20 |
| 2019 | 4.41 | 3.88 | 3.95 | 1.68 |

数据来源：世界银行数据库。

## (二) 发达国家各自内部也出现了不同程度的分化

在危机以后的复苏过程中，发达经济体内部增长率先开始分化，美国经济一枝独秀，英国、德国、法国等国家经济增长持续低迷。如图1-2所示，2010年以后美国经济呈现向上稳定增长态势，而德国、日本、英国和法国等国家的经济增长速度一直维持在相对低位，且均低于危机前平均水平。这种分化态势进一步说明了"美国生病，全球吃药"的美国霸权，美国房地产次贷危机引发的全球金融海啸最后美国最先恢复增长，其他国家陷入低增长困境。特别是与美国经济、金融联系紧密，交往深的发达国家，受美国金融危机的冲击影响也较大，如果发达国家其各自内部的分化越来越大，实际上也不利于世界经济的复苏。美国一家独大的世界经济格局在短期内很难逆转，世界经济的不平衡、分化式发展还将持续。2008年金融危机距今已经10多年，但是此次危机的影响仍然没有消退，一方面说明世界经济相互联系、互相影响的程度更深了；另一方面说明第二次世界大战之后建立的国际经济体系在应对新型经济危机时所发挥的作用有限。

单位：%

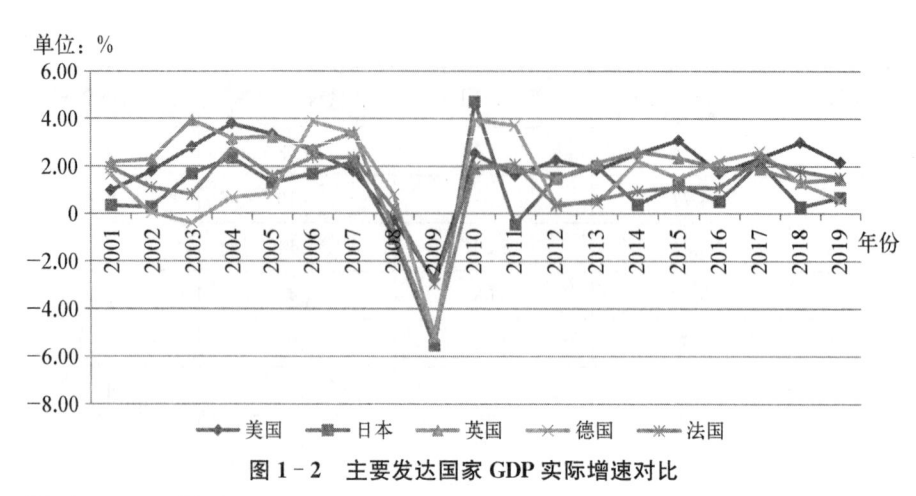

图 1-2 主要发达国家 GDP 实际增速对比

数据来源：Wind 数据库。

## （三）从新兴市场和发展中经济体内部也出现了一定的分化趋势

新兴市场和发展中国家正处于发挥后发优势、积累力量，进行增长赶超的阶段，此时经济遭受冲击增长速度被动下降，不仅影响短期经济增长，甚至可能对比较脆弱的产业结构和国民经济体系产生持久的负面冲击。突如其来的外部冲击，甚至可能中断赶超进程，对经济长远发展具有更大的不利影响。新兴市场和发展中经济体由于发展阶段不同，受外部冲击影响的结果也各不一样，增长分化也更剧烈。如图1-3所示，巴西、阿根廷、南非、俄罗斯、中国等国家的经济增速整体出现了下滑态势，并且明显比危机前下了一个大台阶，呈现结构性分化特征。其中，中国、印度和印度尼西亚的增长相对有韧性，危机之后的下降幅度不大，巴西、南非、阿根廷和俄罗斯则大幅下挫，巴西、阿根廷甚至多年出现负增长，说明这些国家经济更脆弱。金融危机的世界影响是广泛的、深刻的，不仅波及发达国家，而且对发展中国家产生了更大的负向效应。发展中国家向发达国家赶超，最终实现经济上的基本趋同应该是世界经济的发展规律，但是在全球化的世界经济中，发展中国家也难免受到发达国家危机的传染，由于其经济的脆弱性，内部分化也更剧烈。

全球不同经济体、不同国家之间增长分化加剧不利于世界经济复苏，与

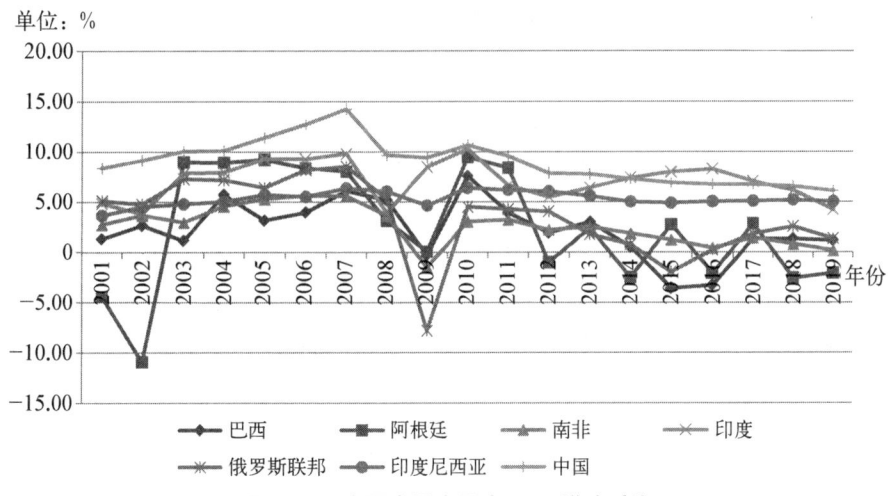

图 1-3 主要发展中国家 GDP 增速对比

数据来源：Wind 数据库。

此同时中国经济发展的外部环境也更加复杂多变。因为在逐步分化的背景下，各国出于保护本国经济和就业，更加偏向重商主义和保守性政策，不利于推动商品和生产要素的跨国流动，不利于生产要素的国际合作以提高全球生产率。中国是进出口大国、投资大国和制造业大国，合作性为主要特征的外部环境对中国的影响要优于对抗性外部环境，但不同经济体分化加剧更容易推动世界各国的关系向对抗性方向发展。中国经济正面临"三期叠加"（增长速度换挡期、结构调整阵痛期、前期刺激政策消化期）的新状态，已经从高速增长阶段转向高质量发展阶段，中国经济自身发展也正处在新的转折点上，既影响世界，又更大地受世界影响。中国是发展中的社会主义大国，中国经济与世界经济已深深联系在一起，中国经济作为发展中经济体内部分化的一部分，同时显示出更大的韧性。

## 三、产业分工格局面临重塑

产业是经济发展的基石，众多的产业构成了经济系统，因此经济高质量发展与产业分工、产业格局、产业体系等都密切相关。一国的产业水平决定了该国经济在世界经济中的地位，同样，全球产业结构和水平也决定了世界经济的发展潜力和态势。产业背后是国际分工,不同国家的产业格局显示的是其国际分工的特征和地位。进入21世纪以来,由于全球化加速发展,国际分工进一步细化、优化,各国根据自身生产要素禀赋优势进行专业化生产,嵌入全球产业链和价值链当中。特别是2008年金融危机以后10多年时间,国际分工格局在跨国公司主导下加速演进,产业的国际转移开始加快,中国也更深度融入了全球产业链,中国在全球产业分工格局中地位发生了重要变化。国际分工格局与产业分工格局的变化也推动了不同国家的专业化与产业结构调整。当前,美国、日本等发达国家主要集中在高新技术、研发设计等产业链的高端环节;中国、越南、印度尼西亚等发展中国家具有劳动力优势;其产业主要集中在加工制造等中低端环节;刚果、赞比亚等不发达国家主要靠资源、能源和提供一些初级产品,处于产业链低端。

产业的国际转移是全球要素禀赋结构变化和世界经济发展的内在规律。产业国际转移大致可以分为四次:第一次产业国际转移是19世纪上半叶,从英国向美国的产业转移;第二次产业国际转移是20世纪五六十年代,从美国到日本和联邦德国的转移;第三次产业国际转移是20世纪七八十年代,从欧美日国家向亚洲四小龙的产业转移;第四次是20世纪90年代,从亚洲四小龙到中国的产业转移。产业的国际转移从来没有停止过,今天仍然在继续,中国也正面临新的产业转移。持续的全球化导致大量制造业从发达国家转移到新兴市场国家,发达国家产业空心化和失业大量增加,在金融资本的全球逐利流动下,资本收益率远远高于劳动生产率,收入分配不平等加剧,各种经济社会问题增多。危机后,以美国为首的发达国家开始推行贸易保护政策,主张制造业回流,全球产业格局开始发生新变化。但是,历史规律告诉我们,转移出去的产业很难再回流回去,人为干预产业发展趋势只会造成扭曲,而是要顺应要素结构变化,加快培育新的优势产业。

近年来,国际产业格局重塑,主要受3种驱动力变化的影响。

## (一)产业变革背后的技术创新驱动

产业变革背后最原始的驱动力一定是技术创新的突破,历次工业革命都证明了技术创新对产业变革的决定性。从农耕社会到第一次、第二次和第三次工业革命,从石器到蒸汽机到电力再到原子能等,每一次都是科技变革驱动经济社会变革。20世纪90年代到21世纪初是互联网技术大发展和广泛应用的时期,社会普遍期待互联网能驱动引领第四次工业革命,形成新的增长点。但是,互联网长期停留在商业模式应用领域,对工业产生颠覆性影响的迹象还不明显,没有形成新的主导产业。从德国的"工业4.0"到美国的工业互联网再到中国的"互联网+",世界主要国家都认识到互联网在工业领域的应该可能形成新的产业变革驱动力,但是目前相应的技术创新并没有形成产业革命。危机后全球进入货币宽松时代,以货币政策刺激实体经济,期望达到以时间换空间的效果,然而产业革命却迟迟没有出现,世界经济增长动力不足,陷入持久低迷状态。

## (二)要素禀赋结构的动态变化对产业格局调整形成的倒逼力量

产业结构的形成是一个循序渐进的过程,一开始往往从某个产业的某个环节切入,然后随着国内要素结构的变化不断扩展、延伸。比如,从1949年中华人民共和国成立到改革开放以前,中国的工业基础薄弱,虽然有大量闲置劳动力,但是缺资金、缺外汇,经济发展很慢。改革开放以后,通过引进外资,发展出口加工贸易,先通过简单加工进入制造的组装环节,然后随着规模的扩大,一大批制造业企业和现代化产业工人成长起来,设备、厂房等基础设施逐渐完善,要素禀赋结构发生了变化。中国从只能简单加工跨越到生产更复杂的产品,开始从低附加值制造环节向较高附加值环节延伸。在经历了近40年高速增长以后,中国劳动力、土地等要素成本上升,要素结构也在发生变化,中国的制造业面临着新的转型升级,产业结构也将重新调整。全球产业结构的变化,同样是由于全球范围内旧要素的激活,与新要素的发掘相继出现,最终推动产业变化的结果。发达国家在进一步聚焦高科技,聚焦拥有高附加值的产业,生产要素也向高精尖集聚,要素结构的变化内在驱动了其产业结构变迁。所以,是要素禀赋结构的深刻变化推动了产业格局的动态调整。

## （三）各类经贸协定等宏观政策因素对产业变革具有深远影响

双边、区域或多边经贸规则都直接导致东道国提高或降低投资准入门槛和进出口商品关税税率，进而抑制或促进经贸合作。在全球化背景下，全世界通过贸易、投资、人员流动等紧密相连，世界经济容易走向繁荣，但毫无疑问如此紧密相连的世界，国际政治、国际关系的微妙变化都会影响世界经济发展和产业格局变化。危机后，特别是特朗普上台后，推行"美国优先"战略，美国向全球多个国家发起贸易摩擦，重新签订《北美自贸协定》《美日自贸协定》，并与中国签署第一阶段贸易协定等，而拜登基本延续了特朗普的对外贸易和投资战略，并没有降低和取消对华高关税，这些迹象表明美国重新主导构建全球经贸规则的意图已经非常明显。正是美国的单边主义、保护主义，掀起了逆全球化浪潮，由于美国的战略调整导致全球经济的竞争加剧。在美国对进口中国产品加征高关税的影响下，一些中低端制造业企业为了生存，不得不将部分或全部生产从中国转移到越南、印度尼西亚等国家。原来以中国为制造中心的产业格局可能由于新的产业国际转移而走向碎片化，产业链在局部开始收缩可能成为新趋势，全球产业格局因此重塑。这种情形下的产业国际转移，不是基于要素禀赋结构和比较优势的根本变化，而是国际宏观政策的干扰，不利于全球经济复苏和整体经济福利的提升。

因此，从科技创新突破态势、生产要素禀赋结构变化、国际经贸环境等方面看，全球产业格局正经历新的调整。在国际产业格局深度调整过程，有些产业可能会转移，有些产业可能会消失，还可能形成一批新产业。在这一历史性变化过程中，每个经历其中的国家都有机遇也有风险，关键是要能及时调整自身要素结构，抓住机遇，化危为机。

## 第二节 全球政治格局变化

全球政治格局、政治氛围对经济发展具有重要影响。20世纪90年代初冷战结束后,绝大多数国家纷纷将工作重心转移到经济建设上,意识形态之争弱化,全球政治环境迎来了少有的黄金阶段。但2008年国际金融危机后,全球经济增长低迷,并不断涌现新的政治、社会等问题,难民危机、恐怖主义、核问题等,传统与非传统安全层出不穷,导致全球政治格局逐渐出现诸多变化,进而影响经济全球化发展态势。

## 一、大国之间竞争加剧

苏联解体、东欧剧变以后,社会主义阵营在全球的影响力和地位下降,两大阵营的对立与斗争势头减弱乃至消失。因此,"冷战"以后,世界格局走向了单极化,美国一超独霸,全球政治开始走向相对稳定的趋势。美国以超级强国的姿态,充当着世界警察,同时导致其对国际政治干预力内在增强。从1990年对伊拉克发动战争以后,美国卷入中东乱局,先后参与多个国家的战争,激起了当地的民怨。最为震惊的是,塔利班基地组织于2001年9月11日制造了"9·11"恐怖袭击事件,该事件对美国的国际政治战略和布局,乃至全球地缘政治和安全都产生了极大影响,美国将战略重心转向应对非国家恐怖主义。美国在2002年的《美国国家安全战略》报告中提出采取"先发制人"战略应对恐怖主义。重心要遏制恐怖主义,美国就无暇进行大国对抗,相反还要与主权国家寻求合作,美国的外交政策中也更多体现了合作,大国关系有了一定程度的改进。国际政治环境出现了"美好的十年",美苏关系缓和,中美关系良好,这些都为中国融入全球化和推动经济发展提供了良好的外部环境。

2008年国际金融危机暴露了快速全球化过程中积累的内部深层次矛盾,比如,收入分配不平等导致贫富两极分化加大、发达国家制造业向外转移致使国内就业减少、金融和房地产过度发展形成产业虚高度化等。这些矛盾最终要寻找出口,往往就是暴动和冲突,比如北欧等地区不断掀起民粹主义,美国从占领华尔街到种族冲突等,各种地区性问题增加。全球化加速国家之间分化的同时,也为国际政治格局变化埋下了伏笔。一些国家将国内问题归咎于全球化,全球化遇到少见的逆风逆水,特别是美国开始推行单边主义和保护主义,国际政治环境更是发生了剧烈变化。

## (一)美国的消极态度乃至不作为不利于国际秩序重塑和大国关系稳定

国际秩序稳定的核心是大国之间的互信与合作。大国之间竞争加剧,利益冲突加大,要求改革全球政治秩序的呼声必然加大。2016年以来,美国先后退出20多个国际组织,2018年5月8日,美国宣布退出《伊朗核协议》,并将对伊朗实施最高级别的经济制裁。2019年2月2日,美国宣布暂停履行《中导条约》的相关义务,2019年3月4日,作为回应,俄罗斯总统普京签署了暂停《中导条约》的法令。《中导条约》的失败使得美俄两个军事强国为全球军事稳定增加了不确定性,美俄重新开启军备竞赛对欧洲、中国乃至全世界都会产生恐慌,进而加大军费支出,不利于大国互信等,都将加剧国际秩序的不稳定。美国曾经是国际秩序和全球化的主导者、维护者,现在却变成了拆台人,国际秩序面临着新冲击。但是,美国仍然是世界第一大经济体、军事强国,美国的霸权力量还在发挥作用,因此,当今国际秩序还少不了美国。美国在国际事务中消极态度乃至不作为无疑对国际政治有深远影响,不利于营造良好氛围形成合力。

## (二)全球经济发展不平衡导致潜在政治冲突增加

2008年国际金融危机以后,全球经济进入低增长阶段,不少国家为了应对国内的经济压力、财政压力、选民的情绪等,采取相对封闭的政策,与他国的潜在政治冲突加大。不少经济学家和学者也认为,是美国利用美元作为国际货币的霸权地位,通过量化宽松政策将美国的危机转移到其他国家。美国的经济复苏模式引发世界对美国霸权主义的不满,美国逃避大国责任,利用美元霸权无止境超发货币。在这样的国际货币体系中,其他国家只能被动接受其负面影响,虽然美国的国际声誉和国际影响会因为美国滥发货币而衰退,但在没有新的主导货币出现之前,仍对美国的做法缺乏有效遏制手段。皮凯蒂在《漫长的危机》一书中指出,2008年一场金融危机本来是在美国开始爆发,由于欧洲的决策失误和僵硬的政治制度,使得这场肇始于美国的危机演变成旷日持久的欧洲危机。① 美国经济增长与全球经济衰退的不平衡激发了其他国家对美国的敌对情绪,虽然惮于美国的霸权势力,不少国家敢怒而不敢言,比如美国与日本、美国与韩国都有军费争端等。美国对盟国的施压虽然使盟国让步了,但是可能导致盟国政府及民众对美国的不满。

全球化提高了全球福利的绝对值,但是不同国家、不同人群获得的福利相对值差距反而加大,也容易激发敌对情绪。假如当前不合理的国际秩序不进行调整,不平等加剧可能引发更多的社会问题,潜在的政治冲突尤其是大国的政治冲突也将增加。和平发展虽然仍是当前世界的主题,但国家之间的竞争在增多,以邻为壑、与邻争利的有之,以邻为敌、鹬蚌相争的有之,随着经济竞争的加剧,政治层面的对抗也可能拓展。

## (三) 中美关系的深刻变化

从 20 世纪 90 年代初至 2008 年金融危机前是中美关系的黄金时期,形成了中美两国之间商品、货币的正向循环模式,中美经济关系也越来越紧密并构成了正反馈效应。但是,2008 年国际金融危机后,中美两国经济实力相对差距缩小,中美关系开始从经济层面的竞争拓展到政治层面上的对立。2009 年 7 月,希拉里·克林顿首次提出美国要重返亚太,不断在中国周边增加冲突点。2016 年特朗普上台后,美国向中国挑起贸易摩擦,对大量从中国进口的商品征收高额关税,呼吁美国企业回归本土,并对中国的华为、中兴通讯、海康威视等多家高科技企业实行了审查、限供等管制措施。中美关系开始走下坡路,这一影响并从国家层面渗透到社会、企业等多个方面,中美关系达到冰点。2017 年底,美国在《国家战略安全报告》中首次将中国定位为战略竞争者,中美从战略接触、战略合作,走到了战略竞争,这无疑不利于两国的交往合作,不利于世界政治格局稳定。中美是否"脱钩"成为国际社会广泛关注的问题,中美关系也为世界经济复苏增加了更多不确定性。有观点认为,中美关系的持续恶化可能导致不同国家的选边站队,这对世界经济的复苏和国际秩序的稳定都极为不利,如果世界再回到两个阵营或两

---

① [法] 托马斯·皮凯蒂:《漫长的危机——欧洲的衰退与复兴》,洪晖、张琛琦译,中信出版社 2018 年版,第 70 页。

个体系的时代,那么世界可能重新陷入长期衰退。中美关系的深刻变化既有历史必然性,又有一定偶然性,但毫无疑问,中美关系对经济全球化和世界格局都有深刻影响。中美双方如何避免或跨越"修昔底德陷阱"已经成为一个重大的且急迫的世界性难题。

## 二、地区动荡局势持续不断

第二次世界大战以后,全球性大规模战争虽然结束了,但在全球范围内的地区冲突并没有完全停止。特别是中东地区,由于历史遗留的宗教、民族等问题,这里武装冲突常年不断。美国一超独霸之后,对中东地区的干预更是肆无忌惮,使本已不平静的中东局势雪上加霜。从1991年海湾战争到2003年伊拉克战争,美国数次在中东地区发起战争,对当地民众造成了极大伤害。美国的强势干预并没有解决当地的地区动乱,反而越管越乱,还增加了对美仇恨,"9·11"恐怖袭击事件就是基地组织对美报复的突出表现。巴以冲突至今没有解决问题的方案,局部战争时而发生;伊拉克"伊斯兰国"组织(IS)频繁制造极端恐怖事件等,如何平息中东的民族冲突已经成为世界难题。不管是联合国、还是美国、俄罗斯或英国,都对中东民族冲突没有切实可行有效的政策。历经半个多世纪的印巴冲突也是时紧时缓,克什米尔地区的武装冲突也从没有真正停止过,不是印度先挑衅就是巴基斯坦激化矛盾。印度不断在我国边境上挑起事端,甚至造成双方数人伤亡。朝鲜核问题在朝鲜退出六方会谈后也陷入僵局,美国、中国和俄罗斯的告诫并没有令金正恩停止核武器研发,不管是特朗普和金正恩会面,还是文在寅与金正恩会晤,都没有取得实质性效果。还有缅甸、伊朗、阿富汗、利比亚等国的国内武装冲突不断等。在世界整体和平的大背景下,地区稳定问题仍始终没有根本解决,大和平与小冲突共存。

不同地区局势动荡的原因不同,持续的时间不同,解决的方法也不同。一是民族主义冲突是长期历史遗留问题,很难短期得到妥善解决。由于文化传统、宗教信仰、风俗习惯等不同,不同国家之间可能爆发冲突,同一国家内部也可能产生持续的斗争。这种冲突属于意识形态上的分歧,很难通过经贸合作、技术合作等来化解,通过人员往来寻求突破的难度更大,所以长期得不到解决,冲突持续不断。二是历史遗留的领土界限问题长期难以解决。数百数千年来,历史上各个国家打打杀杀,边界位置的确定本身就存在很大争议,这是边境领土争端难以解决的根本,因为问题本身就是个模糊概念。另外,有些大国为了获得该地区的话语权或为了遏制竞争对手,通常怂恿一方向另一方挑起领土纷争。弱国背后有了强国支持,弱国就可能主动挑起冲突,故意把事态搞大,比如,美国支持印度在我国边境的挑衅、支持韩国布置萨德系统、向菲律宾煽风点火等。三是部分地区的内部斗争持续不断。特别是刚刚独立后的国家由于内部政权不稳,为了争夺权力,内部斗争不断。比如,中东、东南亚等地区的国内武装斗争层出不穷,各种反对派和地方武装势力不断制造局部冲突,以对抗执政政府。这种冲突是国家独立过程遗留的历史问题,既有原来殖民国家的残留势力,也有老旧的国内反对力量,还有新的内部党派敌对力量等,多种敌对情绪和武装交织在一起,非常容易激发矛盾又极难解决。

地区局势长期动荡不安无论对该地区还是国际社会都是不利的。首先,对当地居民产生极其不利的影响,生灵涂炭、民不聊生,老百姓生活在水深火热之中。其次,容易引发好战情绪,不利于国际政治的安全稳定。不少大范围冲突都是从小范围地区冲突开始的,由于早期没有妥善控制,中期发展越来越大,最后导致冲突大爆发。因此,国际社会要关注地区动荡局势,防患于未然。破解地区动荡局势需要联合国发挥主导作用,需要多国合作,尤其是大国之间合作,大国应该在维持地区稳定中相互协作、互通有无、不偏不倚。但是,在世界经济低迷背景下,不少国家的财政、就业等压力加大,纷纷秉持"以我为主"的策略,不愿更多参与国际事务。以国际合作来缓和地区冲突,还有待时日突破。

## 三、恐怖主义依然活跃

2001年"9·11"恐怖袭击事件以后,恐怖主义越来越受到国际社会的关注,恐怖活动也呈现爆发式增长,反恐已经成为很多国家重要的安全工作,国际反恐合作日益加强。恐怖袭击的形式花样翻新、防不胜防,有人肉炸弹、有劫持交通工具、有在公共场所埋雷等。尤其是在全球化、信息化等高速发展的背景下,恐怖活动扩散的速度更快,可以形成在多地区同时爆发恐怖袭击事件。根据统计,2001 年全球恐怖袭击事件为 348 起,造成 4 655 人伤亡。10 年之后的 2011 年,全球恐怖袭击事件增长至 10 283 起,造成 12 533 人丧生,25 903 人受伤,5 554 人被绑架。到 2015 年,全球恐怖袭击事件进一步增长至 11 774 起,28 300 人死亡,35 300 人受伤。[1] 恐怖主义成为世界各国普遍担忧的问题,虽然世界各国联手反恐,但是恐怖事件并没有被遏制住,恐怖袭击事件有增无减,恐怖主义持续威胁全球安全。究其原因,可能有以下 3 个方面。

### (一) 各国在反恐立场上的不一致,导致反恐行动时松时紧

深受恐怖袭击的国家最有动力针对遏制恐怖主义进行合作,而没有恐怖事件或者恐怖事件较少的国家由于担心被恐怖组织报复,往往不愿意主动参与到反恐活动中。反恐态度不坚决的小国有时候即使参与了反恐,也发挥不了真正的震慑与遏止效果,比如越南、印度尼西亚等小国在东盟内部的反恐问题上并不积极。与此同时,俄罗斯、美国等大国在中东反恐行动的立场也各不相同,美国想要控制当地的能源,内在并不希望这个地区绝对稳定,俄罗斯则更有自己的地缘政治利益。意见、立场不同,在采取行动上就很难做到步调一致,一方面容易因为决策太慢贻误战机,给了恐怖主义有机可乘的空间;另一方面各方都有自己的考虑,提出的决策可能并不是最佳对策。恐怖主义组织恰恰利用各国的矛盾心理,更倾向于在争议地区制造恐怖袭击事件,另外时松时紧的反恐态势,也给了恐怖主义夹缝中发展的机会,甚至更加猖獗。

### (二) 在信息化、全球化背景下,恐怖主义更难监控,有效打击的难度加大

信息化和全球化是一把双刃剑,全球化带来了商品、技术、资金等生产

---

[1] [美]詹姆斯·M.伯兰德:《解读恐怖主义——恐怖组织、恐怖策略及其应对》,王震译,上海社会科学院出版社 2019 年版,第 1 页。

要素快速便捷流动的同时,人员的跨国跨境交往更方便,恐怖主义也更容易进行跨境恐怖袭击。网络信息化的广泛应用,也增加了监管难度,一些恐怖活动通过网络进行组织,传播速度很快。恐怖分子通过网络进行跨国宣传、招募成员,并经过网络进行洗钱、融资等,这些行动在网络空间里很难被识别并进行精确打击。甚至有恐怖组织雇用"黑客"展开网络恐怖袭击,网络空间成为了新战场,信息技术的变革一定程度上重塑了冲突的新模式。因此,在信息化和全球化背景下,恐怖主义的组织形式、传播形式和攻击形式都发生了变化,传统的应对恐怖主义的模式失效,打击恐怖主义的难度增大,需要跨国家、多部门联合作战,但是跨国和跨部门的协调不容易,很多时候反恐行动的推进效果难达预期。

### (三)恐怖主义往往披上意识形态的外衣,民族国家与之对抗天然不具备优势

与一般的犯罪相比,恐怖主义往往披着精神的外衣,以"圣战"为名,加上宗教色彩,以教徒为恐怖分子,以歪曲和玷污世界观对其进行洗脑。被洗脑后的恐怖分子,失去了辨别是非的能力,为了制造恐怖事件可以不惜一切代价,甘愿做人肉炸弹等各类极端行为。比如,伊拉克"伊斯兰国"组织(IS)就是利用宗教,展开"圣战"组织,还建立职能组织、有国旗和军队,制造极端恐怖袭击事件。这种带有宗教性质的、有军事能力的恐怖主义组织,民族国家更难以应对。他们通过对民众的渗透,抓住民族国家在社会治理、宗教限制等方面的问题,对人灌输错误理念,从思想上控制人,甚至以攻击民族国家的生活方式和风俗习惯为由,引起教众的不满情绪,很难根治,更难根除。

## 第三节 全球治理格局变化

全球治理改革归根结底是制度创新问题,要实现有效高效的全球治理必须建立全球性的制度安排。但是,目前在以主权国家为主导的世界格局

中,主权国家之间的合作是决定全球治理改革成败的关键因素,协调国际制度的难度很大。与此同时,气候变化、贫困、网络安全等传统与非传统治理问题层出不穷,全球治理陷入僵局,全球治理格局正在深刻变革。

## 一、发展中国家在全球治理中的地位不断上升

全球治理最早由西方国家提出,是西方发达国家面对世界政治、经济、社会、环境等变化,产生了诸多疑虑和见解,试图更好维持世界秩序良好运行而采取的一系列措施。联合国、世界贸易组织、世界银行、国际货币基金组织等国际组织是当前推动全球治理的重要机构,这些机构都是在第二次世界大战以后,国际社会为了维护战后的国际体系,由发达国家主导而建立起来的。这些机构从建立伊始就对国际经济稳定发挥着积极作用,同时,发达国家又长期在全球治理体系中发挥着主导作用。但是随着全球化的深入发展,发达经济体实力的相对下降和发展中经济体实力的相对上升,全球治理的主导力量发生了变化。

世界银行统计数据显示,2000年发展中国家经济总量占全球GDP的比重仅为18%,到2018年则达到了37%,增长了近1倍,其中,金砖五国的占比从12%增长至23%。1992年中国经济对世界经济增长的贡献率是18.91%,2018年上升至27.44%,同期,美国从46.56%下降至20.34%[①]。另外,从人口上看,1950年高收入国家人口占全球的32%,2018年这一比例下降至20%,到2050年则可能下滑至13%[②]。经济相对实力和人口数量的变化是导致全球治理主导力量变动的重要因素,发展中国家特别是新兴市场国家在全球治理中的话语权增加。与此同时,美国等发达国家认为现有秩序对其经济与社会发展不利,对现有全球治理制度和国际秩序的立场出现转变,发达国家试图修改现有全球治理制度,发展中国家则希望维护现有制度并增加话语权。

---

① 数据来源:Wind数据库。
② [英]安德鲁·赫里尔:《全球秩序与全球治理》,林曦译,中国人民大学出版社2018年版,第12页。

比如,美国在特朗普上台后从多个国际组织和协议中"退群",先后退出20多个国际组织、双边和区域协定,并多次宣称要退出WTO;英国"脱欧"虽中间闹剧不断,但最终仍然是"脱欧"结局。与此同时,中国提出"一带一路"倡议,不断加强与东盟国家合作,推进中日韩自贸协定、RCEP等协定签署等多举措推动全球化;俄罗斯于2012年8月加入WTO,希望融入全球贸易体系以推进本国经济增长等。因此,全球治理的主导力量在悄然发生着变化,美国等发达国家希望承担更少的全球治理任务,中国等发展中国家则有意更多参与全球治理,拥有更多话语权。

## 二、非政府力量在全球治理中的参与度不断提高

长期以来主权国家是全球治理的绝对主体,但近年来,在逆全球化背景下,国家之间制度协调的困难增大,国际组织、非政府组织、私人机构等非政府层面的机构对全球治理的参与度提高,成为全球治理力量的重要补充。琼斯等认为,与过去几个世纪中任何时期相比,权力本身变得更加分散。比如,在医疗、教育等民生问题上,公司、基金会、市民社会等非政府组织比政府的影响力更大。[1] 联合国、国际货币基金组织、世界贸易组织、世界银行、金砖银行等国际组织及机构对全球安全、金融、贸易等领域的稳定发挥着重要作用。国际红字十会、国际儿童救助会、国际爱护动物基金会、世界爱护自然基金会等非政府组织在全球青少年问题、生态保护等方面的作用也越来越大。很多私人基金会,比如比尔及梅琳达·盖茨基金会、苏珊汤普森·巴菲特基金会等在艾滋病、疟疾等疾病防治、贫困儿童上学等公益事业上都作出了积极贡献。刘清才、张农寿认为活跃的、多元的公民社会对推进治理民主化具有重要作用,西方学者通常把非政府组织当作全球公民社会的代表。[2] 非政府力量参与度提高是经济社会发展的内在需求。随着全球化的

---

[1] [美]布鲁斯·琼斯、卡洛斯·帕斯夸尔、斯蒂芬·约翰·斯特德曼:《权力与责任:构建跨国威胁时代的国际秩序》,秦亚青、朱立群、王燕、魏玲译,世界知识出版社2009年版,第21页。
[2] 刘清才、张农寿:《非政府组织在全球治理中的角色分析》,《国际问题研究》2006年第1期。

深入发展,非政府组织的规模大幅增长,1980 年全球非政府组织不到 2 万个,到 2010 年超过了 5 万个,并且非政府组织的参与人员也大幅增加①。比如,绿色和平组织成员在 1985 年只有 140 万人,截至 2018 年底已经在 40 多个国家有分部,成员超过 1 000 万人。但正如克里斯蒂娜·钦金所言,虽然非政府力量在全球治理中有了明显进步,但制定法律的权力仍牢牢掌握在国家手中。② 在政府主导的同时,非政府力量发挥越来越大作用,对全球治理是一个重要补充。与正式组织所具有的条块分割的弊端相比,非正式组织的优点在于有利于人们进行交往,能加大组织的凝聚力,还具有保护个性完整和个人尊严的作用。③ 非政府机构的好处是可以更加独立、更加客观公正地处理各类问题和冲突,更易获取民众的信任,特别是在处理国际公共卫生等问题上,非政府组织具有更多优势。今天,国际组织等非政府力量已经成为全球治理的重要主体,发挥着不可或缺的作用。

## 三、非正式制度在全球治理中的作用越来越大

制度既包括正式制度,又包括非正式制度,正式制度与非正式制度都是约束人们行为的规则。全球化的快速发展要求不断创新全球性正式制度安排来约束和规范各类生产要素的跨国流动与合作。但是,一方面,现有的正式制度和机制不能适应全球权力变迁和全球化的新变化;另一方面,在逆全球化背景下,正式制度跨越国界后很难发挥作用,英国"脱欧"、美国"退群"、WTO 改革停滞等都说明正式制度跨国界后在全球治理中的影响力在下降。而非正式的国际机制如 G8、G20、金砖国家、APEC 等,以及长期形成的各种习俗、惯例、文化、价值理念等非正式制度对全球治理的影响越来越大。比如,环境保护、跨国犯罪、反腐败、太空探索、极地资源等全球问题都以非正式制度的形式提出治理原则和方法。当前全球

---

① 刘宏松、钱力:《非政府组织在国际组织中影响力的决定性因素》,《世界经济与政治》2014 年第 6 期。
② Christine Chinkin. *Human Rights and the Politics of Representation*. Oxford: Oxford University Press, 2000.
③ [美] 奥利弗·E.威廉姆森:《资本主义经济制度》,段毅才、王伟译,商务印刷馆 2018 年版,第 16 页。

治理仍缺乏对互联网金融、数字经济、网络安全等新业态的全球性正式制度安排，G20、APEC也在尝试采用非正式制度和非正式机制的方式来规范和治理全球问题，并为逐渐酝酿更详细的新规则创造条件。正是在民族国家仍为主要治理单元，而世界秩序难以维系高效能治理的背景下，中国提出构建"人类命运共同体"，呼吁从人类社会共同发展的角度，形成新的全球治理体系以应对各类危机。[①]"人类命运共同体"基于人类共同繁荣发展的价值观念，从全球共同发展、人类共同繁荣出发，是最具代表性的全球治理的非正式制度。

长期以来非正式制度一直在我们的生产生活中扮演了重要角色，不成文的规定约束着人们的行为，甚至比成文的规定影响更大。全球治理一定程度上是国家治理的拓展，全球治理也需要更多非正式制度的约束和规范，非正式制度在全球治理中还有很大的作用空间，必将大有可为。在逆全球化背景下，构建国际经济新体系可能是一个漫长的过程，非正式制度将持续发挥重要补充作用，这也有利于全球治理的可持续发展。因此，近年来全球治理变化的一个重要趋势是非正式制度规则、机制在增加，作用在增强。

## 四、全球治理开始从大国集团化转向碎片化

第二次世界大战以后的世界秩序是美国、英国等发达国家主导、多个发达国家形成集团共同参与的全球治理模式，但是随着经济全球化发展，发达国家之间差距开始拉大，内部出现分化，全球治理也逐渐走向碎片化。欧债危机对西班牙、意大利、葡萄牙等老牌发达国家产生了重大冲击，再加上英国"脱欧"，欧盟的实力深受影响。虽然美国的经济实力相对下降了，但霸权地位依旧稳固，盟国对其霸权主义敢怒而不敢言，比如，重新签订NAFTA和《美日自贸协定》，虽引发签约国的极大不满，但不改重签的结果。在2018

---

[①] 刘伟、王文：《新时代中国特色社会主义政治经济学视阈下的人类命运共同体》，《管理世界》2019年第3期。

年 G7 峰会上,七国集团领导人对贸易、减税、气候变暖等问题激烈交锋,以大国集团式推动全球治理的模式越来越难。另一方面,全球化下国际分工深化、生产效率提高、收入水平提高、生活水平明显改善等,人类社会发生深刻变化,各类问题也在全球快速传播,越来越受到民众的关注和重视。相互推卸、互相以争、以邻为壑等行为时常受到公众指责,治理主体受监督的范围越来越广,这也导致少作为、不作为的情况增多。

第二次世界大战以来的世界秩序是大国集团主导的,特别是美国主导的世界秩序。在美国坚持"美国优先"和"退群"的背景下,大国集团的治理模式面临崩溃进而转向碎片化,全球进入领导缺失的空当期,极有可能走向无极的 G0 世界。全球治理会碎片化,但并不会消失,基于对人类共同居住的地球的保护,基于对全球安全的充分考虑,基于对世界各民族平等的一致态度等,全球治理有从被动转向主动,从约束性走向自觉性的趋势。各个国家或团体积极参与全球治理是大方向,各国主动履行其在全球治理中的权利和义务,自觉减少碳排放、自觉维护地区安全、自觉加强对儿童和青少年的保护等。全球治理将随着人类共同理念的凝聚而在碎片化、分散化中取得新的共识。从长远来看,最终决定全球治理范式的必然是存在于人们心中的理念、观念、价值观和基本原则。

## 第四节 本章小结

2008 年国际金融危机以后,全球经济增长进入长周期的衰退期,在低增长背景下,全球产业格局、治理格局、政治格局等出现了新变化。从全球层面看,和平与发展虽然仍是世界主题,但大国竞争加剧、地区冲突不断、恐怖主义猖獗,在整体安定环境中的不安定因素增多,如何保持地区稳定和维护良好的国际环境需要联合国等国际组织和大国集团发挥更大作用。在全球经济层面,发达国家和发展中国家的经济增长分化加大,世界经济全面复苏仍然不明朗。在全球治理层面,随着发展中国家经济相对实力的增强,发展中国家希望获得更多话语权与发达国家坚持主导全球治理之间依旧矛盾突出;信息化、全球化背景下全球治理的议题和难题越来越多。另外,美国希望重塑国际秩序的意愿增强对当前全球政治经济都有重要影响,进一步增加了不稳定性。中国经济高质量发展和进一步推动对外直接投资持续增长的外部环境与危机前相比有了较大变化,但是,中国仍有后发优势,必须进一步扩大开放,继续借助于国外高级要素,助力国内经济高质量发展。

# 第二章

## 全球投资制度安排的特征与趋势

制度保障在跨国投资中意义重大,国际直接投资的稳定发展离不开双边、区域和多边投资制度。第二次世界大战以来,贸易自由化、投资便利化、金融国际化在全球不断深入拓展,各种区域和多边投资制度方兴未艾,但是,近年来经济全球化快速发展暴露的问题日益凸显,逆全球化开始抬头。在单边主义、保护主义不断增多的背景下,推动优化、构建全球性投资制度面临更多困难。

## 第一节 全球投资制度安排的高标准原则

随着跨国公司将生产网络进行全球布局的同时,贸易和投资的关系也越来越紧密,投资在世界经济中的作用越来越重要,投资对经济的影响越来越明显。但是,相对贸易有 WTO 协定来说,投资没有全球性多边协定。所以,在很多贸易协议里也都包括投资的内容,为了适应全球投资大发展的需求,确定多边的、全球性的投资制度安排尤为急迫。从全球化发展的现实看,资金流动相对商品贸易更加便捷,投资对经济的冲击也比贸易更直接、更大,因此,各个国家为了防范可能带来的风险,对投资的准入条款、监管规则也不尽相同,全球投资协定的达成也就非常困难。从目前各国正在谈判的双边和区域投资协定可以看出,未来,全球多边投资制度安排首要的特点是高标准。

### 一、高标准投资规则与国际格局变化

投资规则是为了更好地保障投资安全,促进投资自由化,因此,投资规

则的发展与资本流动密切相关。从20世纪70年代起,一大批跨国公司如雨后春笋般涌现,跨国公司逐渐成为世界经济中最重要的微观主体,其主导形成了以贸易、投资、人才等要素全球流动为特征的经济全球化。但是经过40多年快速规模化发展,全球化走到了十字路口。剑桥大学国际经济学专家芬巴尔·利夫西在《后全球化时代》一书指出,"后全球化时代"意味着以促进自由贸易为特征的国际经济秩序和各国政府的政策范式向限制这些流动的方向转变。与过去贸易便利化、投资自由化、金融国际化为标志的全球化相比,后全球化时代出现了新变化。这些变化都对形成高标准投资规则产生了影响。

### (一)全球产业布局调整,要求投资规则更加注重保护知识产权

在全球化顺利推进背景下,企业通过贸易和投资在全球范围内配置生产要素,供应链、产业链在全球延伸,国际分工深化,各国要素的比较优势充分发挥,生产效率提升,全球整体福利提升。在后全球化时代,由于各国对外战略与政策的变化,企业的全球战略重新调整,供应链安全的重要性超过了供应链效率,全球供应链、产业链呈现收缩态势。研发、设计、高级人才等高端要素由发达国家向发展中国家转移、溢出渠道受阻,价值链的高端向发达国家收缩;劳动密集、高污染等价值链的低端继续向成本更低的发展中国家转移,越南、印度尼西亚、印度等国家将成为新的流入地。新兴市场国家持续发挥后发优势的难度增大,陷入产业低端锁定陷阱的风险上升。目前,这种产业布局调整的趋势主要也是由于发达国家担心其领先优势被超越,试图在规则上更加保护知识产权,使得发达国家的企业能够持续保持领先。因此,在投资协定的谈判中,发达国家一贯坚持高标准,要求发展中国家也要适应高标准,最大限度保护发达国家的技术优势。

### (二)保护主义、单边主义持续增强,投资规则的高标准成为"玻璃门"的新手段

第二次世界大战以后,快速的全球化驱动商品和资本跨国流动加剧、全球财富大量累积、中产阶级迅速增长,世界经济迎来了前所未有的全球化大

发展。与此同时,各种矛盾也在不断集聚,收入分配不平等程度加深、中产阶级陷入困境、精英体制失衡等各种社会问题暴露出来。抵制全球化的行动越来越多,传统经贸秩序运行受阻增多,后全球化时代悄然来临。后全球化时代,各国为了自身利益,纷纷采取"以我为主"的战略,国家之间竞争加剧,基于企业利益、以自由市场配置资源要素的最有效模式被政治因素所干扰。保护主义、单边主义将持续对国际分工合作与世界经济一体化进程产生不利影响。在保护主义盛行背景下,生产本地化趋势加剧。后全球化时代,局部逆全球化加剧,在供应链分化调整,保护主义和单边主义兴起的背景下,全球化经营模式将从全球生产全球销售走向本地生产本地销售。本地化模式虽然牺牲了效率,对资源配置产生了扭曲,不利于全球经济更快增长和整体福利更快上升,但是一定程度上可以带动当地就业、促进当地经济增长,更受当地一些选民的欢迎。一些国家为了吸引外商投资和减少本国资本外流,纷纷出台税收、土地等方面优惠政策,加快行政改革,竞相优化营商环境。生产本地化的趋势在各国扭曲政策的支持下愈演愈烈,国际直接投资也被当作推动本地化的手段之一,在国际投资规则制定上希望通过规则来约束产业的外流同时鼓励回流。

## 二、全球投资制度安排高标准的内涵与特征

当前,还没有类似 WTO 一样的多边投资协定,主要仍是双边和区域投资协定,但从欧洲等发达国家主导的双边和区域协定以及当前正在谈判的区域协定可以推断未来全球投资制度安排的内涵和特征。从整体上看,全球投资制度安排包括两大模板:一种是以美国为代表的准入前国民待遇模板;另一种是以德国为代表的准入后国民待遇模板。但是,由于美国经济对全球经济的影响更大,与美国签订双边投资协定(BIT)的国家也更多,美国模板对未来全球投资规则的影响更大。再加上目前重要的区域协定比如 CPTPP、TTIP、RCEP 等都是准入前国民待遇,所以未来的全球投资制度安排很可能采取准入前国民待遇模板。从准入的角度看,准入前国民待遇确

实比准入后国民待遇看似更加自由、更加开放。美国双边投资协定(BIT)范本、全面与进步跨太平洋伙伴关系协定(CPTPP)以及正在谈判的跨大西洋贸易与投资伙伴关系协定(TTIP)等都是以准入前国民待遇为模板,代表了全球投资制度安排的高标准,它们从形式上类似基于美国 BIT 范本而拟定规则,在不少条款上具有一致性。

另外,近年来新签订的诸多双边投资协定中也都体现了高标准的特点。中国正在探索的自由贸易试验区也是对标国际最高标准、最好水平,试行准入前国民待遇加负面清单的模式,同时对扩大开放进行压力测试。投资协定要服务于全球经济包容性、可持续发展,高标准的内涵包含两层意思:一是更低的准入门槛,减少对国外企业进入东道国市场投资的准入限制;二是更好地保护投资者,通过完善的法律法规和高水平的监管方式维护市场秩序。

全球投资规则走向高标准是经济全球化和资本跨国流动进一步发展的内在要求。资本在全球化环境中跨越国界流动到世界各地,在全球驱动要素组合,因此,资本这一最为活跃的生产要素在全球化经济运行中发挥着越来越大的作用,国际直接投资已经成为驱动全球产业链、供应链布局调整的重要力量。在国际直接投资大发展的同时,全球投资制度安排却停滞不前,目前仍然没有一个类似 WTO 的全球性投资制度安排的机构和协议。出现这种局面主要有两个原因:一是投资相对贸易更加便捷,对经济的冲击更大,各国对资本流动都比较谨慎,达成投资协定的难度更大。通常投资的大规模进出往往会引起一国经济的剧烈波动,甚至发生金融危机、经济危机,各国对投资的大进大出常有防范。二是投资的形式多,投资规则的标准衡量的条件很多,各国的标准也不尽相同,远比关税复杂,难以形成统一的标准。一些双边和区域投资谈判搁浅也多是因为在某些准入标准上大家各执一词,难以达成一致。

全球投资规则高标准的特征主要体现在以下三个方面:一是投资准入门槛低。目前,全球投资规则不论是 CPTPP 还是 TTIP 等,都采取投资准入前国民待遇+负面清单的模式,整体来看准入前国民待遇模式比准入后模式的门槛更低。除负面清单以外,国外资本都可以进入东道国市场,不断缩短负面清单就是改革的大方向。投资准入门槛低的另一方面则是要求东道国提高监管水平。西方发达国家的对外开放时间长、监管经验丰富、监管制度相对健全。发展中国家对外开放时间短、监管经验相对不足、监管制度不够健全，一般采取准入后国民待遇。因此，在低门槛条件下，发展中国家要提高监管水平。二是重视并提高了环保、劳工、竞争中立等规则标准。随着环境问题的日益突出，环保成为了全球共识，国际投资安排中更加重视投资方对东道国环境所造成的影响，是否满足当地及国际通行的环保标准。比如，对劳动者保护方面，虽然早就有《国际劳工公约》，但各国的执行标准并不一致，国际社会反应强烈，越来越多国家不允许在合同签订、纠纷仲裁等方面对工人进行歧视，要求赋予工会更多的权利等。竞争中立则要求减少不公平的补贴，给国内外企业公平的竞争环境。三是要求各参与国在制度上更加融合。准入前国民待遇＋负面清单的模式对东道国监管水平提出了更高要求，监管趋同是大方向，未来将实现从监管理念到监管方式再到监管机构等多个方面的兼容。监管趋同必然倒逼各签约国不断调整、改变国内制度以适应国际规范的要求。比如，TTIP推进困难的一个重要原因就是其要求各国国内制度的相应调整，而制度调整最为困难。

## 三、中国自贸区与国际高标准的差异

中国适应关于国际直接投资制度的高标准主要通过自由贸易试验区进行探索。自贸试验区的开放政策体现了中国高水平开放的制度设计。上海是我国改革开放排头兵、创新发展先行者，上海自贸区是我国第一个自由贸易试验区，对比上海自贸试验区负面清单和美国BIT范本及CPTPP等协定可以看到，中国与当前国际高标准的异同。通过比较发现，主要可以分为三个方面异同：

（一）表述不同，内涵一致

主要包括四个方面的内容：

1. 准入前国民待遇

市场准入主要体现在国民待遇方面，在设立、并购、扩大环节享有国民待遇即为准入前国民待遇,反之将国民待遇延伸到市场准入后环节则称为准入后国民待遇。比如,美国 BIT 范本中针对国民待遇指出"缔约方在设立、并购、扩大、管理、运营、转让或其他投资处置方面,在同等情况下给予不低于本国国民享有的待遇"。上海自贸区方案中明确提出"借鉴国际通行规则,对外商投资试行准入前国民待遇","推进政府管理由注重事先审批转为注重事中、事后监管"。虽然国际上一些双边或区域投资协定与上海自贸区方案表述上有所差别,但两者关于外资的国民待遇上内涵是一致的,都属于准入前国民待遇。区别在于自贸区方案中的表述相对模糊,对外资进入试验区后的一些经营活动是否还采取审批没有规定明确,而这些是在后续管理中必将涉及的。因此,在市场准入方面,我国的规则还应进一步完善,对准入阶段的具体环节进行更详细的规定,使其可操作性更强。

2. 负面清单

负面清单往往与准入前国民待遇配合使用,除了负面清单上列出的行业外,国民待遇扩大到所有国外投资者。上海自贸区方案明确提出:"研究制订试验区外商投资与国民待遇等不符的负面清单,改革外商投资管理模式。对负面清单之外的领域,按照内外资一致的原则,将外商投资项目由核准制改为备案制(国务院规定对国内投资项目保留核准的除外)。"目前,负面清单已在多数国家广泛使用,特别是与美国签订投资协定的国家,比如美加墨自由贸易协定(USMCA)以及美国与新加坡签订的自贸协定、美日自贸协定等都采用这一模式。另外,CPTPP 也允许成员国在重要问题上经过谈判保留例外措施清单,但除此之外就是允许的,即负面清单模式。目前,准入前国民待遇+负面清单的模式,已经在我国所有自贸区全面施行,全国统一负面清单且越来越短。显然,这一改革措施即是与国际规则接轨,但与国际高标准相比,我们的负面清单还不够简洁,放开的幅度还不够大,仍然需要进一步通过修改负面清单提高开放程度。

3. 安全审查

准入前的国民待遇与负面清单放宽了外资进入,同时提高了对监管,特别是安全审查的要求。为了保障国家的经济安全,将监管措施从市场准入阶段延伸到安全审查阶段,安全审查成为加强事中事后监管的重要手段。

上海自贸区方案明确要求:"完善国家安全审查制度,在试验区内试点开展涉及外资的国家安全审查,构建安全高效的开放型经济体系。"美国 BIT 范本第 18 条指出:"不禁止缔约另一方采取其认为必要的措施来履行其维护世界和平与安全的义务或保护其根本安全利益。"两者都强调安全审查,但都没有对什么是安全作出具体规定。安全审查表述模糊也导致许多国家利用安全审查来阻碍正常的投资,因此,安全审查将是未来国家控制开放水平的重要手段,也是未来监管工作中的重点与难点。在符合国际惯例的同时,要合理利用规则,做好监管,切实维护国家安全。

4. 金融开放

金融一直是经济的重点,但也是中国经济的短板,是开放程度较低的领域。金融开放自然也是自贸区方案中的一个重要组成部分,深化金融领域的开放创新,主要体现在扩大金融开放范围和增加金融制度创新两个方面,具体包括支持在试验区内设立外资银行和中外合资银行,探索建立面向国际的交易平台,逐步允许境外企业参与商品期货交易,在风险可控前提下,可在试验区内对人民币资本项目可兑换、金融市场利率市场化、人民币跨境使用先行先试等。而国际通行做法是从资金汇兑与金融服务两个条款上开放金融,允许资金汇兑自由、迅速地汇入或汇出其境内,并允许缔约方可以为保护金融系统的统一性和稳定性,或为保护投资者、存款人、投保人及其他金融服务提供者负有信用义务的人等目的,采取与金融服务有关的措施。总体上既要金融尽量开放,保持利率、汇率的市场化,又要对金融当局的政策空间施加了严格的纪律约束。因此,中外两种制度在内涵和精神上是一致的,但由于中国金融发展程度有限,我们在扩大开放的同时,要积极防御金融风险,采取的是逐步放开的节奏。

(二)原则一致,内涵有所差异

主要包括三点:

1. 透明度

上海自贸区方案指出"提高行政透明度,完善体现投资者参与、符合国际规则的信息公开机制","推动服务业扩大开放和货物贸易深入发展,形成公开、透明的管理制度"等,主要在原则上规定提高行政透明与管理制度的透明化,但缺乏具体的实施细节。国际惯例通常对透明度的规定非常详细,包括对法律法规制定过程、标准制定、行政程序、信息的提供、联络地点、仲裁过程等方面都要保持透明度,不仅体现在行政阶段,还包括从立法到仲裁过程,都要保持公开信息,做到透明化,确保避免外资由于受东道国由于技术性规定而受到歧视。因此,我国规则与高标准的透明度规则相比虽然原则上是一致的,但还存在较大差距。

2. 公平竞争

公平竞争的目的在于保证各类市场主体公平、平等的市场竞争地位。我国的自贸区政策关于公平竞争主要从监管上将公平竞争作为原则,通过完善机制来实现。自贸区方案指出"以切实维护国家安全和市场公平竞争为原则,加强各有关部门与上海市政府的协同,提高维护经济社会安全的服务保障能力","完善投资者权益有效保障机制,实现各类投资主体的公平竞争"。国际通行做法是将公平竞争条款下分设多个条款,再具体列明规则,通常主要包括业绩要求、征收补偿、税收等。通过这些条款使东道国降低对外资进入在业绩、对征收的补偿、税收等方面的障碍,给予内外资同样的竞争地位。原TPP第14条即竞争政策,也明确规定要保障私企与国企的同等的竞争地位,并列出了关于补贴、税收等规定。从上海自贸区方案上可以看出,中国主要从原则上表述、要求完善机制而没有具体措施。虽然客观上在自贸区的小区域内实现国有企业改革有一定困难,但是,从国家战略的角度实现公平竞争达到国际高标准还要深入探索、研究。

3. 争端解决

争端解决也是我们在制度设计上的短板,上海自贸区方案中针对争端解决主要体现在知识产权方面,指出"建立知识产权纠纷调解、援助等解决机制"。美国BIT范本的第二部分和第三部分都是有关争端解决的内容,篇幅上约占整个范本的1/3。具体包括协商与谈判、提交仲裁、仲裁人员的选择、仲裁程序、仲裁透明度、法律适用、专家意见、合并审理、裁决以及国家间的争端解决等。CPTPP也对争端解决做出了类似的相对具体的规定,而上海自贸区方案其实施范围主要在自贸区内,由于范围限制,其争端解决的具体条款缺乏相应的内容。但是,考虑到争端的解决也必须在法律框架下进行,与国际高标准相比,我国的对外开放在争端解决上还有较大差距。因此,随着自贸区改革的深化,应加快建立与完善争端解决机制、扩大争端解决范围、提高争端解决水平。

### (三)边缘化标准逐渐变得重要

主要包括三个方面:

#### 1.环境标准

环境标准目前越来越受到国际社会的重视,美国 BIT 范本、CPTPP 协定和 TTIP 谈判中都涉及环境标准。美国 BIT 范本将环境标准由 2004 年版本的 2 项增加到 2012 年版本的 7 项。如美国 BIT 范本指出"缔约双方认识到他们各自的环境法律和政策和双方均为缔约方的多边环境协定在保护环境方面发挥重要作用","缔约方可以采取、维持或执行其认为与本条约相一致的、能保证其境内的投资活动意识到保护环境重要性的措施",即东道国可以凭借环境标准对外资的活动采取措施。原 TPP 在附录中也增加了《环境合作协定》,致力于防止由于投资活动而对环境所造成的破坏,并避免由环境条款而造成壁垒。从我国自贸区发展与探索我国提高对外开放水平来看,环境标准必须予以重视,加快研究,学会合理利用环境规则,促进国内制造业转型升级。

#### 2.劳工标准

关于劳工标准的国际通行惯例一般是要求给予劳工结社自由、集体谈判权、禁止强制劳动、消除就业和职位歧视、废除童工等"国际公认"的劳工权利,缔约方不得以背离其劳工立法的方式鼓励投资。原 TPP 也对劳工标准进行了补充,在《关于劳动合作的备忘录》中规定了成员国要承诺履行《关于劳动的基本原则和权利的 ILO 宣言及其跟进措施》,实行与有关国际规则保持一致的劳动法、劳动政策和劳动习俗。我们应该看到国际社会高度重视劳工标准,我国也有相应的法律法规来监管外资企业及其他各类企业,充分重视劳动者的合法权益与我国发展要求是完全一致的。在以往的谈判中,我们也常常因为劳工标准僵持很长时间。随着国际化的推进,在未来,我们既要重视劳工标准,也要对别国恶意使用劳工权利、劳工标准保持警惕。

3. 高管要求

在人才国际流动加速的背景下,取消对高管的国籍要求成为趋势。比如,国际惯例一般类似美国 BIT 范本针对高管与董事会规定"缔约方不得要求作为合格投资的经营实体任命某一特定国籍的自然人作为高级管理人员";"缔约一方可以要求作为合格投资的经营实体的董事会,或类似机构的多数成员行使控制权的能力"。我国的做法是将其列入了负面清单中,对个别行业的法人代表规定必须为中国籍。

中国采取的是渐进式开放的模式,在上海自贸区先行先试,再向全国逐步推广。从我国自贸区的开放措施上看,虽然我们的投资制度、规则整体上正在向国际最高标准靠拢,但是由于我国经济特征、经济发展阶段、监管水平等的不同,在具体条款上,我国的开放标准还与国际最高标准有一定差距。特别是服务业、金融业等具体行业,在涉及环保标准、竞争中立等具体条款上等还要借鉴国际标准进行制度创新。

## 第二节　全球投资制度安排强调便利化

虽然全球性多边投资协定推进缓慢,但投资自由化、便利化都是制度安排中永恒的主题。因为从具体投资实践过程看,投资准入门槛降低的同时还应强调投资的便利,消除一系列的玻璃门、弹簧门,才能真正发挥投资对经济发展的积极作用。多边投资制度安排中便利化不仅体现在条款上,更是在各主权国家、各部门的具体执行上。

### 一、投资制度中便利化的概况

推动构建多边投资制度的关键因素之一是要建立全球性法律体系,用明确的法律法规来约束各种投资行为和处罚各类违法违规行为。做到了有法可依、违法必究、执法必严,便利化措施才能落地,才能真正服务投资活动,提高国际资本跨国流动的效率,降低成本。Jeswald W. Salacuse 认为国际直接投资领域没有多边协定,没有统一的法律体系,跨国的投资纠纷往往根据以往的案例来判决,[1]即国际投资无法可依。但也有学者持有不同的观点,Stephen M. Schwebel 认为,虽然目前还没有达成全球投资协定,但现在已存在的一些双边和区域协定,在其条约的结构、目标、原则、用词等方面都有很多的相同或相似之处,这些现有条款实质上共同构成了一个多边投资机制。[2] 从这个角度看,国际投资制度从广泛意义上也有一定的法律体系,主要是不同协议中的规定和规则从多个方面相互补充,它们共同为投资便利化提供了规则依据。这种理论说法虽有一定道理,但现实中操作难度比较大,没有硬约束纠纷必然难解决,因此,全球投资制度安排亟待有所突破。因为只有建立公认的、一致的制度安排,才能真正推动投资便利化的实现。

另外,从全球投资制度安排发展的历程看,便利化一直都是制度设计的重点之一。第二次世界大战以后,虽然在《哈瓦那宪章》中讨论了建立多边投资组织的构想,也涉及了推动投资便利化的话题,但是由于达不成一致意见而搁浅。世界贸易组织、世界银行、国际货币基金组织等全球经济治理的三大支柱逐步建立,唯独缺少规范国际投资的国际组织和多边协定。然而投资相关的问题并没有因此而减少,由于不断出现双边和区域投资争端,1965 年《华盛顿公约》中提出建立解决国际投资争端中心(ICSID),这一机制目前仍在运行。进入 20 世纪 70 年代后,跨国公司雨后春笋般发展起来,全球直接投资活动更加频繁,国家与国家之间的双边投资协定不断增加,欧洲共同体则通过《罗马条约》来促进跨地区的国际直接投资。《关贸总协定》(GATT)也出现与全球投资机制相关的规定,包括"与贸易有关的知识产权议题"(TRIMs)、"与贸易有关的知识产权议题"(TRIPs)和"服务贸

---

[1] Jeswald W. Salacuse:"The Emerging Globle Regime for Investmen". *Harvard International Law Journal*, Vol.51, 2010, p.430.
[2] Stephen M. Schwebel:"The Influence of Bilateral Investment Treaties on Customary International Law". *American Society of International Law Proceeding*, Vol.98, 2004, pp.27-30.

易总协定"(GATS)等,这些议题都涉及了促进投资便利化的相关问题。而WTO谈判的乌拉圭回合,直接将投资措施纳入了谈判议题,试图建立全球投资保障机制,促进投资便利化。之所以成立这些新议题,主要是全球范围内直接投资流动的加剧内在要求建立多边投资协定。关于构建多边投资协定的讨论中,明确提出推动国际直接投资便利化、自由化的各项措施,包括对投资定义、准入标准、处罚条款等一系列的规定。投资制度安排的主题从规范直接投资准入向便利资本流动拓展,要求东道国政府为直接投资者建立公平、公正、透明、便利的投资环境。投资便利化已经成为一国吸引外商投资的重要营商环境标准。

## 二、全球投资制度安排便利化的主要特征

便利化的措施有利于企业在全球自由地进行投资,扩大资本的全球流动,带动生产要素的全球流动,促进全球经济增长。便利化是全球投资制度安排最重要的特征,虽然不同国家对待国际直接投资的态度不尽相同,但是在提高便利化程度上却是一致的。从整体来看,全球投资制度安排便利化主要体现在3个方面:

### (一) 投资准入审批程序简化、审批周期缩短

通过母国公司向东道国投资既需要母国政府的批准,也要东道国政府的同意,整个审批程序烦琐、耗时长,少则两三个月,多则一两年,不少时候因为审核时间过长而延误了投资时机。简化行政审批程序,缩减手续种类,减少办理各类手续的时间,是投资便利化的重要手段。各国为了吸引对外投资,竞相推进政府改革,提高行政效率,提升服务能力。我国首先从上海自贸区开始,改革外资审批的行政管理,推出"多证合一""单一窗口""单一表格""一网通办"等便利政策,在自贸区内注册企业的时间大幅缩短。随着第二批、第三批、第四批自贸区的推出,我国行政管理改革的范围不断扩大,服务外商投资的便利措施被推广到各地。同时,各地为了吸引外商投资,还

专设下属管理部门或建立服务团队,帮助外商投资进行全流程的指引和服务。

## (二)鼓励各类投资中介服务机构的发展,提供更多专业化服务

国际直接投资相对国内投资涉及的法律、融资、财务、文化等因素更加复杂,其中一项事务走不通都可能导致跨国并购失败,因此便利化的投资环境要有高水平的中介服务机构。纵观全球国际投资营商环境优秀的国家或地区,大多数都有大量经验丰富,服务水平高的中介机构,比如,伦敦、香港、东京等。通常有两条路径优化中介服务水平,第一条路径是培育国内的中介服务公司。政府可以对中介服务机构在税收、融资等方面提供政策优惠,鼓励成立中介服务公司;建立更多相应的职业学校或在大学设立相关专业,培养具有相关知识的专业人才。第二条路径是引进国外高水平的中介服务公司。每个国家的开放水平不一样,对中介服务行业的开放程度也不尽相同,比如,我国的金融、医疗、教育等中介服务行业还没有完全放开准入。因此,为了提高国际直接投资的便利化水平,通常在双边或区域投资协定中会涉及放开中介服务领域的条款。随着高水平国际化的中介服务公司的进入,我国国内相关中介服务公司也会自主提升服务水平,促进行业加速发展。未来的国际投资制度安排必将涉及更多的中介服务领域的准入问题,给中介服务机构进入东道国创造便利。

## (三)较高的透明度和规范度

透明度和规范度是便利化的重要条件,一国的对外投资政策更好发挥作用,必须使得政策透明和可预期。透明度意味着两个层次的内容,一是在法律法规规定之内的要严格落实,不可以轻易随意地改变政策规定。政多变则民多疑,外资政策也是同样,只有稳定的政策体系,外商才能有稳定预期,才敢来投资。二是法律及相关规章制度之外,不得随意添加限制条件。比如,在负面清单之外,不可以随意地增加一些限制条款,人为制造玻璃门、弹簧门。因为透明度相对难以界定和监管,所以在投资制度安排中一定要对透明度进行明确说明,对违反相关措施的要严厉处罚。一直以来关于透

明度都没有明确的标准,在国际投资发展初期,对透明度的要求也不高,但是随着国际投资量的增大,透明度的必要性也就随之增加,因为提高透明度后企业可以提前识别风险,降低未来发生亏损的可能性。

## 三、全球投资制度安排便利化对东道国制度的影响

便利化是全球投资制度安排的高标准之一,将便利性制度化是便利化的最高阶段,便利化措施通过制度稳定下来,对违反便利化规定的进行惩罚,同时对长期诚实守信的企业又能给予更大的便利性。所以,投资便利化是国际投资制度安排的基本条款,更是营商环境优劣的重要表现。全球投资制度安排便利化一定会影响东道国的相关制度安排,倒逼东道国政府进行制度创新,优化东道国的营商环境。

### (一)倒逼签署国国内相关制度改革

一旦签订新的双边或多边投资协定,必然使得双方在相关便利化措施上进行改革。便利化的相关规定最终倒逼签署国政府进行行政改革,以适应全球投资便利化的要求,即以开放倒逼改革。比如,我国推动建立的自由贸易区就是要对标国际最高标准、最好水平进行制度创新的探索,在自贸区进行制度开放的压力测试。不管是"单一窗口"还是"一网通办"等,都是对原有行政管理模式的冲击,新制度新机制的形成背后需要对原有的人力、物力、财力进行一整套的重新组合实际就是以开放倒逼改革。便利化改革必然冲击原有的利益集团,使得一部分人受益的同时另一部分人受损,所以便利化改革不仅是修改规章制度,还涉及操作层面的各种困难。为了兑现协定中的相关便利化条款,签署国必须根据协定的要求,调整国内的相关制度,以更好促进便利化措施的落地实施。

### (二)有助于推动东道国提升投资便利化水平

全球投资制度安排对东道国制度既有直接影响,又有间接影响。直接

作用是通过签订协议推动制度改革和制度创新,间接作用是推动签订协议发挥其示范作用与竞争效应。投资便利化在全球更多国家的推广将对其他国家产生示范作用,便利化水平高的国家越多,便利化得到认可的范围就越大,最终潜移默化地在全球范围内得到认可和使用。当前,虽然贸易保护主义和单边主义对全球化产生了深刻影响,出现了逆全球化态势,但是全球产业链、价值链、供应链已经形成,很难被完全打断,总体上全球化将迂回前进。因此,随着跨国公司的持续发展,全球化将迈入更高阶段,造成全球投资制度安排也更加紧迫,多边投资协定在推动投资便利化上将发挥更大作用。这些制度的变化,最终推动各国竞相提高投资便利化,积极吸引外商投资,以高水平开放引进外资,促进本国经济发展。

## (三)促进东道国经济改善营商环境

经济发展一方面受资本、劳动力、技术等硬要素的制约,另一方面也受制度、文化、习俗等软要素的影响。投资便利化属于软要素的类型,便利化水平的提高将有助于构建诚信守法的社会诚信体系,良好的营商环境更有助于企业降低交易成本,也有助于政府优化行政管理,提高行政效率等,这些都有利于东道国最终形成促进经济发展的营商环境。一国签订国际投资协定虽然短期对国内的制度会产生冲击,但是长期来看对一国经济发展有持续的积极作用。加入世贸组织以来,中国经济持续快速增长的一个重要原因就是加入世贸组织后,中国的贸易便利化措施与国际开始接轨,WTO的相关规则对形成促进国内经济良好发展的软环境发挥了重要作用。投资便利化理念和具体规则都将对签署国的相关软制度、软环境产生溢出效应,有利于推动东道国改善营商环境。

## 第三节 全球投资制度安排顺应数字化发展趋势

进入 21 世纪之后,互联网快速发展,互联网与经济社会的各个方面深度融合,互联网对全球的经济社会产生了巨大影响,出现了新模式、新业态。随着互联网在全球范围的拓展,数字贸易、数字经济开始呈现爆发式增长,全球投资制度安排也受到数字化发展的深刻影响。数字经济的大发展也要求全球投资制度安排中涉及数字化的内容越来越多。

## 一、数字经济的发展态势

数字经济是随着互联网的兴起和广泛应用而发展起来的一种新型经济业态。2016年G20杭州峰会发布的《20国集团数字经济发展与合作倡议》提出,数字经济是指以使用数字化的知识和信息作为关键生产要素、以现代信息网络作为重要载体、以信息通信技术(ICT)的有效使用作为效率提升和经济结构优化的重要推动力的一系列经济活动。因此,数字经济是互联网、大数据等新技术在经济领域应用的结果,它主要研究的内容包括生产、物流和销售等多个依赖数字技术的商品和服务。数字经济已经深入人们生产生活的各个方面,数据经济的发展态势与数字经济特征密切相关,其突出表现在以下4点:

### (一) 便捷性

通过互联网,人们可以跨越空间、跨越时间进行交流,互联网制造了一个极其便捷的网络世界,各类信息可以瞬间到达,资金交易可以通过网络瞬间完成,大大提高了工作效率,节约了交易成本。在生产领域,互联网的便捷性使得从采购到生产的全流程都提升了效率;在生活领域,互联网推动了人们消费习惯、生活习惯的改变,网上消费大幅上升,实体销售店转向了线下体验店等。互联网的所有特征中便捷性最为重要,今天的世界不可与10多年前相比的原因正是互联网的加入,而使得整个世界的运转更加便捷。

### (二) 边际收益递增性

传统的经济学理论认为一般情况下随着产量的增加,产品的边际收益递减,而互联网下的经济由于信息传播成本极低,复制拷贝非常容易,存在边际成本近乎为零的现象,所以产量越大边际产品的收益反而越多,呈现边际收益递增性。当互联网经济达到一个"断点"之后,剩下的就是垄断企业,其将获得最大收益[①]。因此,数字经济中用户数量非常重要,我们可以看到在诸如共享单车、外卖等互联网新经济为了获得客户数量,不惜亏损经营,打补贴战来抢客户。因此,在数字经济中需要用新的方法进行计算成本收益,需要用新的方法、视角来研究经济现象。

(三)高渗透性

互联网的渗透性指使用互联网的人数越来越多,即网民人数占总人口的比例不断提高,数字经济的渗透性指各行各业对互联网使用的程度,数字、数据的广泛应用又推动一、二、三产业的融合度上升。数字经济的高渗透性推动传统经济与互联网的结合度上升,未来实体经济的发展将会与互联网的联系更加紧密,德国推出了工业4.0,美国提出工业互联网战略等,一些发达国家已经开始瞄准数字经济领域。世界主要国家对互联网在工业经济中的重视,也反映了互联网在未来经济转型升级中可能存在的巨大作用。

(四)外部性

互联网本身具有网络外部性,使用互联网的主体越多,信息共享程度越大,相互获益更多。数字经济由于与互联网、大数据等相结合,也是当数字经济发展程度越高、参与主体越多的时候,数字经济的效率也更高。数字经济的这一特征说明市场容量是数字经济健康可持续发展的重要前提,全球化能够为数字经济发展创造更大的空间、潜力。因此,数字经济可以作为推动经济全球化的重要抓手。

未来,数字经济将成为经济增长的重要引擎和经济发展的重要支柱,发展数字经济是各国的重要任务,也是提升全球竞争力的关键。全球化有助于促进数字经济大发展,数字经济反过来又加速全球化的推进,长期来看,数字经济将持续大发展。与此同时,全球化经过调整之后还将回归到高度

---

① [美]杰夫·斯蒂贝尔:《断点:互联网进化启示录》,师蓉译,中国人民大学出版社2015年版。

一体化融合发展的轨道上,数字经济也将渗透到各行各业,对世界经济产生深刻影响。

## 二、全球投资制度安排对数字化的规范

数字经济的大发展要求全球投资规则更加关注互联网、大数据等对实体经济的影响,要求投资规则适应新经济的深刻变化。从已有的双边或区域经贸协议和正在讨论的议题来看,未来全球投资规则对数字经济的规范主要包含以下3个方面:

### (一) 全球投资制度要包含数字经济的内容

2010—2015年,在联合国贸发组织全球跨国企业100强排名中,数字经济科技企业与ICT跨国企业从13个增长至19个,其资产及销售总额占100强的比重也从10%增加至20%左右,市值更是占100强的26%。数字科技跨国企业的资产以每年10%的速度增长,而传统跨国企业资产增长近乎停滞[1]。电子商务是互联网在经济领域应用的典型,电子商务已经被广泛应用,成为重要的经济形态。但是,关于电子商务的监管远远跟不上电子商务的发展实践,网上电商假冒伪劣产品层出不穷,通过互联网进行诈骗久禁不止。电子商务在跨境之后的监管就更加困难,不同国家对电子商务的定义、管理、法律法规等也不尽相同,跨境电商成为监管的混乱地带。在跨境电商大发展的背景下,全球投资制度一定要对跨国电子商务有相应的条款。比如,在RCEP中就明确规定要对跨境电子商务进行明确的定义、监管要求、处罚标准等。

### (二) 全球投资制度要能有效规范数据的跨境流动

随着互联网在全球的广泛应用,网民数量大幅增长,根据世界银行的统计,2001年全球移动电话总数为22亿部,每100人中使用电话的约占50

---

[1] 詹晓宁、欧阳永福:《数字经济下全球投资的新趋势与中国利用外资的新战略》,《管理世界》2018年第3期。

人,到 2018 年全球有移动电话超 78 亿部,每 100 人中使用电话的达 103 人,也就是说有人不只有一部电话,这一结果翻了一番多,互联网在全球范围内加速渗透。与此同时,数字经济也在全球拓展,尤其是数据的跨境流动大幅增长,跨境数字贸易呈爆发式增长。2018 年中国的跨境电子商务货物进出口总额 1 347 亿元,同比增长 50%。① 根据麦肯锡发布的《中国跨境电商市场白皮书》数据,全球跨境电商交易额预计从 2016 年的 4 000 亿美元增长至 2021 年的 1.25 万亿美元。电子商务占全球的零售总额将从 2017 年的 10.2%增长至 2021 年的 17.5%。② 但与数据跨境流动的监管明显不多,监管能力明显不足,偷税漏税、假冒伪劣等各种问题也暴露出来,各国都开始加强对数据跨国流动的监管。未来,数据的跨境流动将越来越频繁,监管也越来越难,对政府监管的要求也越来越高,亟待在全球投资规则中对数据跨境流动监管规则进行明确,统一监管标准,建立统一的监管规范。目前,在一些双边或区域投资协议中也开始涉及数据跨境流动的内容。比如,CPTPP、中欧投资协定等也涉及数据的跨境流动。

### (三) 全球投资制度要加强数字经济方面的知识产权保护

数字经济不同于传统的实体经济,数字经济的传播更迅速、复制更容易、渗透力更强,数字经济中的知识产权保护的难度也更高。尤其在研发、设计等高端领域,数字经济渗透率更高,发生侵犯知识产权的案例也最多,要特别注意数字经济的立法。美国与中国双边投资协定谈判迟迟达不成共识的关键问题之一也是在知识产权保护,因为美国掌握有高端要素,数字经济大发展背景下易流动的高端要素更容易受侵犯,美国从这个角度出发希望与所有国家的双边投资协议都加强甚至过度知识产权保护。科技创新是全球经济增长的巨大驱动力,长远来看数字经济下对高新技术的保护更加重要。全球投资制度中必然要提高知识产权保护,这样才有助于高端要素的全球流动,促进全球经济创新发展。比如,中日韩自贸协定中也将知识产权纳入谈判议题。

---

① 商务部电子商务和信息化司:《中国电子商务发展报告 2018》,中国商务出版社 2018 年版,第 6 页。
② 麦肯锡:《中国跨境电商市场白皮书》,2020 年 9 月 3 日,第 3 页。

## 三、中国对外投资持续
## 关注数字经济领域

中国既是对外投资大国,又是数字经济大国,将对外投资领域向数字经济领域拓展既有必要性,又有现实性。2015年,中国对外直接投资超过引进外资成为了资本净流出国,中国对外投资发展到了新阶段,如何利用好对外直接投资对于中国经济高质量发展非常重要。中国拥有超过8.5亿人的网民,是全球最大的网络用户群体,数字经济在中国经济发展方兴未艾。2003年,网上商城淘宝零售额是200亿元,2016年其零售额突破3万亿元,与传统零售商沃尔玛的销售额不相上下。根据国家互联网信息办公室的数据统计,2018年中国数字经济的规模已经达到31万亿元,占GDP比重的1/3。[1] 2017年7月12日,国务院召开常务会议要求制定并发布《数字经济发展战略纲要》。2017年7月,苹果公司宣布投资10亿美元在中国贵州成立iCloud数据中心。中国数字经济对外开放的大门越开越大,中国数字经济融入世界的程度越来越高。

新时代中国改革开放再出发,就是要对标国际最高标准、最好水平,开拓对外开放新格局。将经济发展从国内不断拓展到国际,中国的对外直接投资不断涉足数字经济领域,中国与其他国家签订的投资协议也开始涉及数字经济。通过加大引进外资和促进对外投资推动双向投资互动,2019年3月15日,十三届全国人大二次会议表决通过了《中华人民共和国外商投资法》,自2020年1月1日起实行。该法包括了投资促进、投资管理、投资保护和法律责任等,给予内外资平等的待遇、公平的市场准入、透明的知识产权政策等,营造更高水平开放环境。近年来,在数字经济领域上,中国也不断推进知识产权保护。为了对标国际通行规则和监管要求,近年来政府下大力气打击盗版等侵犯知识产权行为,查处了一大批违规企业,不断净化市场,优化营商环境。同时,中国也积极参与双边、区域投资贸易协定谈判,在

---

[1] 潘旭涛:《中国数字经济规模去年达31万亿元》,2019年4月3日《人民日报》(海外版)。

制定新投资规则上也更多注重数字经济的作用。2020年11月15日,包括中国在内的15个成员国正式签署了《区域全面经济伙伴关系协定》(RCEP),该协定的达成对中国与日本、韩国及东盟国家经贸合作的加深具有重要意义。未来,要在RCEP协议基础上加强合作,力争早日达成《中日韩自贸区协定》,同时也要积极推动《中欧投资协定》的签署,增强中欧之间的制度协同。这些双边和区域协议都涉及数字经济方面贸易与投资的相关内容,新规则有助于提高投资便利化程度,为数字经济的国际合作建立更好的制度保障。

## 第四节 全球投资制度安排涉及范畴不断扩大

随着经济全球化的深入推进,跨国公司在全球经济中的主体地位更加突出,投资超越贸易成为世界经济的主要特征。投资对经济的影响越来越大,国际投资涉及的领域也越来越多,不同国家或地区对引进外资和对外投资的重视程度越来越高。在全球没有多边投资协议的现实情况下,双边或区域投资制度安排涉及的范围不断扩大。

### 一、新经济要求投资规则范畴扩大

科技革命推动着经济形态和经济结构不断转型。第二次世界大战以后,全球工业化进程加速,传统制造业、重化工业等行业获得了空前的发展机遇,但是进入21世纪以来,随着互联网的广泛应用和科技创新的日新月异,以大数据、人工智能、3D打印、5G等新业态、新应用涌现出来,世界经济增长引擎正在从传统经济向这些新经济领域转换。新经济正处于培育壮大发展期,是企业加大投资的重点领域,也是国际投资未来的重要发展领域。新经济的特点和全球创新发展的布局要求有新规则以适应现实发展需要。

## （一）新经济涉及的行业领域更广，要求投资制度进行创新、拓展

一种是在传统经济上叠加新经济，从有到好。新经济与老经济的最大不同在于新经济对传统经济的高渗透性，传统经济中如果加入了新经济的元素则可以使得原来的经济运行模式大为改观，老经济也就变成了新经济。比如，在传统政务管理上利用好互联网、大数据就成为了智能政务管理，使得原有的管理效率大大提高，减少了劳动力的使用，降低了人工成本，是对传统政务管理的改善。还有一种是原来所没有的经济模式，从无到有，比如，3D打印、5G技术等，有的成了新产业，有的组合成了新模式。因此，新经济涉及的行业领域比老经济更为广阔。新经济的广阔范畴意味着新增投资的巨大需求，企业为了捕捉技术前沿，从支持某一个产业领域或技术进行集中投资，转向多点布局，分散投资。企业的投资需求与新经济的蓬勃发展能够形成良性互动，为了更好服务新经济，在全球投资规则设计层面需要考虑的行业领域也要更广。

## （二）创新在全球散状分布要求更高水平的投资规则以保护知识产权

在继蒸汽机驱动的第一次工业革命、电力驱动的第二次工业革命和信息技术驱动的第三次工业革命后，世界经济正在酝酿新的科技革命来引领第四次工业革命。但是，这一次的创新与前三次最大的不同可能在于，本次技术创新可能不是集中在某个领域，不是集中在某个国家，而是不同技术分布在全球不同的国家或地区，比如美国的芯片设计、3D打印，日本的仿真机器人，中国的5G，德国的工业机器人等。全球散状分布的技术创新态势也要求试图布局全球创新的跨国公司在不同国家的不同项目上进行多点投资，所以我们看到近年来的跨国投资更多投向多个高技术领域。因此，创新散状分布将引起国际投资活动变化，要求国际直接投资的制度设计能包括更广领域。

由于新经济的领域宽广与创新的多点分散，各国在新经济上的竞争呈现分化的特点。从德国的工业4.0到美国的工业互联网，全球掀起了一股技

术竞争的热潮,各国都在不断加强研发投资,尤其是美国、中国、日本等3个国家的研发投入超过了全球研发总投入的一半,其中,美国占全球研发总投入的约25%、中国20%、日本10%[①]。虽然主要国家的总研发投入上较为集中,但是欧洲和亚洲的其他不少国家也在加快赶超,以免陷入技术低端锁定陷阱。新技术引领着新经济,各国技术竞争的局面内在要求新投资规则有助于推动建立竞争有序的营商环境。技术落后国家希望技术先进国家放开在高新技术领域的投资准入,而技术先进国家则希望技术落后国家放开市场让其中低端技术进入东道国市场获利。同时,在技术先进国家内部也存在较强的技术准入壁垒和技术竞争。当前,全球投资制度并不利于技术的高效传播和溢出,未来的全球制度安排涉及的细分领域将越来越多,要在制度上最大化保护创新和促进技术的高效利用。

## 二、投资规则与贸易规则结合更加紧密

全球经济从世界市场走向一体化是一个漫长过程。在这个过程中,国际直接投资始终发挥着重要作用。全球最早的跨国公司可以追溯到1600年成立的英国东印度公司,该公司拥有贸易专营权,通过不平衡贸易进而在不同国家掠夺。今天,国际直接投资的作用已与400多年前大有不同,国际投资与商品和服务的联系更加紧密,全球超过50%的国际贸易是由投资驱动的。国际直接投资对服务贸易的影响也在持续增长,根据联合国贸发会议的统计数据,世界100强企业中服务业跨国企业的国际化指数(TNI)明显高于制造业及第一产业跨国企业[②],这说明服务业的国际化在加速。投资从贸易到服务的渗透也要求全球投资制度安排涉及的范围更广。

(一)贸易协定中常常包含投资条款

由于全球性的国际投资协议欠缺,而贸易与投资的关系异常紧密,很多

---

① [英]芬巴尔·利夫西:《后全球化时代——世界制造与全球化的未来》,王吉美、房博翻译,中信出版社2018年版,第137页。
② 詹晓宁、欧阳永福:《数字经济下全球投资的新趋势与中国利用外资的新战略》,《管理世界》2018年第3期。

贸易又是由投资所驱动的,所以一些关于投资制度安排的规定通常包含在贸易协定中。比如,WTO 协定中有《与贸易有关的投资协议》(TRIMS),亚太地区 11 个国家共同签署的《全面与进步跨太平洋伙伴关系协议》(CPTPP)包含有投资方面的内容,中国、日本、韩国、澳大利亚、新西兰与东盟十国签署的区域全面经济伙伴关系(RCEP)中也有关于投资相关的条款。全球投资制度安排与贸易协议融合已经成为一个重要趋势。

### (二) 有些跨国服务贸易实质就是投资

服务贸易有跨境交付、境外消费、自然人流动和商业存在等 4 种模式,其中,在服务贸易中占比最大的商业存在指一方的服务提供者在其他成员国内建立商业机构,提供服务并获取报酬,实质就是投资。1993 年关贸总协定在乌拉圭回合中达成了第一个多边《服务贸易总协定》,该协定涉及了服务贸易的准入、透明度、政府采购等当前投资协定谈判的重要内容。因为很多投资实际就是投向服务业,服务业在国际直接投资的占比逐步增高,在没有多边投资协定的时候,将投资协定包含在贸易协定中不失为一个补充做法。但随着服务贸易的发展,以及投资在服务领域的扩展,原来将投资协定简单纳入贸易协定的做法已经不适应发展需要。中国成立自由贸易试验区的一项重大制度创新也是在服务业开放上进行突破,中国(上海)自由贸易试验区在挂牌成立的同时,推出了扩大服务业开放的 23 条措施,既是制度探索,又是为签署高水平双边、多边的投资协定进行风险压力测试。相对于商品贸易的开放来说,服务业开放可控的难度更大,因为在投资领域碰到问题更多、可能风险最大。

### (三) 国际直接投资与金融的互动与影响加大

金融国际化是经济全球化的重要标志之一,国际直接投资发展需要国际金融的支持,国际直接投资进一步拓展了国际金融的广度与深度,金融本身也是服务业,投资与金融形成了相互促进的局面。金融流动性强、收益高、风险大,通常是发展中国家限制准入的行业,也是发展潜力大的领域。因此,全球投资制度安排中需要对金融进行专门的设定。近年来,金融成为中国扩大对外开放的重点领域,自由贸易试验区为探索金融开放推动了自贸账户、降低或取消了金融业股比限制、先行先试外汇管理改革、稳步推进资本项目管理的便利化和可兑换等出台了一大批政策。在当前金融国际化背景下,离开金融之后很多国际投资可能都推动不下去,金融服务投资的作用越来越重要。同时,国际投资也促进了金融在全球范围的深入拓展。因此,这些新的互动模式都要求全球投资规则与时俱进,不断创新。

## 三、全球投资制度创新的主要挑战

经济全球化趋势和国际直接投资深入拓展都需要全球投资制度安排包含更广阔的内容,以满足投资大规模发展的需求。但是,出于国际直接投资自身的特点和各国对外商投资谨慎的态度等多种原因,全球性的多边投资制度安排迟迟没有达成。双边与区域的国际投资协定折射出国际投资规则范畴扩大的态势,然而这种扩大对全球多边规则的达成和执行又带来了诸多的挑战。总体来看,主要有以下3种因素导致各主体不断适应新趋势,达成新规则的难度加大。

### (一)各国对投资风险认识不同导致投资准入门槛高低不一

全球投资制度安排范畴扩大以后,面临的第一困难是关于如何统一定义相关的投资行为、项目内涵等,而越是希望囊括所有内容的定义越是模糊,基于模糊定义的条款可能就存在一定的漏洞。因为统一的定义很难将所有投资行为都准确地全部包含进去,有些可能就成为风险区域,容易出现"擦边球"。所以投资范畴扩大后达成了多边制度安排,带来了全球投资的便利化,也增加了资本跨境流动的风险。尤其是发展中国家,有些担忧如果市场准入门槛降低了,国内的优质产业可能被外资所冲击,国内产业发展被低端锁定,还有些担忧热钱快速流入或流出引发金融危机,1997年东南亚金融危机就是例证。因此,各国为了防范风险必然设定各种"玻璃门""弹簧门"。为了适应新变化,新规则可能看似一致,实则准入门槛高低不一。

## (二) 跨国谈判协调难度加大

投资制度涉及的范围越广,各个国家的利益交织就越多,想要将各个国家的利益平衡好、协调好的难度就越大,达成一致协议的难度就更大。这也是为什么至今为止,全球仍没有多边投资协议的一个主要因素。WTO 谈判推进困难也是由于成员国特别多,各个国家的利益诉求不一样,相互协调的难度非常高,多哈回合后 WTO 谈判几乎陷入了僵局。WTO 改革异常艰难,美国甚至声称要退出世贸组织。当前,新经济层出不穷,新经济涉及的内容也非常广泛,投资制度安排中不可避免要包括更多新经济的内容,制度范畴也开始扩大,新问题在各个国家的发展情况更是千差万别,谈判协调的难度也增加了。比如,欧美等发达国家希望在投资协议中增加数据传输的内容,提高对数据的保护力度,但是不少发展中国家认为自身在数据上的法律还不健全、对数据的监管也还不到位,如果过早地签订多边协定可能对本国数字经济发展不利,不愿签署数据传输的相关条款。

## (三) 国际制度的监管执法难度大

再好的制度如果不能令行禁止,没有良好的监管和执法,就是一纸空文而不能真正发挥作用。投资制度安排的好处就是让各个主体对自己行为的结果有稳定预期,这样到东道国投资就有信心。但是,增加投资制度安排的范畴,必然引起监管和执法上的困难加大。需要更专业的监管队伍,更高水平的监管能力,国内法律法规也要进行相应的调整,更多更细的条款,进而才能高效地监管和执法。当前双边和区域投资协定通常会与一些国家的国内法律产生冲突,改革签约国的国内制度法规以适应双边或区域协议已经是该协定达成的重要阻力之一。跨大西洋贸易投资伙伴关系(TTIP)至今推进困难的一个重要原因就是它要求各国在制度上进行协调,但是各国调整自身监管规则的难度非常大。比如,美国在投资准入上属于准入前国民待遇加负面清单的模式,德国是准入后国民待遇,区域协议就要求德国在监管和法律上进行调整,实行准入前国民待遇。一旦达成新协议,必然要求一方修改原有的国内法律以适应新规则的要求,而妥协一方的监管部门并不能短时间适应新制度的要求,监管执法的难度也会陡然上升。随着经济全球化的发展和互联网下新经济的拓展,新业态、新模式、新组织越来越多,国际投资的领域越来越广、复杂度越来越大,投资制度安排的范畴也将不断扩大。投资范畴的扩大内在要求投资制度安排范畴的扩大,多边投资制度安排达成一致协议的难度也将增加。

## 第五节　全球投资制度安排关注争端解决机制

任何投资都可能产生纠纷,是纠纷就需要有地方仲裁,跨越国界的纠纷更加难以处理,所以争端解决机制是全球投资制度安排的重要组成内容。无论是双边投资制度安排,还是区域投资制度安排,都有相应的争端解决机制。毫无疑问,未来多边投资协定也少不了争端解决机制,而且要构建更高效、更优化的争端解决机制,以推动全球投资制度安排的落地实施。

### 一、优化投资争端解决机制的必要性

国际直接投资纠纷是跨国界的,制度突破国界之后执行的难度大幅增加。因此,国际争端解决相对国内纠纷来说更加复杂和艰难。当前,在双边和区域投资协议中通常都包含争端解决机制,但现有争端解决机制和办法远远不能适应现实需要,不少案件不了了之,因此对争端解决机制改革的呼声越来越高。随着全球直接投资项目的增多,投资纠纷也不可避免地增加,优化争端解决机制越来越重要。比如,从 NAFTA 到 USMCA 转化过程中对争端解决机制进行了改革,以更加适应 3 个国家的制度和体制特点。未来,全球投资制度安排更应该注重优化争端解决机制,其必要性主要体现在 4 个方面。

## （一）企业投资领域的多元化需要优化争端解决机制

争端解决机制的目的主要有两个：1. 促进投资自由；2. 保护投资的合法权益。随着投资向服务业、新经济等新领域拓展，新领域出现的新纠纷也更多，争端解决机制也需要更加关注新领域的变化并进行相应调整。

## （二）国家之间制度协调不够，需要优化国际争端解决机制

通常双边投资协定中规定双方如果出现纠纷可以先到东道国或母国进行申诉，但是由于不同国家的法律在同一事务上的解释不同、规定不同，不得不求助于国际争端解决机制。因此，国际争端解决的机制有其客观必要性。

## （三）随着劳工标准、环境标准等新条款进入投资协议，国际争端解决机制需要更新和优化

投资规则标准的提升，以及新规则的出现等都要求有相关的争端解决机制。比如，国际争端解决机制从投资项目实施的事中事后向事前拓展，争端解决的法律法规也要进行一定的调整。另外，需要相关的法律人才、监管人才、软硬件设施等，整个争端解决机制是一套完整的系统。

## （四）现有争端解决机制自身需改革以提高应对变化的能力

当前国际投资争端解决的形式主要包括投资仲裁完善模式、投资仲裁加常设上诉机构模式、常设投资法院模式、常设投资法院加上诉机构模式、东道国当地救济加国家间争端解决模式等5种模式[①]。这种模式相对割裂，效率较低，国际诉讼通常旷日持久。随着国际直接投资的深入，这5种模式要加快自身改革，不断优化争端解决的诉讼机制，提高诉讼效率。

---

① 王彦志：《国际投资争端解决机制改革的多元模式与中国选择》，《中南大学学报》（社会科学版）2019年第4期。

## 二、当前国际投资争端
## 解决机制的缺陷

国际投资争端解决机制对推动投资自由化和经济全球化具有重要的意义,但是当前的国际投资争端解决机制仍然存在较多缺陷,一定程度上阻碍了当前国际直接投资的持续快速发展。通过梳理现有的双边及区域贸易投资协议,可以发现现存协议的争端解决机制主要存在以下3种缺陷。

### (一)国际投资争端解决与国内法律的冲突

国际仲裁或国际法庭的功能解决不同国家不同企业之间的纠纷。由于不同国家对相同案件在法律规定上可能存在不同,同时为了避免保护主义或者偏袒其中一方,通常将纠纷诉诸第三方。但是,由于各国在投资准入等方面的差异,在国际投资协议中对相关条款的解释往往导致国际争端解决的困难。比如,加拿大在NAFTA中经常被投诉,原因就是加拿大的环保标准、劳工标准等与NAFTA的规定相冲突,所以在新签的美加墨协定(USMCA)中,加拿大就退出了国际争端解决机制。

### (二)国际争端解决机制难以平衡所有签约国的利益

国际争端解决机制需要协调所有签约国的利益,但是各个国家的经济发展水平不同、发展阶段不同、产业结构不同等导致很难达成满足所有成员国利益诉求的协议。比如,在农业的开放上,很多国家都持有保护主义,担心外国投资的进入危及本国的粮食安全。WTO谈判中农业就是极其艰难的议题,从乌拉圭回合到多哈回合一直没有达成一致协议的重要原因就是农业问题协调困难。美国、法国等农业出口大国希望其他国放开农业的市场准入,而日本、韩国等农业小国担心放开后危及粮食安全。国际投资争端解决机制中也存在类似的问题,开放程度高的国家希望投资协议在准入上的限制更少,对违反协定的一方给予更高的惩罚;而开放程度低的国家,则希望增加一些必要的限制并减少对违反协定的处罚。因此,国际投资争端解决机制客观上很难兼顾所有国家的利益，必须是多方妥协的结果。

### （三）全球投资争端解决机制效率较低

多边投资争端解决机制往往是通过第三方的仲裁机构，国家参与度低。诉诸第三方的仲裁过程非常缓慢，办事效率低下，很多企业考虑到诉诸诉讼的遥遥无期而放弃了争端解决。争端解决机制效率低下的原因主要是国家参与争端解决的积极性不高，大多时候不是企业与国家之间的谈判，而是国家与国家之间的协调，国家为了保护本国企业通常会选择做出不公平的裁决。企业反复上诉，整个仲裁和谈判的周期被拉得特别长，有时候不得不使两个国家再磋商。因此，为了提高国际争端解决机制的效率，需要成立由各签约国相关官员或部门参与的协调小组，以帮助企业高效解决纠纷。

当前，国际投资争端解决机制诸多缺陷造成处理跨国投资纠纷的难度加大，不能很好做到保护投资者合法权益的功能。未来，要提高全球投资制度安排的可适性一定要完善健全争端机制，从企业角度出发，多方面建立投资保障和维权渠道，提高对违法违规的打击力度，使制度真正发挥作用。

## 三、未来全球投资争端解决机制的发展趋势

达成多边投资协议符合经济全球化的趋势，也是国际直接投资大发展的现实需要。当前全球投资制度安排正在酝酿，虽然国际社会有逆全球化的态势，但是投资合作从双边到区域再向多边拓展的势头难以阻挡。争端解决机制的目的是营造更好的营商环境，维护投资者的合法权益，推动全球化向更高水平发展。未来全球投资争端解决机制也将适应投资自由化的新特征，既加大对投资方的保护，又最大化地促进投资便利化，其发展趋势主要包括4个方面。

### （一）全球投资争端解决机制包含的范围将扩大

目前，全球还没有形成一致的多边投资规则，各国对市场准入、法律法

规、监管要求等各方面都存在较大差异。问题总是存在的,关键是找到解决问题的办法,因此投资争端解决机制的完善就非常必要。各个国家在投资相关规定上的差异很大,投资争端解决必须能够涵盖更多的内容,这样协议才更容易达成。所以争端解决机制要有很大的兼容性,包含更多可能出现的纠纷因素,提供更多解决问题的机制。比如,各国在投资准入、环保标准、竞争中立、透明度等多个方面的规定都不同,争端解决机制要能够对这些差异造成的纠纷进行合理公正的处理。

### (二)积极探索成立多边投资法院

多边投资法院是解决各类国际投资争端最有效的机构,它比国际仲裁有更强的约束力,能够更好地保护投资,是未来国际投资争端机制发展的重要方向。但是,目前成立多边投资法院困难重重,即使在双边和区域投资协定中也很少设投资法院的。究其原因主要有两方面因素:其一是建立投资法院的成本与收益不成比例,成立法院既要配备一定的人员、场地、技术等,还要有相应的其他支持,而双边或区域投资本身总数较少,产生纠纷的数量总体不大,因此成立法院从经济效益上看不合算。其二是双边或区域投资法院难以确保公正性,投资法院必须在各签约国内选择任职人员,各国代表都有各自立场,一致公正公平的意见较难达成。但是,未来的多边投资协议中非常有必要建立多边投资法院,真正公平高效地维护国际投资。

### (三)增强争端解决机制的透明度

跨国投资争端不同于国内的经济纠纷,国际纠纷更加复杂,比如各国的语言不同、文化不同、法律法规不同等,却增加了争端解决的困难。因此,在争端解决过程中,一定要增加透明度,使得机制在解决争端过程是透明的,解决争端的程序、参与的人员、使用的规定等各方面信息都是公开的。只有建立高透明度的机制,各国的投资者才愿意将纠纷诉诸国际争端解决机构,才能有效地保护投资者和相关主体。目前的双边或区域投资协议中对国际争端解决机制透明度阐释得还不够,缺乏对具体细节的规定,不利于更多发挥解决争端的功能作用。未来,全球投资争端解决机制一定要注重透明度建设,对投资争端解决提供更加透明的制度依据。

### (四)"去国际化"与多边化协调发展

当今世界正处于百年未有之大变局,经济全球化呈现迂回发展态势。双边、区域和多边投资制度协调发展仍是未来的发展总态势,在逆全球化抬头的环境下,双边和区域投资合作会更多一点,如果中美达成双边投资协定,全球化加速推进,那么达成多边投资协议的概率将大幅上升。中短期看,全球争端解决机制将呈现协调发展态势,既有双边和区域的投资争端协调机制,也有多边的协调机制。

## 第六节 本章小结

经济全球化的本质特征是国际直接投资驱动的全球生产要素的国际流动。国际直接投资作为全球化中最活跃的要素,对全球资源的优化配置具有举足轻重的作用。在经济全球化新形势下,推动投资自由化至关重要,但是,在全球层面却没有统一的投资制度安排。不管是CPTPP还是TTIP等都有作为全球投资制度安排的潜力,全球投资制度安排一直在酝酿当中,但一些重要的趋势、特征已经显示出来,比如高标准、便利化、数字化等,都将成为未来新规则的重要条款。中国作为全球对外投资大国和引进外资大国,要积极主动地参与到全球投资制度的制定当中,要从签订RCEP到更大范围、更深程度地参与到亚太自贸区协定和中日韩自贸区协定等区域协定谈判当中提高话语权,为制度创新贡献力量。

# 第三章

## 中国发展对外直接投资的内在必然性

引进外资和对外投资都是利用外部生产要素促进国内经济发展的途径,从引进外资到对外投资是对外开放水平提高和对外投资能力增强的重要体现。对外投资的发展是一个从量变到质变的过程,需要多种要素和条件的支持。对外直接投资的根本是主动获取全球各类高级生产要素,服务于母公司的转型发展和母国产业升级。中国的对外直接投资已经到了内在驱动经济高质量发展的历史性阶段。

# 第一节　中国对外直接投资发展的三个阶段

从长远的历史视角来看,中国并不是一个完全封闭的国家,中国也曾试图积极发现世界、融入世界。早在汉朝就开辟出古代丝绸之路,加强与中亚及欧洲的通商,明朝时期郑和下西洋创造了当时历史上最大规模航海纪录,甚至在晚清也曾有过洋务运动,主张"洋为中用"等。因此,中国有开放的基因,有融入世界的文化积淀。在全球化背景下,积极参与国际分工合作是国家富强发展的重要条件,从1978年改革开放以来,中国不断推进改革创新,创造了世界经济史上的增长奇迹。中国的发展历程伴随着不断扩大对外开放,从货物到资金再到人才,要素流动加快。与此同时,对外直接投资也呈现快速增长态势,并表现出典型的三阶段。

## 一、第一阶段:探索期,2002年以前

中国的对外开放是从引资开始的,先有了引进外资的经验,再逐步探索对外投资。缺资金、缺外汇是后发展国家在启动经济发展时期遇到的共同

难题,借助于国外资本是一条捷径,中国的对外开放也是从引进外资开始的。1978年改革开放后,中国放开了一些行业的外资限制,首先是港澳台资金、华人华侨资金等大幅流入,这些资本与国内廉价劳动力相结合,形成"两头在外"的出口加工贸易。比如,1986年中国香港地区流入内地的直接投资只有13.29亿美元,到2002年已经达到了178.61亿美元。[①] 中国香港成为外资进入中国内地的一个重要跳板,而这些先期投资在内地获得了丰厚回报,为其他国家或地区的资本进一步流入中国做出了良好的示范效应。在这一示范效应的带动下,其他国家的跨国公司纷纷到中国投资建厂,利用跨国公司自身广阔的海外市场网络与技术、资本等优势与中国的低成本要素相结合发展劳动密集的制造业,进一步推动了中国出口加工贸易的发展。出口加工贸易带动并促进了制造业发展,为未来中国成为制造业大国奠定了基础。外资企业在中国取得了成功也对中国经济形成了积极作用,更多企业开始将眼光投向海外,试图走出去主动配置全球资源。

在这一阶段,中国的对外直接投资量非常小,根据联合国贸发会议的数据统计,1982年中国才开始有对外直接投资,当年的投资额是4 400万美元;但到1992年,党的十四大确立了发展市场经济体制的目标以后,对外直接投资也随之扩大,1992年的对外直接投资首次突破10亿美元,并且达到40亿美元;此后10年间,中国的对外直接投资基本维持在20亿~40亿美元。[②] 因此,从对外直接投资流量额度上看,改革开放之后到2002年是一个初步探索,是对外投资缓慢增长的阶段,总体对外投资规模不大。巨大的推动力是1992年的经济体制改革,党的十四大明确,中国经济体制改革的目标是建立市场经济体制。邓小平指出:"计划经济不等于社会主义,资本主义也有计划;市场经济不等于资本主义,社会主义也有市场。"[③] 正是这一科学论断,为加快推动改革提供了理论基础,奠定了经济体制改革的信心和决心。在经济体制改革的政策驱动下,加上改革开放以来形成的良好发展条件,企业更加坚定了扩大规模、加快发展的信心,有了向国外拓展的愿望,不少企

---

① 数据来源:Wind数据库。
② 数据来源:Wind数据库。
③ 邓小平:《邓小平文选》(第三卷),人民出版社1994年版,第373页。

业开始跃跃欲试,逐步在海外拓展投资。

比如,1992年首都钢铁以1.18亿美元的价格收购了位于秘鲁南部濒临破产的秘鲁铁矿(Hierro Perú S.A.A.)。1993年7月,中石油收购了位于加拿大阿尔伯达省的北湍宁(North Twining)油田的部分股权,这次收购标志着中国石油行业第一次进入加拿大市场,为中国油气行业走出去奠定了基础等。这一阶段只有少数大型国有企业"走出去",大多数企业还不具备"走出去"的条件,更多是集中精力拓展国内业务,整体上看,中国的对外直接投资还处于探索期。对外直接投资的积极效应还不明显,有的甚至亏损,主要在能源领域的战略性投资,目的是增加国内能源供给的多样性。20世纪90年代初期以来,中国经济增长速度不断加快,各类企业在发展中壮大,积累了一定的资金,具备了对外投资的初步基础,开始出现了以国有企业为代表的海外投资。万事开头难,部分国有企业的"走出去"为下一阶段大规模的企业"走出去"开始了前期的信息储备、经验储备、人才储备等,在各方面开始铺垫。

从1992年至2002年,经过10年左右的发展,中国的对外直接投资积累初步经验,取得了一定成绩。2002年,党的十六大报告中,首次明确提出:"坚持'走出去'与'引进来'相结合的方针,全面提高对外开放水平。"政府明显增加了对对外直接投资的重视,在政策上开始更加支持企业对外投资,同时企业也不断将眼界展向海外,以更加开放的姿态融入世界。综合来看,初步探索时期的对外直接投资在行业的选择上是保守的,主要是国内发展急需的战略性资源行业。但是,由于投资经验不足,企业配置全球资源的能力有限,难免犯错误、会失败,这一时期的对外直接投资为后来的对外投资大发展奠基了坚实基础。

## 二、第二阶段:快速增长期,2003—2014年

经过改革开放以来至2002年的探索期之后,中国的对外直接投资建立了一定的资金基础、技术基础和人才基础等,为进一步扩大对外投资创造了

条件。尤其是2001年加入世界贸易组织以后,以开放倒逼改革,中国加快推进市场经济体系建设,对外开放程度也不断加大,外资外贸都迎来了黄金发展期。再加上2002年明确提出扩大"走出去"步伐,对外投资从初步探索期走上了快速增长期。如图3-1所示,从2002年至2015年,中国的对外直接投资呈快速大幅增长态势,2003年OFDI流量只有28.5亿美元,到2008年突破500亿美元,增长了17倍。之后再次加速增长,到2015年达到了1 456.7亿美元,7年间,又增长了近3倍,从2002年至2015年的13年间,共增长了51倍,形成了对外直接投资J形爆发的快速增长期。

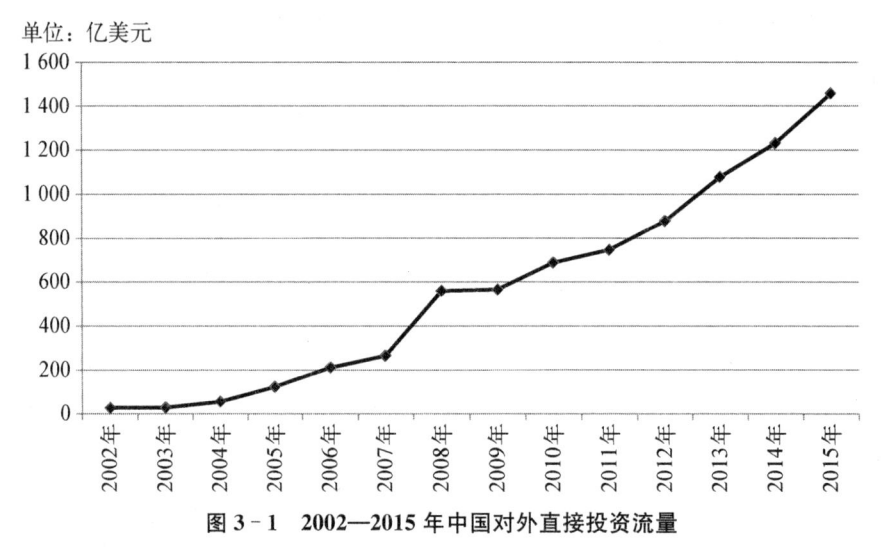

图3-1 2002—2015年中国对外直接投资流量

数据来源:Wind数据库。

与此同时,中国对外直接投资流量在全球的排名不断上升。在2002年仅为26位,到2009年就快速上升至第5位,并在2015年上升至第2位,仅次于美国。这一段时期,中国对外直接投资额不断创出新高,在全球的排名持续上升,对外直接投资取得了量变式发展,但是大而不强,只是对外直接投资大国,还不是对外投资强国。快速增长的对外直接投资与中国经济高速增长形成了同步发展的局面。与此同时,我们也看到中国的对外投资和引进外资之间的关系发生了深刻变化,在2015年中国OFDI流量首次超过FDI流量,成为资本净流出国。

这一时期对外直接投资实现快速增长的原因主要有以下几个方面。

## (一)政府对企业"走出去"高度重视,相继出台了一系列的配套政策,鼓励企业向海外拓展市场,进行全球化经营

政府鼓励对外直接投资能够为企业创造良好的政策环境,在资金、审批等方面都会给予便利,有助于推动企业"走出去"。2003年10月,十六届三中全会首次明确提出继续实施"走出去"战略,进一步支持对外投资大发展。从理论上看,企业走出去有利于进一步解放和发展生产力,利用外部高级生产要素,为经济发展和社会全面进步注入新动力。为配合"走出去"战略,国家商务部、外汇管理局、海关等部门也随之在财税、信贷、保险等方面出台了支持政策,更高效地推动对外直接投资,鼓励企业到海外拓展业务,配置全球资源。

## (二)中国从"双缺口"转向了"双剩余",具备了发展对外直接投资的资金基础

经过第一阶段的发展,"双缺口"状况得到了明显改善,1995年中国的外汇储备只有735.97亿美元,2002年外汇储备就增长至2 864.07亿美元,再到2006年则一举突破了1万亿美元,达到10 663.00亿美元,2014年外汇储备增长至38 430.18亿美元。[①] 近20年间,中国的外汇储备增长了52倍,尤其是2002年以后,实现了高速增长,一举超过日本而成为全球第一大外汇储备国。外汇储备是对外直接投资的资金供给保障,中国已经走过了缺外汇的时期,外汇储备相对充足,有资金储备的条件进行对外直接投资。外汇储备的持续稳定增长,为这一阶段对外直接投资的大发展提供了资金保障,同时配合以相对宽松的外汇管理,企业对外投资的资金障碍被扫除。外汇储备主要是外贸企业通过出口换回来的,外汇储备增长也反映了企业外贸竞争力的提升,表明中国产品"走出去"的范围越来越大。推动商品"走出去",开拓国际市场,也为资本"走出去"创造了条件。有项目无资金是不少

---

① 数据来源:中国人民银行数据库。

发展中国家的对外直接投资发展不起来的重要原因之一,以外贸换外汇是发展中国家积累的主要途径,因此,后发国家通常选择贸易先行。中国首先利用引进外商投资激活了出口潜力,走出了外需驱动型发展道路,但是随着国内外环境的变化,中国有条件、有资金进行海外布局,主动配置全球资源。

### (三) 中国企业实力大幅提升,是对外直接投资快速发展的最重要基础

企业是推动对外直接投资的微观主体,没有大批有实力的企业,不可能形成对外直接投资持续增长趋势。中国企业实力的大幅增长,为发展对外投资创造了条件,从《财富》杂志每年公布的世界500强企业排名可以看出中国企业的成长轨迹。1995年只有2家中国大陆的企业进入世界500强名单,而当年有151家美国企业和149家日本企业进入世界500强名单;2000年中国进榜单的企业数量增长至9家,而到2015年这一数量达到了98家。[①] 20年间,中国进榜企业数量增长了50倍,中国企业的竞争力大幅提升,为开拓海外市场创造了条件。中国虽然涌现了一批有实力的跨国公司,但中国整体产业水平仍处于全球价值链的中低端,从中美上市公司的市值榜单排名可以看出,中国的产业升级速度相对较慢。2020年美国排在前五名的上市公司分别是微软、苹果、亚马逊、谷歌和脸书,中国市值排名前五的公司是工商银行、茅台、建设银行、中国平安和农业银行。2008年,美国上市公司市值排名前五的公司还是金融、工业和能源公司,分别是汇丰、通用电气、美国银行、摩根大通和美孚石油;当年中国排前五的公司是中国石油、工商银行、建设银行、中国石化、中国银行。经过12年,美国高科技公司的成长明显超过传统行业的公司,美国的产业结构呈现了明显的升级过程,但从中国上市企业的市值变化看,中国产业升级相对缓慢。所以,我们要看到差距,我国虽然有不少企业规模变大了,市场份额增加了,但高科技公司还不多,科技公司的国际竞争力还不够强,仍有一些关键零部件和核心技术受制于人,因此更应该扩大对外投资,积极利用外部要素,为我所用,提高自主创

---

① 数据来源:历年《财富》世界500强榜单。

新能力。

### （四）稳定的国际环境有助于中国对外直接投资的发展

20 世纪末东欧剧变、苏联解体之后，结束了社会主义和资本主义两大阵营对峙的局面，发展经济成了国际社会的广泛共识。欧洲一体化推动欧洲经济进入了新的发展周期，美国在互联网经济的刺激下实现了 21 世纪以来长达 10 多年的高增长，美国和欧洲经济的良好态势决定了世界经济的稳定格局。日本经济虽然在广场协议之后陷入了低速增长，但是日本整体国民收入和居民生活质量并没有受太大影响，加上海外投资发展迅猛，日本经济也相对稳定。美欧日等主要经济体的持续稳定发展为全球经济稳定奠定了基础。在全球经济繁荣增长的同时，国际政治氛围也相对融洽，这些大背景为中国企业"走出去"创造了良好的外部环境。世界经济的相对较高增长速度，是外需持续增长的强劲动力，有利于进一步积蓄外汇储备，稳定的政治环境也有利于构建对外投资的政策环境。因此，稳定的国际环境一方面有助于为中国企业通过"走出去"获取国外市场；另一方面中国企业大规模"走出去"进一步活跃了国际市场，为其他国家和企业创造了更多机会。另外，在稳定的国际环境下，各国的投资准入限制相对较少，各项审批、审查和管制相对宽松一些，都有利于推进国际投资项目。

正是上述 4 个因素共同推动了中国对外直接投资从 2003 年至 2014 年长达 10 年的高速增长阶段，使中国成为对外投资大国。这一时期是中国对外直接投资的黄金阶段，为后续高质量"走出去"奠定了重要基础。"走出去"的主体是企业，在对外直接投资高速增长的过程中，一大批企业包括民营企业发展起来并开始对外直接投资，比如美的集团、联想集团、海尔集团等。特别是民营企业对外直接投资的崛起对下一阶段中国对外直接投资的发展奠定了扩大主体的基础作用，民营企业机制更加灵活，民营企业的对外投资更容易突出效益优先、创新引领。在这一时期，我国也积累了一批法律、保险、投资等方面的知识型人才，为应对海外复杂的并购和投资事宜提供了人才保障。但是，整体来看中国企业通过对外直接投资高效配置全球资源的能力还没有达到国际高水平，对外投资还需要高质量发展。

## 三、第三阶段:转型期,2015 年至今

经过快速增长阶段之后,中国的对外直接投资存量规模已经跻身全球第三,从规模上对外直接投资已经迈上了新台阶。对外直接投资有基础、有条件从量变转向质变,进入高质量发展的新阶段。2015 年中国的对外直接投资首次超过外商直接投资成为资本净输出国,如表 3-1 所示,从 2015 年开始连续 4 年 OFDI 流量超过 FDI 流量。在对外直接投资"量"增加的同时,也更加强调"质"。如图 3-3 所示,2015 年是中国对外直接投资大发展的开始,但与此同时也出现了外汇储备降低和对外投资绩效未达预期的负面影响。如图 3-2 所示,外汇储备从 2014 年底的 3.8 万亿美元,持续下滑至 2017 年 1 月的 2.9 万亿美元,直到 2019 年 5 月,外汇储备才回升至 3.1 万亿美元,以后维持在 3.2 万亿美元左右。但和外汇储备的前期高点仍有一定差距,外汇储备的下降从资金供给层面看,不利于对外直接投资的持续增长。

表 3-1　2015—2020 年 OFDI 与 FDI 流量　　单位:亿美元

| 年　份 | OFDI 流量 | FDI 流量 | OFDI-FDI 差额 |
| --- | --- | --- | --- |
| 2015 年 | 1 456.70 | 1 262.67 | 194.03 |
| 2016 年 | 1 961.50 | 1 260.01 | 701.49 |
| 2017 年 | 1 582.90 | 1 310.35 | 272.55 |
| 2018 年 | 1 430.40 | 1 349.66 | 80.74 |
| 2019 年 | 1 369.08 | 1 381.35 | 12.27 |
| 2020 年 | 1 329.40 | 1 443.70 | -114.3 |

数据来源:Wind 数据库。

同时,从中国企业海外投资的项目来看,不少斥巨资在海外购买酒店、足球俱乐部、房地产、电影等,这些项目与中国产业升级不相适应,不但没有赚钱,有些反而出现大量亏损。因此,政府从防范风险的角度,收紧了相关产业对外投资的审批,防止以对外直接投资为名的非法"洗钱",真正使对外直接投资发挥推动促进国内产业升级的作用。对外直接投资是主动配置全

图 3-2 中国外汇储备

数据来源：Wind 数据库。

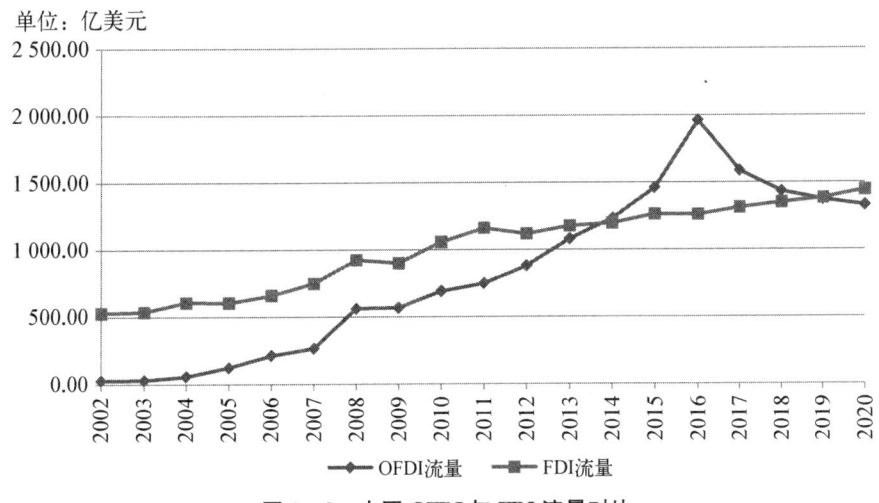

图 3-3 中国 OFDI 与 FDI 流量对比

数据来源：Wind 数据库。

球资源促进国内产业升级的路径之一，中国对外直接投资转型期就是要进一步扩大和利用好外部资源要素，服务于国内技术创新和产业升级，持续发挥后发优势，同时还要尽量减少其负面作用。

在对外直接投资出现负面效应时，我们积极主动调整了对外开放相关举措,聚焦提升对外直接投资质量,以高水平对外开放助力经济转型发展。2017年党的十九大报告明确提出我国已经由高速增长阶段转向高质量发展阶段,对外开放方面提出要推动形成全面开放新格局,创新对外投资方式,促进国际产能合作,形成面向全球的贸易、投融资、生产、服务网络,加快培育国际经济合作和竞争新优势。这些新定位是未来我国对外开放需要重点突破的领域,同时也是对企业发展对外直接投资提出的新要求,从做大求量向提质增效转变,发展高质量的对外直接投资服务国内经济转型升级。在政策方面,政府加强了对OFDI的审批,鼓励制造业、高科技领域的投资。虽然对外直接投资金额从2016年开始有所下降,但投资项目的质量得到了明显提升。

比如,2017年中国对外直接投资的重点领域发生了深刻变化。制造业比重大幅提升,其中,制造业跨国并购比2016年增长了1倍,占当年并购金额比重高达50%。金额最大的是中国化工集团以421亿美元收购全球知名的农业科技公司瑞士先正达(Syngenta)集团,先正达前身是英国帝国化学工业公司,长期为英国最大的制造业企业、农业公司巨头。目前先正达的主营是农业化学,此次并购有助于中国化工集团在农化领域的市场拓展和技术创新,提高中国化工的产品多元化和综合实力,助推高质量发展。进入2018年,中国制造业对外直接投资持续发力,通过跨国并购获取国内紧缺的技术和重要核心零部件,提升企业创新力、竞争力。再比如,闻泰科技股份有限公司联合格力电器等企业斥资201.5亿元,收购全球知名半导体企业荷兰安世半导体(Nexperia)公司75.86%的股权,有效促进了半导体领域的创新发展,填补了诸多行业空白,对我国在半导体标准的制定和核心技术的突破具有重要意义。这一跨国并购既符合国家发展战略,又有利于母公司在半导体产业上拓展和技术升级,创造了多赢的局面。

综上所述,从2015年中国首次成为资本净输出国开始,对外直接投资流量一直处于高位,均在1 000亿美元以上,位居世界前列。在政策驱动和企业自身发展规律的双向驱动下,我国的对外直接投资从量变开始转向质变。政策上加大了对高质量对外直接投资的支持,加大了对借投资为名的"洗钱"和资本外逃的监管力度。同时,在政策指引下,企业也更加注重高质量发展,放弃所谓套现并购,集中精力转向与企业自身发展密切相关的、能提升自身竞争力的高质量投资。因此，在经历 10 余年的快速增长之后，到 2015 年中国的对外直接投资确实进入了对外投资与引进外资双向互动发展的新阶段。虽然中美关系、新冠肺炎疫情等对全球资本流动增加了不确定和风险，中国的对外直接投资也遇到了更多困难，但是大力发展对外直接投资，以对外投资配置全球资源的方向没有改变。

## 第二节 中国对外直接投资主要特征的转变

改革开放以来，中国经济创造了世界经济史上的增长奇迹。中国经济的增长奇迹对经济社会各个方面都产生了深刻影响，随着对外开放程度不断提高，对外直接投资也在对外开放水平提高的过程中呈现不同特征。对外直接投资的企业主体类型、重点产业、投资目的地等都有了新变化，比如，对外投资主体从国有企业为主体向民营企业为主体转变，重点产业从采矿业为主向制造业为主的转变等。

### 一、投资主体更加多元化

中华人民共和国成立之初，中国经济呈现典型的"双缺口"即缺资金缺外汇，中国的发展首先是解决温饱问题，下大力气发展国内经济，没有资金和实力去进行对外投资。这一状况在 1949 年之后的近 30 年并没有得到有效缓解，整体国民经济长期停滞。1978 年人均 GDP 仅 385 元，城镇居民家庭可支配收入 343 元，属于世界落后国家，亟待推动经济增长改变贫困落后的面貌，改善居民生活。十一届三中全会明确了改革开放，确定把工作重点转移到经济建设上来，中国经济进入了一个历史新时期。中国经济从农业到工业再到服务业都呈现整装待发的状态。

改革开放初期，中国仍然是计划经济体制，企业主体是国有企业，"走出去"的企业自然也是以国有企业为主。但是，随着中国经济的恢复，微观经济主体发生了深刻变化,以乡镇企业为代表的集体经济和民营经济逐渐发展起来,并带动了市场经济的活跃度提升。随着中国市场主体的多元化,对外直接投资的主体也开始多元化,特别是2001年加入WTO以后,市场经济地位进一步提升,多种所有权形式的企业加速发展。2008年中国共有8500家境内投资企业设立对外直接投资企业1.2万家,按投资金额来看国有企业仍占有较大比重,2008年非金融类对外直接投资流量中国有企业占85.4%,私营企业仅有0.3%,截至2008年非金融类对外直接投资存量中国有企业占69.6%,私营企业占1.0%。2011年,在非金融类对外直接投资存量中国有企业占62.7%,比2008年稍有下降,私营企业占1.7%,比2008年有所上升。而到2017年非金融类对外直接投资存量中国有企业占比下降至49.1%,非国有企业占50.9%,其中有限责任公司16.4%,股份公司8.7%,私营企业6.9%,国有企业的比重比2011年进一步减少,私营企业的占比大幅上升。从存量投资的企业注册情况看,2006年中国的对外直接投资存量中国有企业占81%,非国有企业占19%;而到2018年,这两个指标占比分别是48%和52%。[①] 其反映了对外直接投资主体中的非国有成分越来越高,投资主体多元化增加,更多民营企业和小企业参与到海外投资中。

对外直接投资主体多元化可能主要有以下3个原因。

### (一)中国企业总数和企业类型的增多

改革开放释放了中国经济的发展潜力,坚持公有制为主体、多种所有制经济共同发展的经济制度,极大地刺激了民营经济的发展,新建企业开始涌现,既包括国有企业,更包括众多的股份公司、有限责任公司、私营企业、个体户等,市场主体大幅增多。基数的增多必然导致一部分的新增企业参与到国际经济竞争和对外投资中,对外直接投资主体自然增多。

### (二)进一步扩大对外开放推动了更多企业参与海外投资

2001年加入WTO加快了中国对外开放步伐,进出口贸易持续快速增

---

① 数据来源:据历年中国对外直接投资统计公报整理。

长,越来越多的中国企业通过国际贸易将产品销往海外,中国企业更加了解世界市场。与此同时,大量国外企业进入中国市场,中国经济与世界经济双向互动加速。随着中国企业对国外市场的了解,越来越多的企业开始涉足国外市场,从贸易到投资,不断嵌入全球价值链。中国企业的国际化意识增强,到国外投资的企业也在不断增加。对外直接投资有助于企业拓展的海外业务,提高了中国企业主动配置全球资源要素的能力,部分企业"走出去"形成了一定示范作用,带动更多企业把视野投向海外。

## (三) 中国企业实力逐渐增强,越来越多的企业有能力进行海外布局

海外投资相对国内投资更加复杂,需要识别的风险更多,能够对外直接投资的企业,不论是国有企业还是民营企业,一般都是行业内实力较强的领先企业。规模大、资金实力雄厚的公司可抵御更大风险,更容易分散风险,通常更有能力到海外进行投资。改革开放之初,我国企业的整体实力不强,只有少数国有企业可以进行海外投资,但是经过40多年的高速发展,众多国企、民企等都成长壮大起来,具备了对外直接投资的实力和能力。

对外直接投资主体从国有企业一家独大到多种类型企业百花齐放的多元化局面,这一变化与中国经济高速发展进程相一致,也是中国市场经济体制深入推进的结果。未来随着混合所有制改革的深入推进,中国经济中的民营企业和社会资本的份额将不断增加,股权分散的公司会越来越多,对外直接投资主体将多元化程度将进一步加大。比如,共同基金、慈善机构、非政府组织等也可能成为对外直接投资的主体。对外直接投资主体增多是中国深化改革开放的结果,基本经济制度的改革激发了企业发展的潜力,企业数量的增加和对外拓展的需求共同作用促进了更多企业到海外投资。投资主体多元化是中国对外直接投资高质量发展的基础,中国向全球价值链的中高端跃升不是一家或几家企业的任务,而是成千上万家企业构成的整体产业水平的提升。要有一大批所有制形式多样、规模大小不一、行业类型齐全的企业群体到海外进行各类项目投资,以满足国内企业技术升级和市场拓展的需要。因此,对外直接投资主体多元化符合中国经济发展实际,中国对外直接投资主体还有进一步多元化的空间。

## 二、投资领域更加广泛

综观中国对外投资的发展,其投资领域变化与国内经济发展阶段、发展需要等密切相关。改革开放初期,中国经济发展首先要解决的是能源供给问题,一方面是开采国内的煤炭、石油、金属矿产等;另一方面是积极利用外国的能源与资源。随着国内产业结构变迁与经济发展,制造业、服务业逐渐成为支柱产业,相关行业的对外直接投资也与之同步增长。比如,2004年中国对外直接投资流量中,采矿业为18亿美元,主要是石油和天然气开采的投资,占当年投资比重的32.7%。制造业投资仅7.6亿美元,主要是通信设备、计算机、食品制造业、纺织业等,占当年投资的13.8%。商务服务业对外投资7.5亿美元,占13.6%。到2012年,中国对外直接投资流量中,采矿业的比重下降至15.4%,租赁和商务服务业占比上升至30.4%,批发和零售业占14.5%,制造业占10%,金融业首次超过100亿美元,占比达到了11.5%。相比2004年,行业结构中采矿业比重下滑,租赁和商务服务业、金融业大幅上涨,服务业在对外直接投资中的占比上升。而到2018年,采矿业投资占对外直接投资流量的比重下降至3.2%,租赁和商务服务业占比上升至35.5%,制造业占比达13.4%,金融业与2012年相比扩大至15.2%。[1] 这一结构性变化与中国经济阶段和产业结构变迁是一致的。

从国内因素来看,任何国家的对外直接投资都不可能脱离母国的经济发展阶段和水平,中国也一样。对外直接投资领域的拓展与国内经济发展阶段和产业结构变化相一致。随着经济从起飞向高速发展的转变,国内要素禀赋结构和比较优势都发生了深刻变化,资本、技术等要素占比提升,廉价劳动力优势不断减弱,生产要素禀赋和比较优势产业的改变,导致推动对外直接投资领域拓展的动力发生了变化。

从国际经验比较看,一国对外投资领域变化与国家发展战略相关。欧美日等发达国家海外投资时间长,各自形成了对外投资体系。美国对外直

---

[1] 数据来源:据历年中国对外直接投资统计公报整理。

接投资历史久、积累深，主要通过海外投资扩展美国在全球的产业布局，其布局过程也经历了从制造业为主向服务业为主的转变，通过对外投资再驱动美国产品出口增长。日本是资源匮乏的国家，通过对外投资充分利用国际资源以弥补日本国内的资源与能源供给不足，通常说日本有一个海外日本，足见日本海外投资的实力，其对外投资亦服务于国内发展战略。中国对外直接投资领域也必须与中国的经济发展战略和产业结构变化相协调。从行业上看，对外直接投资的领域从单一的能源行业向制造业、服务业等拓展，投资领域逐渐丰富是一条重要规律。

从要素层面看，对外直接投资领域与国内的生产要素禀赋有关，稀缺要素通常是对外直接投资的首选目标。改革开放初期，重工业是经济发展的重点领域，能源作为工业的原材料，是稀缺资源，向海外拓展能源产业有助于促进能源供给的多元化，保障能源供给。因此，当时的对外直接投资是以采矿业为主。当前，高科技是国内稀缺的生产要素，符合国内要素结构变迁的方向，中国更多企业到海外投向高新技术公司，华为、联想、海尔等企业都有向发达国家并购相关项目，但是一些并购项目受到发达国家的限制，没有获得批准。

从中观层面上看，对外直接投资与国内的行业发展现状相关。行业发展的强大需求是刺激企业进行对外直接投资的重要力量，主导产业的转变直接驱动了对外直接投资领域的变化。我国对外直接投资领域变化与我国三次产业结构变迁相一致，首先是制造业对外投资大发展，然后越来越多企业将对外投资延伸到服务业，服务业在对外直接投资中占比逐渐增加。主导产业从第一产业到第二产业再到第三产业的变化是经济发展的基本规律，每个国家都将经历产业结构变迁，中国的产业结构变化也符合这样的规律，对外直接投资也基本沿着这一规律同样变化。但是，对外直接投资领域在行业上会达到一个稳态后进入提质增效阶段，在某些行业领域提升竞争力。对外直接投资的资金也将从以新增投入为主，转向利润再投资为主。

从宏观层面上看，对外直接投资领域与国家的发展战略有关。国家实施对外开放，鼓励对外直接投资，有相关的政策支持，企业的对外投资就会更便利。个人、企业和国家都有各自行事的边界,企业首先要在主权国家法律规定的范围内合法经营,国家的相关规定直接影响企业"走出去"和"引进来"。国家的政策主要包括两类:第一类是笼统的支持或者限制政策,比如,中国的对外直接投资也在2002年国家首次提出鼓励企业"走出去"后开始爆发增长,又在2015年受国内外政策影响,企业海外并购开始收缩。第二类是有针对性的鼓励或限制政策,比如,我国在某些行业、技术等方面有针对性的支持政策,而美国在某些高新技术又对来自中国企业的投资设置了"玻璃门""弹簧门"。在逆全球化兴起的大背景下,不少国家开始推行单边主义和保护主义,势必对全球投资产生负面影响。

因此,中国对外直接投资行业领域的拓宽是随着国内经济发展而拓展的,与国内要素禀赋结构、产业结构、宏观政策环境等都有紧密联系。对外直接投资的领域从单一走向了多元,从能源资源类行业延伸到制造业、商务服务业、金融业、批发与零售业等多个领域。未来,随着中国经济高质量发展和整体竞争力的提升,向海外布局产业链的能力不断提高,配置全球资源的需求将不断增长,对外直接投资也将更有效地服务国内经济转型升级和科技创新突破,对外投资领域也更多投向智能制造、通信、生物医药、高端服务业等。

## 三、投资目的地更加分散

对外直接投资必须有目的地,企业为什么投资到亚洲、为什么投资到欧洲、为什么投资到美洲等,都有其内在原因。根据利润最大化原理,选择投资目的地也要考虑成本,通常首先考虑位置接近、文化相似、市场需求相近的国家或地区。这样运输成本、制度性交易成本相对较低,有助于降低企业整体的经营成本,提高竞争力。从中国对外直接投资从无到有,从小到大的发展历程看,投资目的地首选的就是中国香港地区,进而向日本、韩国、新加坡、欧洲、美国等国家或地区拓展。对外投资的目的地范围的变化呈现出以中国香港地区为起点和中心,进而向东亚国家或地区扩大,再向美、欧洲等国家或地区的投资不断增加的特点。因此,中国对外直接投资目的地布局是从以中国香港地区为主,向亚洲、欧洲、美洲、非洲等国家和地区延伸,目的地越来越分散,形成了全球投资经营网络。

2003年中国对外直接投资已经分布在全球139个国家或地区,流向亚洲的占52.5%,其中绝大部分投向了中国香港地区,占对外直接投资总金额的40.4%,除了开曼群岛和英属维尔京群岛外,排名其次的是韩国、丹麦、泰国和美国,这4个国家仅占12.2%。中国香港地区成为最大目的地主要有三方面的原因:一是中国香港地区距离内地最近,具有地理上的天然优势。二是中国香港地区与内地同根同源,具有文化上的相通性,文化认同度高,沟通交流上无障碍,信任度高。三是中国香港地区是国际贸易中心、金融中心,国际化程度高,立足中国香港地区能够有效配置全球资源。正是中国香港独一无二的特殊优势,长期以来保持着中国内地对外直接投资第一大目的地的地位。

2011年,中国香港地区仍然是吸引中国内地资金最多的地区,356.55亿美元,占47.8%,接近半壁江山。但是,中国对外直接投资的流向更加广泛,遍布全球177个国家。法国、新加坡、澳大利亚、美国、卢森堡、苏丹、俄罗斯、哈萨克斯坦等国排名居前,投资目的地的范围相对2003年增加了38个国家。到2018年,中国的对外直接投资覆盖到全球188个国家和地区,区域进一步扩大。但是,从具体国家和地区来看,中国香港地区仍居首位,占当年对外直接投资流量的60.7%,其次是美国74.8亿美元,占5.2%;新加坡64.1亿美元,占4.5%;卢森堡24.8亿美元,占1.7%;澳大利亚19.9亿美元,占1.4%。[①] 所以,从投资目的地发展态势上看,呈现两个特点:一是中国香港地区稳定的中心地位;二是投资目的地整体上更加分散。

另外,对外直接投资目的地选择与母国的政策也有较大关系。与中国关系比较好,有政策鼓励并支持吸引中国资本的国家或地区,更容易成为中国对外直接投资的目的国。比如,"一带一路"沿线国家政策支持大,与中国经济互补性高,双方投资增长潜力大,是未来我国对外直接投资的重要增长点之一。随着"一带一路"建设的推进,我们已经发现中国对"一带一路"沿

---

① 数据来源:据历年中国对外直接投资统计公报整理。

线国家的投资出现了增长势头。越来越多国内企业开始布局"一带一路"沿线国家,与沿线国家开展贸易,到沿线国家进行投资,经贸往来逐渐活跃了起来。2018年底,中国在"一带一路"沿线国家设立的企业数量已经超过了1万家。① "一带一路"沿线国家成为中国对外直接投资的新增长点,沿线国家也成为重要新增目的地。

所以,从投资目的地发展趋势看,中国对外直接投资从亚洲逐渐遍布全球。不管投资到哪个国家,作为补充国内要素的不足,都有其投资理由,发达经济体的高端要素更多,向发达国家投资符合产业升级和技术进步的需要,发展中经济体也有不少我国所稀缺的资源,向其投资有助于弥补我国资源供给上的不足,促进供给多样化,保障能源供给安全。中国香港地区,以及美国和欧洲是对外直接投资的主要流入地,但是拉丁美洲、非洲和澳大利亚的增长潜力大,投资增速快。未来,随着中国进一步扩大对外开放和经济高质量发展的深入推进,对外直接投资也将提高发展水平,深耕某些国家和地区并推动投资目的地多元化是大趋势。对外直接投资的重要功能是利用好外部各类要素,服务国内产业升级和经济发展。对外直接投资目的地从单一到多元分散的变化,有助于从全球配置资源要素,有助于分散投资风险,有助于扩展海外市场,也是经济发展规律的必然要求。

## 第三节　中国对外直接投资发展的历史转变

对外直接投资的发展和开放战略、开放进程密切相关。一方面国家自主开放是对外直接投资的先决因素;另一方面持续稳定的国内经济是对外直接投资增长的根本动力。改革开放以后,中国经济实现了新发展、走向了新阶段,与此同时,中国的对外直接投资也发生了深刻的历史性转变。

---

① 数据来源:商务部、国家统计局和国家外汇管理局:《2018年中国对外直接投资统计公报》,2019年9月,第17页。

## 一、从流量时代转向存量时代

改革开放以来,中国从改革开放之初的贫穷落后国家,成为世界第二大经济体,2021年人均GDP 1.25万美元,接近高收入国家人均水平下限,中国经济创造了人类经济发展史上的增长奇迹。中国对外直接投资也是随着中国经济发展而变动,对外直接投资流量由小到大,从不足20亿美元/年,增长至近2 000亿美元/年,世界排名从30多位上升至第2位。在对外直接投资流量高速增长的同时,存量也稳步高速提升。截至2020年底,对外直接投资存量超2.3万亿美元,比2015年末翻一番,稳居全球对外直接投资大国行列。[①] 中国的对外直接投资虽然起步晚,但是增长速度快,已经稳居世界前三位的流量大国和存量大国。

中国在全球对外直接投资格局的位置也发生了深刻变化,中国的对外直接投资从流量时代转向了存量时代。存量时代的对外直接投资与流量时代不同,不单是重在提高总量,关键还要看如何高效利用存量资本,提高存量资本的收益率。事务的发展总是从量变转向质变。中国的对外直接投资已经走过了需要高速增加流量扩大对外直接投资的总量和领域的阶段,而是要更加重视对存量资本的利用。中国的对外直接投资已经拥有超过2万亿美元的存量规模,按照目前中国对外直接投资发展趋势,必然超过荷兰而成为世界第二大投资存量国。在投资存量提升以后,较大的存量投资规模,就能够发挥更大的规模效应和协同效应,更好配置全球资源要素,提高投资收益率。

从流量时代走向存量时代是对外直接投资发展的客观规律。美国、日本、荷兰等对外直接投资大国的发展历程都是从流量大国到存量大国,再进一步稳固和提高投资收益率,发挥好配置全球资源的作用。投资存量增加后,要以更优的存量投资发展带动增量资金。比如,日本的对外直接投资就是典型的存量带增量,第二次世界大战以后,日本经济开始复苏,

---

[①] 罗姗姗:《"十三五"我国对外直接投资存量翻番》,2021年1月30日《人民日报》。

从20世纪60年代至90年代是日本对外直接投资大发展的时期。日本在20世纪80年代末期曾是全球第一大对外投资国,到90年代对外直接投资存量仍稳居全球第二,一大批的日本企业走向世界,通过配置全球资源,促进了日本经济的稳定发展。进入21世纪以后,日本更加注重高效利用对外直接投资存量,依托众多日本的跨国公司进行全球经营,在全球布局产业链、价值链,日本企业的国际竞争力逐渐增强。虽然日本的对外直接投资存量逐渐被中国和中国香港地区,以及荷兰等国家和地区所超越,但是日本对外直接投资的质量并没有下降反而大幅提高,日本企业配置全球资源的能力进一步提升。海外的跨国公司分支机构已经成为支撑日本经济稳定的重要力量。

目前中国对外直接投资存量高居全球第三位,但是仍然大而不强,与世界对外投资强国还有不小差距。一是从量上看,中国的对外直接投资存量稳居前三,虽然和美国仍有较大差距,但与中国香港地区,以及日本、荷兰等同一梯队的存量差距也并不大。未来中国对外直接投资进入存量时代并不是主动减少增量,不是不注重增量,增量仍有发展空间,而是要比以往更加注重存量投资的利用和发掘,以存量带增量。二是中国企业配置全球资源的能力还不强,对外直接投资发展的质量还不高。在对外投资整体实力不强的背景下,发展对外直接投资更要精心准备、小心布局。首先,要更加注重依托已有投资项目展开新投资与新合作,在老项目的基础上进行拓展。中国已在全球190多个国家有投资项目,投资领域几乎遍布各个行业,覆盖面已经比较广,有条件通过增加企业间的资源和信息共享,以存量协调增量推动高质量投资。投资特别是海外投资需要谨慎,一旦投下去很难撤回来,因此,对外直接投资要防止"大呼隆"式发展,在已有基础上开拓新项目的成功概率更高。其次,要加强对重点区域和相关行业的深耕细作、精准投资。中国对外直接投资存量中超过90%的金额集中在前20个国家和地区,有针对性地深入调研和挖掘对欧盟、美国、澳大利亚、加拿大、日本等发达经济体的投资项目,符合中国对外直接投资布局发展趋势。投资集中在重点区域、重点行业有助于发挥集聚效应,中国经济仍需向发达经济体学习,继续发挥后发优势,借助于外部高端生产要素,不断提高自主创新能力,实现弯道超车。

中国的对外直接投资进入存量大国是历史性变化,是对外直接投资阶段的重大转变。对外直接投资的这一历史性变化与中国经济发展密切相关,从经济大国到经济强国,需要经济在多个方面的转变,其中对外直接投资也是重要一环。从对外投资流量大国到存量大国是变化之一,要更加注重投资的布局,发挥投资对国内经济的促进作用,提高全方位对外开放水平,打造全球经营网络。对外直接投资进入存量时代,对国内企业的全球经营能力提出了新要求,存量上的发展必然是高质量、高效率、高水平。中国企业必须不断适应全球化,提高对外投资的能力水平,更大程度地融入全球化,不求全球资源为我所有,但求为我所用。

## 二、从绿地投资转向跨国并购

绿地投资和跨国并购是对外直接投资的两种形式。绿地投资是直接到东道国建厂,是发展中国家首选的对外直接投资方式。绿地投资通常是在国内已有产业基础上进行海外延伸,一般也是先选择受东道国法律和政策影响较小,经济风险相对较低的项目。中国企业对外投资经验不足,抵抗风险能力弱,长期以来绿地投资是中国企业"走出去"的重要投资模式。先发展绿地投资符合中国国情和对外直接投资实践的要求,新中国成立之后大多数企业集中力量发展国内市场,没有到海外进行贸易和投资的经历,不敢贸然进行对外直接投资,在"走出去"的初始阶段最佳策略就是采取绿地投资。绿地投资在中国对外直接投资初期占据绝对主要位置。

在2002年中国提出"走出去"战略以后,对外直接投资进入快速增长阶段,到海外投资的企业越来越多,投资额也越来越大。如表3-2所示,从2004年至2016年中国的对外直接投资流量不断增加,其中,跨国并购的金额也不断增大,从2004年的30.0亿美元,最高增长至2017年的1 196.2亿美元。虽然跨国并购的金额持续增长,但是直接投资并购占OFDI的比重呈现先升后降的趋势,最近几年基本稳定在20%左右。

表 3-2　2004—2019 年中国对外直接投资流量　　　单位：亿美元

| 年份 | OFDI 流量 | 并购金额 | 并购同比(%) | 并购中直接投资占OFDI比重(%) |
| --- | --- | --- | --- | --- |
| 2004 | 55 | 30.0 | — | 54.4 |
| 2005 | 122.6 | 65.0 | 116.7 | 53.0 |
| 2006 | 211.6 | 82.5 | 26.9 | 39.0 |
| 2007 | 265.1 | 63.0 | −23.6 | 23.8 |
| 2008 | 559.1 | 302.0 | 379.4 | 54.0 |
| 2009 | 565.3 | 192.0 | −36.4 | 34.0 |
| 2010 | 688.1 | 297.0 | 54.7 | 43.2 |
| 2011 | 746.5 | 272.0 | −8.4 | 36.4 |
| 2012 | 878.0 | 434.0 | 59.6 | 31.4 |
| 2013 | 1 078.4 | 337.9 | 21.9 | 31.3 |
| 2014 | 1 231.2 | 324.8 | 7.6 | 26.4 |
| 2015 | 1 456.7 | 544.4 | −4.3 | 25.6 |
| 2016 | 1 961.5 | 1 353.3 | 148.6 | 44.1 |
| 2017 | 1 582.9 | 1 196.2 | −11.6 | 21.1 |
| 2018 | 1 430.4 | 742.3 | −37.9 | 21.7 |
| 2019 | 1 369.1 | 342.8 | −53.8 | 12.6 |

注：2012—2019 年并购金额包括境外融资部分，比重为直接投资占当年流量的比重。
数据来源：《2019 年中国对外直接投资统计公报》。

跨国并购是比绿地投资更灵活的投资模式，在全球化背景下，跨国并购获取国外先进要素的速度更便捷，是更有效率的投资方式。绿地投资是在东道国投资建厂，对于使用东道国劳动力、管理人才、技术人员、市场等要素组合生产更便捷，是配置全球资源相对稳健的方式。跨国并购则可以通过购买企业部分或全部股权，获得公司控制权并对公司的有形和无形资产进行重组，可以促进东道国公司与其母国公司的协同创新，提高母公司的生产效率和运营效率。同时，跨国并购对企业的要求更高，企业需要掌握更多关于市场、技术、人才等方面的信息，能够比较好地识别风险和控制风险。中国企业整体实力的提升也包括海外投资能力的提升,提高企业的跨国并购能力,大力发展跨国并购是一国高质量发展对外直接投资的必经之路。目前,绿地投资金额在对外直接投资中占比高,跨国并购占比低,与中国对外直接投资大国的地位并不相匹配,结合世界主要国家对外直接投资经验和中国对外直接投资的发展态势可以看到,我国已经到了从绿地投资向跨国并购转变的重要阶段。

## (一)中国已经有一些企业具备了跨国并购的基础和条件

企业是对外直接投资的主体,跨国并购对企业的要求更高,必须有一定的海外经验和人才等,才有利于跨国并购行稳致远。经过40多年的高速增长,中国企业实现了跨越式发展,涌现了一大批大型企业和有影响的跨国公司。通过融入全球价值链,相当多的企业有了对外贸易和投资的经验,对外部市场也有了一定了解,对外直接投资的人才储备越来越多。另外,经过多年的积累,中国企业已经有比较充足的资本储备、技术储备和人才储备等,有条件通过跨国并购配置全球资源,更加灵活、高效地获取国外先进生产要素为我所用。

## (二)中国经济已经迈入高质量发展阶段,有能力更高效配置全球资源

大力发展跨国并购是中国高质量扩大开放的战略需求。中国经济增长的奇迹与对外开放密切相关,通过对外开放,中国经济融入了世界经济体系。首先中国通过引进外资,利用外部资本、市场等要素推动国内经济发展。未来中国经济高质量发展仍然离不开高质量对外开放,要更好地发挥对外直接投资和引进外资的双重作用。2015年,中国的对外直接投资首次超过引进外资而成为资本净输出国,对外直接投资发展到了新阶段,但是跨国并购发展还有不足。从战略层面看,提高对外直接投资质量重点在于高效利用跨国并购,以并购主动获取国外高级生产要素,服务国内产业升级。一方面,绿地投资规模已经不小,进一步增长空间有限,随着企业海外布局能力的提高,绿地投资的局限性也将逐渐凸显;另一方面,跨国并购在全球

化背景下拥有诸多优势,中国的跨国并购相对绿地投资来说量还比较小,需要重视跨国并购的积极作用,推动企业对外直接投资模式的多样化,提高全球经营能力。

### (三)国际上已经为中国企业跨国并购提供了丰富的参考经验

从国际经验比较看,扩大跨国并购是中国对外直接投资发展的必然趋势。不论是美国还是英国抑或日本等对外直接投资大国都是跨国并购强国,因为跨国并购更有助于企业灵活配置全球资源,拥有大批实力强劲的跨国公司是一个国家国际竞争力的突出表现,欧洲的芬兰、瑞典等国对外直接投资规模虽然不大,但是跨国公司实力雄厚,全球资源配置能力强。中国企业"走出去"的目的之一是配置全球资源,提高企业经营绩效,没有绝技、窍门是难以行得通的,这就要求企业进一步提高跨国并购的能力和水平。发达国家的对外直接投资经验也是由无到有,由少到多,投资强国必然是通过资本的主导作用,对全球资源要素进行重组,扬长避短,促进母公司要素升级和要素结构改善,推进了母国经济高质量发展。中国对外投资的持续健康发展,必然要提高跨国并购的比重和能力,更大程度地融入全球化,更高效地配置全球资源。

因此,跨国并购超越绿地投资符合对外直接投资的阶段性变化,跨国并购是我国未来对外直接投资发展的重点领域。中国企业要紧紧抓住这一历史性变化,更高水平向海外拓展。政府也要更加关注跨国并购,充分利用中国的对外直接投资新优势,结合国内外经济环境变化,多举措支持企业进行高质量跨国并购,提高整体对外直接投资发展水平。

## 三、从投资大国转向投资强国

中国已经连续多年稳居世界前三大资本流入国和输出国,随着中国经济规模的扩大,中国的对外直接投资金额必将进一步提高,对外直接投资大国的地位将更加稳固。中国对外直接投资已经进入了新阶段,从量变到质变是内在要求,从投资大国转向投资强国是趋势。中国过去的发展是以引进外资带动出口增长,以点带面促进制造业的大发展。在经过引进外资的发展阶段,对外投资存量积累较大之后,需要发挥对外直接投资的功能,以对外投资推动进出口发展和国内经济转型升级。对外直接投资在服务中国经济发展和推动全球化布局中具有重要地位,中国的对外直接投资不但要规模大,更要水平高。如何利用对外直接投资促进中国企业配置全球资源,利用全球要素推动其在全球价值链上的地位提升,使中国从投资大国跃升为投资强国是一个重要的历史性转变。

从投资大国转向投资强国是对外直接投资发展规律和中国经济发展阶段变化的内在要求。

## (一)中国对外直接投资长期受收益率不高的困扰,提高投资能力和投资收益率是对外投资可持续发展的基础

不论是绿地投资还是跨国并购,中国对外直接投资的企业绩效并不令人满意,尤其是中西部地区企业对外直接投资更是出现较多的亏损。这种盈利状态是不可持续的,提高投资回报率,势在必行。白洁(2009)[1]通过分析 1985—2006 年中国部分企业的对外直接投资发现,中国的 OFDI 并不存在显著的溢出效应。王英和刘思峰(2008)[2]的研究也得出同样的结论,对外直接投资对国内经济的溢出效应不显著。薛安伟(2017)[3]利用中国上市公司数据研究发现跨国并购对企业绩效存在滞后效应,且东部地区明显优于中西部地区,对外直接投资在中西部地区的溢出效应不明显。所以,中国对外直接投资的效益与投资大国地位不相适应,未来要进一步推进对外直接投资的高质量发展,必须提高投资收益率。没有持续稳定的收益率为支撑,对外直接投资就不具有可持续性。所以,当前到了提高中国对外直接投资收益率的重要关头,也只有提高了对外投资水平,才能真正迈向对外直接投资强国。

---

[1] 白洁:《对外直接投资的逆向技术溢出效应——对中国全要素生产率影响的经验检验》,《世界经济研究》2009 年第 8 期。
[2] 王英、刘思峰:《国际技术外溢渠道的实证研究》,《数量经济技术经济研究》2008 年第 4 期。
[3] 薛安伟:《跨国并购提高企业绩效了吗——基于中国上市公司的实证分析》,《经济学家》2017 年第 6 期。

## （二）提高中国企业对外直接投资水平是中国向全球价值链高端攀升的迫切需要

中国虽然是全球第二大经济体，人均 GDP 超 1.2 万美元，具有全世界最完备的工业体系，但是中国的产业大而不强，多数处于全球价值链的中低端。中国高质量发展就是要从价值链的中低端向高端攀升，实际就是通过技术创新提高企业产品的附加值，使企业向微笑曲线的两端移动。推动企业在价值链上升级的方法有很多，可以自主创新、可以技术引进，也可以通过跨国并购获取高端要素。因此，跨国并购将成为中国企业获取外部高级生产要素，促进国内企业转型升级的重要渠道。中国企业有不少已经进行过跨国并购，但海外并购的整体能力还不强，使用跨国并购扩展国际业务并促进逆向溢出，提高母公司竞争能力还有很大的发展空间。前 40 年中国推动经济发展的途径之一是利用引进外资，未来中国在全球价值链上攀升需要利用好前期积累的资本，扩展对外投资，以投资作为获取高端要素的新抓手，改善综合要素禀赋结构。

## （三）增强对外直接投资能力是贸易大国迈向贸易强国的助推剂

党的十九大报告明确提出，拓展对外贸易，培育贸易新业态、新模式，推进贸易强国战略。贸易强国建设是个系统工程，需要多方面配合，当然也离不开发挥对外直接投资的积极作用。贸易与投资历来就紧密相连，投资与贸易既有替代效应又有促进效应，在全球化背景下，投资对贸易的促进作用明显，超过一半的贸易与投资有关。对外直接投资通过逆向效应促进母公司技术、管理等要素升级，提高产品技术含量和附加值。投资与贸易具有天然的联系，通过对外直接投资拓展海外市场和提升产品质量具有独特优势。中国既是贸易大国又是投资大国，要以投资促进贸易，以贸易带动投资，形成贸易投资高质量互动发展的新格局。

对外直接投资强国是一国国际竞争力的重要标志。中国已经是对外投资大国，但离对外投资强国还有较大差距，提高对外投资能力是未来发展的必然方向。中国仍是最大的发展中国家，整体发展水平还不高，正在从要素驱动转向创新驱动,不少国家都是在这一转型过程中陷入中等收入陷阱,因此要高度重视创新的关键作用。中国现在还要继续向发达国家学习,向先进公司借鉴经验,用好对外直接投资这个抓手,以投资获取稀缺要素。外部环境越是严峻,越是要提高投资能力,化被动为主动。因此,在百年未有之大变局背景下,从对外投资大国向强国的转变具有重要战略意义。

## 第四节　本章小结

本章总结了改革开放以来,中国对外直接投资的主要发展历程、特点以及正在面临的历史性变化。长期以来,中国的对外直接投资虽然增速快、总量大,但是效益低、资源配置能力差。从国际比较看,竞争力强的国家对外直接投资能力和资源配置能力也强,差距就是潜力,中国对外直接投资还有巨大的发展潜力。毫无疑问,对外直接投资在中国新一轮对外开放中的战略定位更高、意义更大、作用更强。中国从贸易大国走向贸易强国的过程中,必然要求企业提高对外直接投资能力,提高配置全球资源的能力。综观对外直接投资的变化,中国正在从流量大国转变为存量大国、从绿地投资主导转向跨国并购主导、从投资大国转变为投资强国。经过 40 多年的高速发展,中国有基础有条件推动对外直接投资的高质量发展,更好地发挥投资的作用,以投资促进国际贸易的提质增效。

# 第四章

## 中国企业对外直接投资的新动机

从单向引进外资到双向投资互动是中国高水平对外开放的必由之路,以双向互动提高对外直接投资水平也是推动经济高质量发展的内在要求。经济全球化深度调整,国内外环境发生深刻变化,中国企业的对外投资面临着诸多挑战,同时蕴藏了更大机遇。在新形势下中国企业的对外直接投资动机发生了新变化,既遵从传统的市场寻求型、资源寻求型、效率寻求型、战略资源寻求型等动机,同时出现了要素整合、价值投资、布局全球供应链、攀升全球价值链和优化产品结构等新动机。

## 第一节 绿地投资的动机变化

绿地投资是对外直接投资的重要模式,其通过在当地建厂对东道国生产要素进行高效利用,对提高东道国的就业,拉动东道国的经济增长有直接作用。很多国家欢迎绿地投资而担心以跨国并购为通道的"热钱"。因此,绿地投资一直在全球资本流动和资源配置中起着主导作用。但是,2008年国际金融危机后全球经贸环境和跨国公司全球经营模式发生了深刻变化,中国企业绿地投资的动机也随着发生了一些变化,更加注重对资源、要素的整合与配置,以适应全球经营的新模式。

### 一、新形势下绿地投资困境

跨国公司是推动经济全球化的主要微观主体,跨国公司在塑造与改变全球化的同时,全球化也倒逼跨国公司的经营模式随着外部环境变化而做出调整。跨国公司的大发展始于20世纪70年代,跨国公司以项目带动商品、资金、技术、人才等各类要素全球流动,在全球范围里组织生产,将产业链分布在全球不同国家和地区。充分利用当地的优势要素,最优化地配置资源,然后利用跨国公司的全球销售网络将产品销往全球,这一过程实质是全球生产—全球销售的全球经营模式。在这一模式下,西方发达国家的跨国公司通过绿地投资到新兴市场或发展中国家建立厂房,使用当地廉价的原材料、土地和劳动力等组织生产,形成了要素合作。1978年改革开放后,中国积极吸引外资,中国的发展模式就是使跨国公司成为全球经营的得益者,大量外资和外企进入中国,最后又推动形成了中国庞大的出口加工贸易,实现了多赢。

但是,危机后由于逆全球化的兴起和互联网的广泛应用,传统的全球生产—全球销售的模式开始发生转变。原来资本流出的发达国家失业率开始不断上升并维持在高位,游行示威等混乱局面增加,甚至危及社会稳定,多个国家的政府通过降低所得税税率、为企业提供融资支持、提高政府补贴力度等多种手段,鼓励跨国公司将制造环节迁回母国促进就业。因此,在逆全球化的国际环境背景下,企业全球生产可能转向当地生产,进而导致全球产业链出现收缩态势,原本全球布局的跨国公司可能被迫转移生产基地。与此同时,全球需求并没有发生根本改变,营销由于生产基地的转移而更加分散化和本地化。在新的全球经营模式下,跨国公司原有的全球供应链布局面临冲击,不得不进行调整。比如,如果苹果公司将组装基地回流美国本土,相应的零部件供应商和组装工厂也必须进行一定的调整。要么转移到美国或邻近国家,要么长距离运输,这些无疑都增加了成本,也降低了效率。这种人为政策的干预,对全球资源的优化配置形成了扭曲,不利于全球整体福利的提升,不符合世界发展潮流。

绿地投资虽然相对风险较低,但是一旦出现风险,损失也更大。因此,绿地投资相对跨国并购是风险厌恶型投资。当前,绿地投资陷入困境主要有以下几种因素。

(一)逆全球化国际环境的影响

在逆全球化抬头的背景下,全球化发展的趋势在中短期内不确定性增加,影响企业绿地投资决策。全球经济增长低迷,贸易保护主义、单边主义大行其道，企业不敢轻易到海外投资，绿地投资也更加谨慎。绿地投资的周期一般比较长，如果企业贸然在海外投资建厂，而母国或东道国的政策出现变化，很可能导致绿地投资无法如期完成，或者投资完成后不能顺利地生产和销售，由于初期投入成本较大，导致投资亏损惨重。美国和中国作为全球第一和第二大的经济体，中美贸易摩擦对中、美两国乃至全球经济都有极大的负面影响，中、美两国不少企业及其相关产业链都将由于政治因素而受到冲击，经贸合作被迫暂停。因此，在局部逆全球化背景下，企业更倾向于将重心集中在国内市场，不愿拓展海外市场。比如中国企业到越南投资建厂为美国企业做配套，但是美国企业突然出于政策原因而迁回到美国，中国企业的绿地投资可能就此失去客户而产生亏损。所以，在外部政策环境不稳定、不确定的情况下，企业绿地投资可能陷入困境，为了应对政策环境变化，企业的投资动机也可能就此发生改变。

（二）全球经济格局和产业链重新布局的影响

绿地投资往往为了利用当地的要素资源而贴近终端市场，但逆全球化推动全球经济格局和产业链布局变化，可能导致相关配套资源要素和市场的转移，绿地投资的不确定性增加，企业投资意愿降低。在原来全球化格局中，政策可预期性高，生产要素的跨国流动受政府影响较小，企业投资决策依据生产要素效率最高为准，但是在逆全球化背景下，国家将安全放在更重要位置，要素自由流动受阻，全球产业链将重新布局。在各国优先保障供应链安全的背景下，跨国公司不得不考虑原材料、中间品等供给安全，多元化供应商和生产基地。更多跨国公司将对原有的供应链进行重构，以减少地缘政治等外部因素对重要核心零部件供应的影响。比如，为了保障芯片供应安全，在美国政府不断施加制裁的背景下，美国的相关研发将回流美国，并对中国企业断供，一些中国企业不得不加快芯片研发的布局调整，并计划将生产基地之一建在英国、中国等以多元化供应链。因此，全球经济格局和供应链格局的变化，使得不少跨国公司，特别是规模较小的跨国公司很难适应，甚至可能由于大公司供应链布局的变化而陷入经营困难。

### (三) 技术创新和产业变革不确定性的影响

企业做出绿地投资决策既可能是基于拓展海外市场,也可能是为了在全球布局生产网络。当前技术创新呈现多点爆发状态,人工智能、3D打印、工业互联网、5G网络等,都可能是未来主导产业革命的驱动技术。但是,具体何种技术能够成为主导产业变革的决定性技术,仍有较大的不确定性。虽然主要国家提出了相关产业发展计划,比如,德国的工业4.0、美国的工业互联网、日本的新产业结构蓝图、中国的中国制造2025等,但是确定性的方向还没有出现,主要是苗头性的一些变化。在技术创新和产业变革处于爆发突破的前夜,而对外直接投资往往是在产业发展态势明朗,处于成熟阶段后,跨国公司才开始大规模的全球布局。尤其是绿地投资,其主要功能是实体产业的全球布局,大爆发的基础是产业的蓬勃发展。显然,当前在技术变革和产业变革不确定的条件下,企业更倾向于保持原有生产规模,不轻易对外扩展。因此,从产业变革角度看,全球的绿地投资整体仍处于存量调整阶段。

## 二、绿地投资动机的新变化

全球政治经济形势的深刻变化对国际贸易、投资和金融都产生了重大影响。绿地投资作为直接配置全球资源的重要形式,在新形势下其动机也由于外部环境变化而出现了一些新变化。绿地投资的传统动机包括市场寻求型、资源寻求型、效率寻求型、战略资源寻求型等,主要机理是通过绿地投资利用当地的廉价劳动力、土地等生产要素组织生产,以绿地投资靠近市场和上下游厂商以节约运输成本等。传统的基于降低成本而进行的投资仍然是绿地投资的主力军。但新形势下绿地投资面临更多困局,企业原本通过绿地投资直接获取东道国生产要素、市场等获利的动机出现了一定变化。主要是国际环境和中国经济发展阶段的重要变化,导致中国企业面临的外部环境更加复杂,绿地投资需要考虑更多因素,其动机出现了新变化。主要包括以下3种新变化。

## （一）为避开贸易壁垒的绿地投资增多

根据蒙代尔的贸易投资替代模型，当存在贸易壁垒时，国际直接投资可以绕开贸易壁垒而进入东道国市场，是应对贸易摩擦的重要手段。从 2018 年初，美国对中国发起贸易摩擦以来，美国对中国征收关税商品的范围越来越广，征收的关税税率越来越高，从 10% 不断调整至 25%。中美虽然达成第一阶段贸易协定，但是关税税率并没有下调，相关征税商品目录也没有缩减。高关税依然是中国对美出口的主要障碍，为了避开高关税对出口的负面影响，有的企业就通过对外直接投资在海外投资建厂以绕开美国的贸易壁垒。一方面是到美国直接建厂来规避美国的高关税政策。但是，鉴于中美的竞争关系，能够直接到美国建厂的难度较大。另一方面是通过到与美国建立自贸区的国家或没有高关税政策的国家进行投资建厂，再进口中国生产的中间品，并完成组装后销往全球，从而避开美国的高关税。比如，中国的一些进入美国关税清单的产品，其生产商可以将部分零部件通过绿地投资放在墨西哥、加拿大等国家生产，使其附加值超过原产地标准后运到国内组装后再出口，进而避开美国的关税贸易壁垒。随着贸易保护主义的盛行，隐性贸易壁垒可能增加，通过绿地投资成为中国企业规避壁垒的重要手段。

## （二）为获取东道国市场准入资格而布局绿地投资的增多

在全球经济低迷的背景下，多国经济增长乏力，失业率居高不下，国内舆论压力增大，重商主义兴起，确保本国优先发展成了很多国家的战略选择。为了促进本国经济发展，各国在开放策略上，一方面是尽量减少资本外流；另一方面是尽力引进外资，提高国内就业。虽然发达国家也积极吸引外资，但是对于某些行业比如高科技、医疗、农业等仍然存在"玻璃门"或者"弹簧门"。外国企业如果试图进入敏感行业往往需要通过绿地投资并与相关国内企业合作成立合资公司进行投资。另外，东道国为了拉动当地就业，有时候也更欢迎绿地投资，只有投资建厂才给批文和优惠政策。因此，在逆全球化背景下，中国企业如果想进入东道国的某些领域和行业，必须迎合东道国要求,将跨国并购调整为绿地投资或者将独资改为合资等。此时,绿地投资动机的变化主要被动地受东道国政策的限制,政策变动成为影响投资动机的重要因素。

## (三) 为应对不确定性而提前进行全球布局的绿地投资增多

世界经济的长期趋势仍然是全球化,因为全球化能更有效地配置全球资源,虽然当前有逆全球化的思潮和保护主义,但从经济发展规律来看,全球化的趋势不可改变。企业不应该由于中短期全球化态势的变化而采取过于收缩策略,过度收缩可能导致市场份额降低,等再次全球化大发展来临之时,企业将失去主动性,竞争力下降。因此,越是在全球化受阻的情况下,企业特别是大企业更应该积极进行全球战略布局。任何一次产业变革和全球价值链布局的重新调整,都是对企业大浪淘沙的过程,优秀的跨国公司往往是在逆境中成长并超越竞争对手的公司。中国企业很多大而不强,在产业中处于跟随地位,不断提高企业的核心竞争力是长期任务,需要保持开放的姿态,虚心向国内外先进公司学习。中国企业与国际知名跨国公司的差距还很大,企业做大做强需要对外投资,需要全球经营,需要通过绿地投资进行全球布局。

改革开放以来中国的市场主体大幅增加,国有企业、集体企业、股份制公司、个体经营户等多种所有制形式的公司涌现并成长起来。特别是股份制公司逐渐成为最重要的市场主体,但是中国企业多数是以国内市场为主,国际化程度不高,利用外部资源能力有限,提高全球经营能力是中国公司国际化的必经之路。同时,中国是制造业大国,制造业正在转型升级,劳动密集型、高污染的行业面临着转移,提前布局有助于企业在下一轮全球化中掌握主动。因此,中国企业的对外直接投资动力强,投资动机从传统的被动参与全球化,被动配置资源,正在逐渐转向主动参与全球化,主动配置全球资源,从国内经营为主走向全球化经营。

中国企业对外投资经验不足,绿地投资是风险较低的投资模式,也是很多中国企业首选的对外投资方式。因此,在企业探索全球化经营的过程中,不少企业往往首先选择绿地投资。实际上,虽然逆全球化不利于中国企业通过国际投资来全球布局资源和要素,但也使得"走出去"有了更多讨价还价的空间。中国企业的全球化经营重点是拓展在发达国家的布局,而东道国在这些领域往往有相关限制,全球经济下行压力大,原本在东道国限制国外企业进入的行业可能被动放开,特别是可能因为要促进国内就业而放开外资准入,中国企业有机会在稀缺领域拓展全球化经营网络。像美的集团、复星医药、华为集团等公司都正在积极布局全球化经营网络,提高全球资源配置能力,最大化全球高端要素为我所用。

## 三、新形势下绿地投资展望

在逆全球化兴起的背景下,绿地投资仍然是跨国公司最重要的对外投资方式,是东道国最欢迎的外资进入模式。世界政治经济格局的深刻变化,对跨国公司的发展既是挑战又是机遇。跨国公司根据内外部形势的变化调整其全球战略,不断优化全球产业布局,绿地投资也将迎来新的发展机遇。与 21 世纪初前 20 年相比,绿地投资可能因为外部环境变化而被动出现新的发展态势。

### (一)绿地投资与跨国并购的结合将越来越紧密

跨国并购和绿地投资都是企业对外直接投资模式,通常情况下两者分别具有各自功能和特点。并购表面上是简单的购买股份,达到一定股权比例后掌握控股权,才能参与或主导公司的经营。绿地投资就是去当地新建工厂,独资或合资的形式,直接参与经营管理。但是,为了应对逆全球化的不确定性,降低企业"走出去"的风险,全球大型跨国公司都在对其全球经营战略不断进行着调整。盈利的重要性让步于企业的经营安全,企业首先考虑的是在市场中存活下来,因此在对外直接投资的时候,更多将考虑以存量带增量。特别是将绿地投资和跨国并购结合在一起,在已有项目基础上新增投资。一方面,企业更多倾向基于海外已有的并购项目进行新的绿地投资,让绿地投资项目为跨国并购项目做配套或者提供中间品。在这种情形下,企业对投资项目更加了解,更加能够管控风险。另一方面,如果企业已经在东道国有绿地投资项目,母公司将根据该项目的发展情况,决定是否在东道国购买新的股权使其与绿地投资项目形成协同效应。因此,绿地投资和跨国并购的双向互动是企业在逆全球化背景下进一步布局全球业务的重要举措。

### (二)绿地投资与国际贸易的联系日趋紧密

经过世界市场和全球贸易投资金融自由化发展阶段以后,投资和贸易的关系不再是简单的替代或补偿,而是相互融合,投资创造更多贸易,贸易也将引致更多投资。全球化下国际分工更加细化、深化,各国的要素优势不断发挥到极致,要素生产率大幅提高,要素分工合作的大趋势很难改变,很少有国家单独完成比较复杂商品的生产。跨国公司通过绿地投资在全球布局产业链,根据要素成本差异在不同国家生产中间品并完成组装,销往全球。绿地投资是驱动进出口的重要因素,未来在全球主要国家呼吁制造业回归,保护主义倾向越来越强的背景下,为配合制造业产业链的国际转移,绿地投资可能再次驱动中间品生产的全球转移。在贸易保护主义再起,全球产业链收缩的背景下,为了配合贸易流向的变化,绿地投资的增长可能加快,中间品贸易的全球格局可能进而发生改变。中国企业在新一轮全球化中要抓住机遇,善于利用绿地投资进行全球资源配置,以绿地投资拓展外贸业务,主动适应全球贸易流向改变。

### (三)中小企业参与绿地投资越来越多

过去绿地投资主要是大型跨国公司主导,规模大的企业和跨国公司是绿地投资最重要的主体。但是,随着互联网的广泛应用和航空、航运、高铁等交通的大发展,信息、人员和物品的跨境流动越来越容易,企业获取国外行业动态和企业信息更加便捷,到国外考察项目和派驻人员也更加方便。这些新变化对传统绿地投资的前期研究有很大冲击,企业获取并购标的信息的模式更简化,方式更简单直接,效率更高。这些变化为企业扩大对外直接投资创造了条件,降低了成本,小企业也能参与到绿地投资中。同时,电子商务的大发展,使得中小企业可以通过互联网将商品销往全球。因此,在新的全球化形势下,更多的中小企业有机会进行绿地投资。一是首先对周边国家的小额投资,然后随着生产规模的扩大而不断追加投资金额。比如,越南、缅甸、柬埔寨等国劳动力成本比较低,从事劳动密集型制造业的中小企业可以将部分生产转移到这些国家,并逐步形成规模效应。二是依靠自身的经营诀窍为国外的大企业提供配套,通过绿地投资接近原材料基地或组装中心。中国一些企业比如福耀玻璃都是全球布局生产基地,以贴近市场需求的进行生产配套。

### (四)基建、通信等行业成为绿地投资热点

绿地投资实际是输出母国的比较优势并与东道国的比较优势相结合,是生产要素的重新整合、优化配置。经过改革开放40多年的发展,中国的产业结构和比较优势发生了重要变化。中国建成了全球最完备的工业体系,基础设施建设、通信、机械制造等领域世界领先,已经具备了较强的国际竞争力,有实力"走出去",而绿地投资切合全球布局的需要,投资额可能加快增长。另外,随着"一带一路"建设的有序推进,沿线国家还有巨大的基础设施建设需求,与中国的基建、通信、工程机械等有比较优势的行业相互补充,所以相关的绿地投资潜力仍很大。

绿地投资有利有弊,但是对初次向海外投资的企业来说利大于弊。中国的对外直接投资还处于蓬勃发展期,中国企业的绿地投资空间和潜力仍然巨大。但是,在当前形势下,局部逆全球化加剧,全球经济增长低迷,产业变革方向不明,绿地投资的长期发展前景光明,但是绿地投资在中短期仍将面临诸多挑战。

## 第二节 跨国并购的价值投资动机

跨国并购实质是通过直接购买被并购企业的股份或向被并购企业注资等多种渠道而获得公司股权。因此,跨国并购是一个涉及经济与金融、虚拟与实体的复杂问题。实际参与公司经营并长期持有股份的跨国并购和不参

与公司经营的单纯购买股份存在本质不同。获得企业股权却不参与公司经营的跨国并购实质上是财务投资，目的是资本套利，相当于将价值投资理念应用到跨国并购。

价值投资即在科学分析企业价值的基础上，以低于企业安全边际的价格买入公司股份，持有并获利。价值投资在跨国并购中的应用即是寻求低估的海外企业，持有其股份，但不参与公司具体经营，获得股份分红或估值上升的溢价。中国企业虽然海外并购起步晚，但是40多年的发展积累了大量资金和丰富经验，不少企业以价值投资动机扩展海外并购。通过跨国并购实现价值投资目的主要包括以下3种类型。

## 一、利用中国市场打开企业升值空间

中国是拥有14亿人口的大国，改革开放40年中国经济保持了40年年均9.5%的经济增速，创造了世界经济增长奇迹。2019年中国人均GDP超过1万美元，已经是中等偏上收入国家，中国有近4亿人的中等收入人群，随着中国人均收入水平的上升，中国的消费能力、消费结构都在不断升级，大市场优势稳步形成。但是，仍有不少国外企业对中国不熟悉，对中国市场不熟悉，没有进入中国。而跨国并购也是打开市场途径，国内企业通过跨国并购获得国外公司股份，再展开针对中国市场的营销，将外国公司的产品推介到中国，帮助其打开中国市场，扩大市场份额，提高盈利能力，分红增加或股价上升，促进被并购公司的估值上升。随着被并购公司估值的增加，并购企业所持有的股份也同步增值，并购企业可以继续持有股份获取分红，也可以卖出股份获得投资收益。在金融国际化背景下，这一类跨国并购近年来成为诸多中国大型跨国公司海外并购的重要选择，其目的在于获得价值投资收益。

中国的复星集团、万达集团等大型企业近年来都有以价值投资为动机的相关跨国并购。比如，复星集团的一些跨国并购就是将巴菲特的伯克希尔·哈撒韦公司为标杆，秉持价值投资理念，通过并购在全球布局价值投资。2010年复星集团就成立了复兴美元基金，坚持以价值投资为理念，在全球范围内寻找投资标的。从 2010 年起，复兴集团先后收购了地中海俱乐部(Club Med)、全球奢侈品知名品牌 Folli Follie、法国百年健康食品品牌 St Hubert 等，均是通过帮助被并购企业打开中国市场，拓展中国业务，增加营业收入改善经营绩效，提高被并购企业的价值，进而提升复兴集团的投资回报。复星集团并购对象多是高端度假村、奢侈品和高端食品等，这些项目都迎合了中国居民收入水平上升、需求结构升级的现状，容易打开中国市场。复星集团在中国深耕多年，了解中国市场需求，凭借其敏锐的眼光，以价值投资为理论指导，采取多种打开中国市场渠道的方法，通过跨国并购帮助被并购企业成长，实现了迂回取胜。

中国企业的跨国并购实践还比较少，经验也稍显不足，能够进行价值投资的公司还只是少数，能够通过价值投资获得较大收益的更是凤毛麟角。但是发达国家跨国公司发展的经验告诉我们，价值投资是企业在经济全球化和金融自由化下的重要战略选择，中国企业在全球投资布局中也必然面临着多元化，将价值投资作为一项重要选择。企业具有价值投资动机主要取决于两点：一是企业的跨国管理经验和视野。通常是有丰富海外投资经验的企业能够对国内外市场了解，既善于发现国外被低估的企业，又善于发现中国市场的巨大潜力，这些企业通常是有一定积累的在国内相关领域市场份额也比较大的公司。二是企业管理者对价值投资的认同和坚持。以价值投资进行跨国并购大多数需要企业家对价值投资原理有一定的认同和偏爱，价值投资相对传统的直接投资风险还是比较高，通常是企业主要领导有偏好，愿意承担较大风险。

随着中国企业规模的扩大和海外拓展增多，越来越多的企业积累了丰富的海外投资的经历，对国外企业认识和了解增加，有能力借助于跨国并购将国内外市场打通。另外，中国的企业家开始学习投资理念的也在增多，各种投资理论对中国跨国并购的影响扩大，不少中国企业家借鉴发达国家投资大师的价值投资理念，并将其运用到实践中。因此，从跨国并购的动机变化上看，基于价值投资并不以掌控被并购公司为目的的海外并购开始增多。

## 二、寻求市场低估值的老牌优秀企业

虽然经过40多年改革开放,中国经济取得了惊人成就,一大批国际知名企业成长起来,但多是资本密集的大型企业,大而不强,缺少核心要素尤其是品牌缺失,有世界著名品牌的优秀企业更少。知名品牌是中国稀缺的要素资源,品牌含有较高的附加值,是商品定价的重要影响因素。奢侈品在中国畅销就是重要原因,不少中国企业希望通过跨国并购投资国外老牌企业,通过重振品牌获得投资收益。寻求处于低估的、经营遇到困难的老品牌,以中国的资本资金优势,助力被并购企业走出困境再创辉煌,进而获取投资收益。在后全球化时代,中国企业通过跨国并购使国外老品牌重新焕发生机是并购企业获得高额投资回报的重要渠道之一。因为老品牌有良好的口碑、过硬的产品,虽然出于种种原因而被市场忽视、遗忘,但经过重整相对容易重新打开市场,迅速提高业绩水平,推动企业估值快速上升。这一类并购相当于在国外寻找"瘦狗型企业",成功后能够获得更高收益,但这种类型的企业相对于"明星企业"来说,成功的概率更低、难度更大。对于中国企业来说,寻找低估的海外老牌企业难度比较大。然而,这也并非不是一个选择,重振海外优秀品牌比重新培育品牌的周期要短、难度要低。好品牌在中国是稀缺要素,在国外被淘汰的产品在中国可能还是新兴领域,仍具有很大的发展空间。中国企业通过成功重组海外品牌不仅能够获得投资收益,还可以提高自身的品牌管理能力。总体来看,中国企业并购海外老牌优秀企业主要包括两类:一类是行业内并购,即并购同行业的海外知名品牌;另一类是行业间并购,即跨行业并购海外知名品牌。

比如,万达集团并购美国AMC(American Multi-Cinema)影院公司就是品牌并购的典型。万达集团成立于1988年,是一家以房地产业为主的企业,万达广场是很多城市的地标,从2005年万达集团才开始向文化产业投资,试图围绕商业地产进行多元化经营。万达文化产业集团2012年在北京成立,标志着万达集团进军文化产业。而美国AMC院线具有近200年历史,是美国第二大院线集团,是典型的老牌优秀企业,但AMC院线还不是上市公司。2008年金融危机后,美国AMC院线出现较大亏损,企业经营陷入困境,亟待进行重整。在这样的背景下,2010年上半年,万达集团开始和AMC院线接触,深入了解相关信息,评估市场潜力,商讨并购事宜等。经过2年的谈判,2012年5月双方签订合同,2012年7月获得了中、美两国政府监管部门批准。经过万达集团的资本注入,AMC院线解决了债务问题,获得了重生的机遇,2013年12月18日,AMC院线在美国纽约交易所上市,上市当日万达持有市值14.6亿美元,远超2012年签约时的估值。2015年AMC院线的股价曾达到36美元/股,万达持有市值超过27亿美元,投资的浮动盈利最高达到过12.4亿美元。万达集团通过本次跨国并购获得了AMC院线的控股权,并帮助其上市,是万达集团通过跨国并购进行价值投资的典型案例。AMC在美国上市以后,其从濒临破产的边缘,逐渐复苏并重新成长起来。万达并购AMC院线不但实现了资本增值,而且在文化娱乐领域的知名度和估值都得到了提升,实质上是一项双赢投资。但是,这次突如其来的新冠肺炎疫情重创影视业,万达、AMC院线都面临着运行压力,2021年万达最终被迫退出AMC院线。

老牌优秀企业有核心竞争力,陷入困境往往是受外部巨大冲击的影响,比如2008年的金融危机导致一批老牌企业倒闭,当期逆全球化、经济增速放缓、新冠肺炎疫情的后期持续影响等,也都会对不少企业产生重要的影响。老牌优秀企业的特点是,有客户基础,重新发展的可能性更大。老牌优秀企业陷入困境后,才会考虑被收购,其他企业也才有了重整品牌的机会。因此,面对百年未有之大变局,中国企业也要全面分析在国际环境深刻复杂背景下,企业将基于自身跨国并购的优势和潜力来重新评估投资动机,根据外部环境变化,调整跨国并购策略。

## 三、布局海外风险投资获取超额收益

风险投资(Venture Capital)也称为创业投资,主要投向高风险、有潜力、高回报的项目,集中向处于初创期的小微企业提供资金支持,并获得股份,最后出售股份并获得高额收益。风险投资以新创的未上市公司为目标,并不以控制经营被并购公司为目的,仅提供资金与知识等支持,帮助公司快速增长,通过上市或者利润分成实现高回报并承担高风险的投资。[①] 随着金融国际化的发展,资本的跨国流动更加便捷,企业在全球范围内利用国际资金进行资产整合能力越来越强,风险投资也成为企业海外并购的重要领域。风险投资兼具培育新兴增长动力和价值发现的双重作用,得到不少企业的青睐。企业在海外进行风险投资是为了获得高额收益,是企业跨国并购战略的组成部分,风险投资虽然收益高但风险也高,不是跨国公司主要的投资项目,通常作为传统投资的一种补充,实质是并购企业将价值投资理念应用到海外市场。

任何一项投资都是对风险与收益的综合考量。掌握的信息越充分,了解海内外市场越深刻,资源越多,营销网络越广的公司进行海外投资成功的概率越高。因此,正是因为风险投资的高风险特点,通常进行海外风险投资的跨国公司大多是规模较大、资金实力较强的企业,它们也更有能力甄别投资项目的优劣,有更强的对资金损失风险的抵抗力。目前,中国已经成长起来一批有国际视野、有国际竞争力、实力相对雄厚的大型跨国公司,比如阿里巴巴、腾讯、京东、美的、中国平安等都有能力参与海外风险投资。未来,随着中国经济转型升级和高质量发展,更多企业可能通过海外的风险投资参与全球资源整合。

比如,腾讯作为国内起步较早的互联网公司,已经成长为业内巨头,在网络游戏、社交、通信服务领域都占有很高的市场份额。同时,腾讯公司的海外风险投资起步也比较早,近年来在互联网快速发展背景下,加快了互联网相关领域海外风险投资步伐。通过海外风险投资拓展国际市场是腾讯公司国际化的一条重要战略。例如,腾讯在东南亚市场的拓展就是从风险投资开始,2010 年腾讯向东南亚初创型电商和游戏公司 Sea Limited 进行风险投资之后不断增资扩大控股,并帮助其占领东南亚市场。Sea Limited 公司成立于 2009 年,主要业务与腾讯相似,因此腾讯能够对其进行精准指导,帮助其在东南亚迅速打开市场。事实证明是在腾讯的大力支持下,Sea

---

① [美]乔希·勒纳、安·利蒙、费尔达·哈迪蒙:《风险投资、私募股权与创业融资》,路跃兵、刘晋泽译,清华大学出版社 2015 年版,第 4 页。

Limited 发展势头迅猛。2014 年 Sea Limited 公司效仿微信的支付功能,开启了线上支付 Airpay；2015 年成立电商公司 Shopee,主要业务集中在东南亚地区；2017 年 10 月,Sea Limited 在美国纽约交易所上市。从 2010 年作为风险投资入股,到 2017 年完成上市,腾讯对 Sea Limited 的投资腾讯持有其 39.8% 的股份,从上市以来该公司股票价格已经翻了 1 番多,腾讯的这笔风险投资无疑获得了丰厚的回报。同时,腾讯通过风险投资控股 Sea Limited 公司,打通东南亚市场,完善了海外市场的布局。

再比如,阿里巴巴收购东南亚电商 Lazada 公司,也是海外风险投资的典范。Lazada 公司是成立于 2012 年的初创企业,以网上购物为核心业务,业务主要集中在新加坡、印度尼西亚、马来西亚、菲律宾、泰国、越南等国家。从 2012 年 11 月 11 日起该公司将淘宝的"双十一"引入东南亚市场,收到了良好效果。阿里巴巴看到了 Lazada 的发展潜力,2016 年 10 月作为风险投资以 10 亿美元获得 51% 的股份。2017 年 6 月,阿里巴巴再次注资 10 亿美元,持股比例超过 80%,进一步提高了控股比重。凭借阿里巴巴在资金、管理、人才等方面提供的支持,Lazada 公司的电商业务在东南亚迅速发展,并和腾讯投资的 Shopee 公司在东南亚电商市场上相互竞争,形成了两大重要平台。随着 Lazada 市场份额的增长,估值也大幅提升,阿里的风险投资获得了巨大成功。

## 第三节 跨国并购的布局 全球供应链动机

供应链是以企业为核心,从零部件到最终产品,从供应商到生产商再到分销商的完整功能链条。[①] 供应链安全是企业长期可持续发展的重要条件,提高供应链效率是企业完善经营的抓手之一,在全球范围内布局供应链是跨国公司适应全球化、融入全球化、利用全球化的重要举措。尤其是在贸易

---

① [美]苏尼尔·乔普拉、彼得·迈因德尔:《供应链管理》,刘曙光、吴秀云等译,清华大学出版社 2014 年版,第 3—5 页。

保护主义、单边主义盛行的背景下,安全可靠的供应链对于企业正常经营更加重要。跨国并购作为企业海外投资中最活跃因子,在全球供应链布局上日益发挥重要作用。随着中国企业国际化水平的提高,中国企业融入全球供应链的程度在加深,布局全球供应链,确保供应链安全已经成为诸多中国本土跨国公司的重要战略之一。在全球化新形势下,国家之间、企业之间的竞争加剧,供应链安全更加受到重视,中国企业要想走向世界,必须提高全球供应链布局能力。在逆全球化加剧的背景下,如何实现供应链安全确实已成为中国跨国公司的重要战略考虑,而布局价值链也就成为企业并购的重要动机之一。

## 一、拓展全球采购链

现在很少有企业在一个国家完成比较复杂产品的所有生产链条。跨国采购是大多数企业的必选项,采购链国际化已经成为跨国公司的基本特征之一。从世界市场出现以来,国际贸易与国际分工相互促进,推动市场不断拓展,分工效率不断提升,形成了不同国家、不同企业专注于某个领域的分工格局。零部件的质量也随着分工深化而分化、提升,企业要生产具有全球竞争力的产品,必须采购高质量的原材料、零部件,为了保障供应安全,企业通常还要寻求多个供应商,构成多元化的采购链。正因为采购在供应链中的重要作用,不断扩展全球采购链,已经成为跨国公司所关注的核心问题之一。中国企业参与全球经营,也必然要保障其供应链的安全性,特别是在中美贸易争端持续的背景下,我们已经看到中国企业已经受到零部件供应限制的影响,采购链多元化和备胎战略等都成了中国企业必须长远考虑的问题。随着中国企业"走出去"的增多,企业对外跨国并购的经验越来越丰富,也开始通过跨国并购而扩展全球采购链。

为了应对全球化的新挑战,中国企业通过"走出去"布局全球价值链,完善全球经营网络是发展方向。特别是供应链的安全,在逆全球化背景下显得尤为重要。把主要核心零部件的采购放在一个国家的一个公司非常危险,如果该国政府对国内企业进行出口限制,那么对中国企业的经营可能直接产生影响。比如,中国华为长期以来采购美国公司的芯片,美国政府要求相关公司对华为断供,华为的供应链受到重大影响,不少产品陆续出现缺货等现象,正常经营被干扰。贸易摩擦和技术限制对双方都不利,但是两损相权取其轻,出口方或者被限制方的相对受损更大。因此,对跨国公司而言,在多个国家、多个企业布局采购商是应对供应链安全的重要举措之一。华为已经开始在英国、中国等投资布局研发中心,多元化采购链。

比如,福耀玻璃是我国比较早"走出去"的民营企业,近年来福耀玻璃也在借助于跨国并购不断布局全球供应链,保障供应链安全。福耀玻璃收购美国玻璃著名的玻璃厂——匹兹堡平板玻璃厂(PPG)旗下的芒山工厂,既解决了生产浮法玻璃的原材料供应问题,又丰富了采购链。PPG 始建于 1883 年,是美国的一家老牌企业,玻璃工艺全球领先,20 世纪 20 年代就开始制造飞机玻璃,其中芒山工厂具有 2 条先进的浮法玻璃生产线。而北美有广阔的汽车市场,在福耀玻璃的全球化战略中,北美是重要的市场拓展方向,要扩大北美市场的本地化,必须保障玻璃原片的供给。最方便的方法就是在美国当地建立采购链,而芒山工厂拥有良好的生产基础,能够满足福耀玻璃对拓展采购链的要求。2014 年 7 月,福耀玻璃以 5 600 万美元,收购了经营困难的芒山工厂,收购内容包括土地、厂房及生产线,又新增投资 2 亿美元对其进行改造升级。2016 年 6 月,芒山工厂改造完工,主要供应制造各类浮法玻璃的原材料,年产能达 28 万吨。收购芒山工厂后极大拓展了福耀玻璃的全球采购链,增加了供给渠道,提高了供给安全。特别是在中美贸易摩擦背景下,采用美国当地生产的零部件,更能绕过美国设置的贸易壁垒。

类似的并购还有很多,比如 2015 年 8 月,海信集团斥资 2 370 万美元收购夏普墨西哥工厂的目的之一也是拓展海信电视在北美的采购链。通过并购在墨西哥建立工厂,有助于海信集团建立北美本土供应链,为拓展北美业务奠定基础,也是海信集团经营国际化的重要步骤。因此,在全球化加速变革、国际政治经济环境深刻变化背景下,中国企业要积极应对全球链的新变化。而拓展采购链是企业通过跨国并购进行国际化、保障供应链安全的重要战略之一,尤其是对于制造业企业,利用海外并购布局采购链,推动供应链便捷高效运转。显然,拓展全球采购链已经成为企业跨国并购的重要动机之一。

## 二、完善全球物流链

航海技术促进国际贸易从区域拓展到全球,航空技术进一步推动高级生产要素的全球流动。交通运输技术的快速发展、效率的快速提升是经济全球化加速拓展的重要驱动力。生产的全球化、销售的全球化要求匹配全球化的物流网络,物流链效率成了提高企业经营效率的关键环节之一。全球物流链的快速发展形成了以供应链为核心的供应链物流体系,它是协调供应领域的生产和进货计划,销售领域的客户服务和订货处理,以及财务领域的库存控制等活动。供应链管理下的物流意味着包括供应商、生产商、批发和零售商等不同类型企业在整个供应链上的协调。[①] 在全球化背景下,企业的物流链拓展到了全球范围,提升物流管理效率成为跨国企业提高管理水平的重要渠道。通过跨国并购构建、完善全球物流链已经成为企业跨国并购的重要动机之一,包括以控股或参股具有物流功能的海外公司等多种形式,优化全球物流网络,提高物流效率、保障物流通畅。

中国企业融入全球化的时间还不长,有能力配置全球资源的公司还不多,能够布局全球物流链的更是少之又少。布局物流链的企业主要分两类,一类是以物流为主业的物流链企业,另一类是在全球有业务布局的大型跨国公司。随着中国融入全球化程度的加深,中国企业参与全球经营的模式也将越来越多样化,有的企业通过全球生产布局,有的企业通过全球销售网络,有的企业通过全球物流链等。完善全球物流链,提高物流保障能力,是企业高效运转的重要条件,特别是在逆全球化加速背景下,中国企业更应该积极主动配置全球优势资源。在国内,我们已经看到中国的快递业飞速发

---

① 陈畴镛、胡保亮:《供应链物流的绩效评价体系与方法研究》,《数量经济技术经济研究》2003年第11期。

展,并形成了强大的物流配送能力,原来的快递主要靠邮政公司运营,但是民营企业加入后,打破了一家独大的局面,整个快递行业迅速发展,并带动中国的物流业转型升级。目前,中国已经建成了全球庞大的、效率极高的物流网络,物流业已经成为一个重要行业。参与物流运营的企业越来越多,学习和掌握物流运营的专业人士也越来越多,更多的企业也开始将物流链从国内延伸到国外。

比如,阿里巴巴作为一家电子商务公司,拥有独立的物流网络是其核心竞争力之一,不论国内的京东还是国外的亚马逊,物流网络都是电商争夺的焦点。优化布局全球物流网络是企业的重要目标之一,阿里巴巴为了拓展东南亚市场,收购新加坡邮政公司股权以完善其全球物流链。新加坡邮政公司是新加坡电信集团下属民营子公司,成立于1967年,在新加坡证券交易所上市,在新加坡有1 300多个分支机构,同时为东南亚乃至全球提供邮政业务,是东南亚优秀的物流业务提供商。2013年,新加坡邮政与电子商务相关的业务在营业收入中的占比超过1/4,电商物流已成为公司重要增长点。阿里巴巴看中的正是新加坡邮政在东南亚的物流网布局,2014年阿里巴巴以3.125亿新加坡元收购了新加坡邮政10.35%的股权。这一收购不但有助于优化阿里巴巴在东南亚的物流网络,还将通过组建合资公司成立"国际电子商务物流平台",为阿里巴巴的国际电商业务提供物流解决方案。阿里巴巴的这项并购基础是其众多业务与物流相关,物流能力和物流效率是其竞争力的重要组成部分,阿里巴巴的国际化需要其完善全球物流链,为拓展国际业务建立物流支持。

另外,物流企业自身同样可以通过跨国并购拓展全球物流链布局。比如顺丰控股2018年以55亿元的价格收购了德国邮政敦豪集团旗下的敦豪供应链(香港)有限公司和敦豪物流(北京)有限公司100%的股权,以整合中国香港地区、中国澳门地区和中国内地的物流链。通过此次并购,顺丰控股不但补充了在中国香港地区和中国澳门地区的供应链,而且能够引进德国公司先进的管理理念、方法,提高母公司的物流服务能力,增强公司的全球物流管理能力。

## 三、扩大全球销售链

所有的生产最终需要通过需求得以释放,没有需求的供给是产能过剩。因此,需求端是供应链中至关重要的一环,有效需求不足甚至能引发经济衰退。营销网络已经成为全球化经济中重要的生产要素,通过跨国并购获取营销网络能够帮助企业迅速打开国际市场。[①] 在全球化经济中,"销售为王"的特点非常明显,谁掌握了销售渠道,谁就拥有了主动。跨国公司的全球营销网络是配置全球资源的核心要素,没有销售端的启动,采购、生产、物流都不可能发生,销售乏力甚至可能导致公司破产。有很多企业能够生产高质量产品,但并没有成为著名的跨国公司,一个原因是缺乏全球性的销售链。比如,可口可乐、麦当劳、耐克、阿迪达斯等知名的跨国公司都在全球有广阔的营销网络,通过销售链的延伸扩展全球业务,构建了稳固的护城河,提升了国际竞争力。构建、管理全球销售链是一项极其复杂的工程,特别是向国外铺展新的销售网络,常常遇到政策、理念、文化等各方面的冲突。在全球供应链的构建中,扩大销售链也是跨国公司全球化经营需要考虑的首要问题,有的企业直接自己在国外建立销售中心,有的企业则并购海外公司,利用对方的营销网络或利用国外被并购企业的已有销售网络,再扩大全球销售链,是拓展全球销售链的一条捷径。其中,不少跨国并购以衰落的"古董"企业为标的,动机之一就是利用其多年积累的营销网络,进而拓展全球销售网络。

中国企业跨国经营的时间不长,全球化程度比较低,布局的全球销售网络也相对狭小,以跨国并购获取扩大全球销售链有助于企业供应链的全球化。中国企业具有加工制造的优势,生产是其所长,销售是其所短。所以,中国企业"走出去"的关键难点也在于对国外销售市场的不熟悉,开拓市场艰难。但是要发展高质量对外投资必须迈出这一步,中国企业必须加大跨国并购布局全球销售链深度融入全球化,构建全球经营网络。目前,已经有

---

[①] 张幼文等:《要素流动:全球化经济学原理》,人民出版社 2013 年版,第 71 页。

一些中国企业开始通过跨国并购拓展全球销售链,探索推动对外直接投资高质量发展的路径。

比如,我国的上市公司渤海租赁就不断通过跨国收购布局全球业务,扩大全球销售链,抢占全球市场份额。渤海租赁是一家经营航空租赁的公司,其首先从国内的航空租赁业务开始,逐步向海外拓展。2015 年 7 月,渤海租赁以 162.39 亿元的价格收购了匈牙利 Avolon 航空租赁公司 100% 的股份,收购后渤海租赁对 Avolon 进行整合,渤海租赁成为拥有超过 160 个全球客户的第三大航空租赁公司。其在欧洲市场份额不断扩大,通过这次并购成功跻身全球航空租赁公司第一集团。为了进一步扩大全球营销网络,2016 年 12 月,渤海租赁再次斥资 671.59 亿元收购美国航空租赁公司 C2 Aviation Capital Inc. 100% 股权,以此抢占北美市场,这次并购后渤海租赁的全球营销网络拓展到了欧洲,也顺利成为全球第三大航空租赁公司。渤海租赁的海外市场扩张之路是迅猛的,初期的成果也很显著,但过快的并购给企业带来了极大的债务压力,挤压了企业的发展空间。2017 年以后渤海租赁的经营业绩开始下滑,债务负担加大,经营近乎陷入困境。渤海租赁的案例使我们看到中国企业快速拓展国际市场而没有做好风险管控的负面后果,是后来者应当吸取的深刻教训。

再如,烟台万华化学收购匈牙利博苏化学(Borsod Chem),则成功地扩展了欧洲市场,推动了销售链向欧洲延伸。此次并购以后,烟台万华对博苏化学进行了一系列的改革,博苏化学最终实现了扭亏为赢,烟台万华的全球销售链也更加完善。另外,我国家电行业龙头美的集团也通过跨国并购拓展全球营销网络,2016 年美的集团通过要约收购日本著名家电企业东芝集团旗下白色家电子公司"东芝 Life Style"近 80% 的股份,这项并购对美的进军日本市场意义重大,并有助于美的集团利用东芝的营销网络进一步开拓了海外市场。美的集团诸如此类的跨国并购还有很多,通过跨国并购向全球延伸其销售网络,提高市场占有率。

未来,企业的国际竞争将更加激烈,全球市场的争夺无疑是竞争的重点之一。越来越多的中国企业也将参与到全球营销网络的构建和拓展当中,以全球销量链的延伸推动经济高质量发展。

## 第四节　跨国并购的攀升全球价值链动机

融入全球价值链和在全球价值链上攀升是企业参与全球分工合作的两个重要步骤。全球价值链使得国际投资、国际贸易和产业组织等方面都发生重大变化，变革了全球经济格局。[①] 从国家层面看，发达国家的跨国公司通常掌握核心关键要素，位于全球价值链的高端，产品附加值高、利润率高，而发展中国家的跨国公司处于中低端，产品附加值低、利润率低，向价值链高端攀升，自然成为发展中国家企业全球化的重要战略。跨国并购作为企业参与国际化的重要方式，尤其对于发展中国家的跨国公司，以跨国并购实现价值链升级，是发挥后发优势的途径之一。中国企业可以利用资本、资金、制造等优势，以跨国并购提升其在全球价值链上的地位，助推产业升级和经济高质量发展。价值链升级有多种分类方法，但是从企业参与价值链的升级动力来源看包括3种途径：一是巩固提升在本产业内的竞争地位；二是推动企业沿着价值链从产业的低端向高端转移；三是跨产业在不同价值链间跃升。

### 一、促进价值链点上能级的提升

价值链分工是一种产品内分工。一个产品的不同增值段被放在不同国家完成，并在其中一个国家完成最终产品。价值链分工的基础是各国拥有不同的生产要素优势，产品的不同增值段所需的核心要素不同决定了这种分工布局的必要性、合理性。[②] 价值链升级的本质是提高企业核心竞争力，培育企业的核心要素优势，提升盈利能力。对于绝大多数企业来说，要在全

---

[①] 张少军、刘志彪：《全球价值链模式的产业转移——动力、影响与对中国产业升级和区域协调发展的启示》，《中国工业经济》2009年第11期。
[②] 张幼文：《世界经济学的理论基础与学科体系》，《世界经济研究》2020年第7期。

球价值链上升级首先是修炼好内功,通过多渠道加强自主创新,增加产品附加值,提高其在价值链位置上的能级。以自身技术进步促进企业在本产业内竞争力的提升,是价值链升级的最基础、最直接的路径。总体来看,企业推动创新、提高效率主要有3条渠道:一是加大研发支出,提高自主创新能力,改善升级技术水平,不断增加产品的科技含量,提升附加值拉开与同行企业产品质量差距。自力更生、自主研发是大多数企业必须经历的发展阶段,不断推进自主创新是企业高质量发展的根本。二是通过引进外资、国际高科技人才,通过国外高级要素对本土要素形成的溢出效应,提升企业的行业竞争力。改革开放后,中国成立不少中外合资企业,一个溢出机制就是希望通过"市场换技术"提高本土企业的创新水平。引进外资等带动了多种高级要素流入东道国产生溢出效应。三是以对外直接投资获取国外先进技术、管理等要素,通过逆向溢出效应,促进企业创新水平升级。中国已经成为全球第二大对外投资国,对外投资能力不断增强,继续积极主动利用外部要素的能力逐渐提高。

在上述3种渠道中,中国企业主动利用外部要素的能力还不够,但是随着对外直接投资存量的增加,通过跨国并购吸收学习国外先进要素的中国企业将越来越多。近年来,经济全球化虽然出现了反复迂回,世界经济环境更加复杂,充满不确定性,但并不能完全阻挡中国企业通过跨国并购主动获取高级生产要素、攀升全球价值链的前进步伐。在逆境中求生存,多举措积极应对困难,不断提高自身竞争力,才能提高企业在行业中的位置。竞争力的提升仍然要靠掌握核心技术,要借助于外脑,通过跨国并购走出了新路,继续发挥后发优势。

比如,三一重工联合中信产业基金收购德国著名机械制造厂商普茨迈斯特有限公司(Putzmeister Holding GmbH)推动了母公司的技术改进。普茨迈斯特成立于1958年,在液压柱塞泵领域保持着多项世界纪录,具备较高的行业地位,是标杆性企业。但受2008年金融危机影响,全球需求萎缩,普茨迈斯特的市场份额不断下降,债务大量累积,经营压力不断增大,被迫出售公司。三一重工作为国内工程机械的大型企业,也要多渠道不断巩固提升自身的行业地位,向价值链的更高端迈进。在这项收购中,三一重工不但获得了普茨迈斯特的全部核心技术，有助于快速提升三一重工在液压柱塞泵的技术水平，还进一步拓展了欧洲市场，实现了技术进步和市场拓展的双重目标。

当然，在类似的跨国并购中也不乏失败的案例，比如 TCL 集团的 3 次跨国并购：2002 年收购德国破产企业施耐德，2004 年 7 月收购法国汤姆逊公司，2004 年 8 月收购法国阿尔卡特公司。TCL 集团曾经在 20 世纪 90 年代取得了辉煌成就，但是这三次快速的跨国收购不但没有使 TCL 技术提升，反而负债累累，陷入困境，至今仍没有走出跨国并购失败的负面影响。由于对技术创新方向的误判和过快的密集并购造成债务压力过大等，反而拖累公司正常发展。

因此，跨国并购确实是企业积极利用外部条件提升自身发展能力的重要途径，成功的跨国并购能够帮助企业迅速提升技术水平，提升核心竞争力，推动企业迈向行业领先地位，提高其在价值链上的位置。然而，失败的跨国并购同样可能将处于良好发展势头的企业拖入泥潭，甚至可能导致企业破产。

## 二、推进向产业的价值链高端转移

从价值链条的角度看，价值链升级包括价值链上的升级和价值链间的升级。链上升级就是基于企业所在产业，从产业链的低附加值方向转向高附加值方向，即从产业的低端迈向高端。比如计算机产业链，价值链升级就是从处于配套组装环节的低端产业，向核心部件的研发设计环节等高端迁升。从低附加值部分转移到高附加值部分就是从微笑曲线底部转移到两端。并购位于价值链高端产业的企业有助于促进母公司向产业的价值链高端转移。中国企业整体上仍然处于全球价值链的中低端，向全球价值链中高端攀升是发展趋势，也是产业升级的内在动力。改革开放以后，中国企业仅是融入了全球价值链，而且是处在中低端，配置全球价值链的能力更是不足。在过去的引资模式下，中国企业的技术进步和价值链攀升的路径是被动的，而对外直接投资是主动获取国外高级要素，推动企业向价值链的中高端攀升。

企业顺着产业链从价值链的中低端向高端迁移是企业攀升价值链的一条重要途径。跨国并购是企业"走出去"的方式之一,企业可以借助于跨国并购获得高级生产要素,推进企业向产业链的价值链高端转移,实现更加高质量的发展。近年来,在逆全球化背景下中国企业面临的外部环境发生了深刻变化,自力更生、自主创新是企业技术升级和破解"卡脖子"的最重要途径,但更要学会利用外部要素,更加积极借助于跨国并购攀升全球价值链。近年来,中国企业向海外并购的项目不少也着眼于促进价值链升级。

比如,美的集团收购德国库卡公司就是向产业链的价值链高端跃迁的典型。长期以来,美的集团是劳动密集型的传统家电产业,位于价值链中低端。但是,借助于中国的大市场优势,美的集团的规模不断扩大,研发投入不断增长,产品技术含量也不断上升。与此同时,全球化程度逐步提高,美的集团已经在全球有60多个分支机构,产品远销200多个国家。随着企业规模发展遇到的瓶颈越来越大,美的也不断在寻求转型升级的路径,推动企业迈向价值链高端。2012年美的集团就提出信息化升级工程,对制造工厂进行自动化改造。2015年提出"智慧家居+智能制造"战略,开始了由"家电制造商"向"工业互联网解决方案提供商"转变。这些战略目标都是促进美的集团从价值链低端产业向高端产业升级。美的集团跨国并购战略即是瞄准"双智战略",以跨国并购寻求全球合作伙伴,积极利用外部优势要素,助力全球价值链升级。德国库卡公司是全球机器人公司四大巨头之一,成立于1898年,长期专注于机器人领域,为大众、福特等知名跨国公司提供机器人和工业互联网解决方案。2017年美的斥资292亿元要约收购了库卡公司81.04%的股份,加之已经持有的股份,美的集团总计持有库卡公司94.55%的股份。此次收购完成以后,库卡公司成为美的集团的智能工厂,借助于库卡的技术优势、产品优势,美的集团进一步向机器人、医疗、智能仓储等领域布局,从传统家电制造转向智能制造。[1]

---

[1] 美的集团:《关于要约收购 KUKA Aktiengesellschaft 实施完成的公告》,2017年,No.2017-001。

## 三、推动在不同产业价值链间的跃升

从一个产业的价值链低端跳跃至另一个产业的价值链高端,是价值链升级的另一种形式,即价值链间的升级。在不同产业价值链间的跃升相对于同一产业的价值链上的升级更加困难,因为企业要从熟悉的行业转移向不熟悉的行业,面临的困难更大,包括采购、生产、销售等各个环节,由于环境变化都将面临新的挑战。需要组建新的团队、采用新的策略、拓展新的网络以应对产业环境的变化。不同价值链间的升级从企业发展战略上看,类似企业的多元化战略。其路径是从初期的多元化并购,到选择价值链位置更高的产业作为主营业务发展方向,最终实现在不同价值链间的跃升。企业作为价值链升级的主体,主要是综合性、集团性、大型企业,这些企业掌握的市场信息全面,抗风险能力强,将跨产业的价值链迁移作为价值链升级的途径。

在价值链间跃升也是企业自我保护、转型发展的本能。企业的长久发展也要有长远战略,必须提前谋划布局,否则在长期发展中可能被市场所淘汰。比如曾经辉煌的公司柯达、诺基亚等,都是由于没有跟上产业发展步伐的失败案例。柯达没有正确预见和应对数码相机的技术冲击,诺基亚则是在触屏手机的发展中掉了队,失去了市场份额。跨国并购为企业选择整合不同价值链上的全球企业创造了条件,尤其是发展中国家的成长型企业,国内产业链能级相对落后,国外市场可并购的标的更多,更有利于推进企业的多元化发展,有助于在价值链间跃升。特别是大型集团公司往往会进行多元化布局,以应对产业链和价值链的突发影响,当然多元化、跨产业是困难的,有企业经过多元化的转型,迁移到跨产业的更高价值链上,也有不少企业不但没有完成价值链的跨产业跃升,反而陷入经营困境。跨产业的价值链跃迁是艰难的,通常是企业在经营良好的时候提前布局,待到主营业务遇到危机时,再进行跨产业的转移。比如,我国不少房地产企业都经历了主营业务的转移,有的转移到金融,有的转向新能源,有的转向文化创意产业等。大环境变化倒逼企业进行新选择,从而也推动了国内产业优化重组和产业结构转型升级。在全球化新形势下，企业有了更多选择，可以通过跨国并购，利用全球资源进行跨界整合，更加主动地推动转型发展。

目前，中国很多企业也在通过跨国并购提前在不同产业上进行布局，既是储备新项目，也是为了转型升级。比如，京东方收购法国智慧零售公司——SES-Imagotag（简称 SES）的动机就是多元化运营。京东方是一家以生产电脑、电视、手机显示屏为主的制造业企业，其优势在于加工制造，但是随着制造业越来越高端化，京东方也面临着升级压力，逐步探索多元化发展战略，开始通过跨国并购在不同产业链上进行布局。2017 年京东方以 3.2 亿欧元并购的法国智慧零售解决方案提供商 SES-Imagotag 公司，可以将京东方的经营领域扩展到物联网产业。SES 在电子货架标签、数字标牌等领域处于领先地位，在全球有 1.5 万家门店，为客户提供智能化的零售物联网。京东方的"屏"是物联网应用的载体，京东方沿着这个优势，推动向"芯"、软件、功能等其他产业的价值链高端跃升。此次并购就是推动京东方向零售物联网产业链跃升的一个环节，通过并购有助于完善京东方的多元化战略。

## 第五节　优化产品结构动机

优质的产品是企业可持续健康发展的灵魂。产品结构系统反映了企业竞争力，不断优化产品结构是企业提高竞争力的重要方面。优化产品结构就是在企业现有资金、技术、人才等约束条件下，寻求不同产品之间的最佳组合。企业的产品并不是越多越好，而是不断淘汰附加值低的落后产品，研发、生产附加值高的新产品，整体产品附加值逐渐上升。在全球化与互联网经济条件下，技术传播速度更快、技术进步变革更快、产品创新速度更快、产品更新周期更短，导致产品结构调整也更迅速、更高效。产品结构已经成为企业竞争力的重要体现，企业往往试图通过多种方式优化产品结构。由于跨国并购具有灵活性，企业借助跨国并购可以快速融入全球化、利用全球化拓展产品组合、优化产品结构。中国企业在产品结构上普遍存在不足，利用跨国并购可以直接获取企业稀缺的新产品，绕过自主研发的艰难环节，发挥后发优势,优化产品结构;也可以通过跨国并购将在国内相对过剩的产品转移到东道国,既增加了东道国的出口能力,又从淘汰落后产品的角度上优化了母公司产品结构。

## 一、获取新产品丰富产品种类

企业不断推陈出新是其在行业中持续保持领先地位,提高企业经营效率的重要策略之一。企业提升产品的竞争力,不但要注重提升产品质量,还要注重扩充产品数量。产品种类是产品结构的首要因素,很多有竞争力的产品结构都要首先保障产品的多样性。优秀企业通常也都有完备的产品体系,比如华为、苹果、三星都有各自健全的产品体系,小米、OPPO、VIVO 等品牌的产品结构是专注于中低端,也有其产品结构的内在因素。产品创新是企业长久发展的重要动力,创造新产品可以依靠企业的研发团队自主研发,寻求产品上的突破,也可以通过跨国并购,购买"别人"的优势产品,为己所有、为己所用,丰富产品种类。

在开放条件下,跨国并购对企业开拓国际市场的作用越来越重要,从供应链到产品结构都能对企业发展产生积极作用。直接购买国外已有产品确实是增加产品种类,完善产品结构的捷径,比如购买国外老牌企业,获得企业的品牌等都是获取国外产品的手段。在国际经济环境深刻变化的背景下,以并购优化产品结构的难度在增加,但不能因此而放弃跨国并购获取海外新产品的选项。中国企业生产能力强研发及设计能力弱,往往要陷入有制造无品牌的境地,产品种类不足是不少企业从生产端走向销售端的过程中所面临的重要问题。而跨国并购海外已有品牌能够降低培育品牌的风险,缩短获得品牌的时间,是优化产品结构的捷径之一。

总体来说,通过跨国并购获取新产品的途径主要有两种。一种是通过并购国外企业,将其产品纳入母公司产品结构中。比如吉利集团 2010 年以 18 亿美元并购福特旗下沃尔沃汽车,通过这项并购吉利集团不但使得沃尔沃成为公司的高端汽车产品,优化了产品结构,而且对吉利在技术、管理、人才等方面产生了积极的溢出效应。所以,吉利并购沃尔沃既直接增加了新的产品种类,又间接优化了原有产品,是一项成功的跨国并购。并购沃尔沃汽车之后的吉利企业迎来了新的增长周期。另一种是并购在国外濒临破产或深陷困境的老品牌,将其转移到国内,旧瓶装新酒。这类跨国并购实质是为了获取品牌,填补国内品牌欠缺。比如,上汽集团并购英国汽车品牌MG(名爵)。上汽集团虽然是我国的老牌汽车制造商,但是长期以来并没有培育出有竞争力的国有品牌,以海外并购获取国外品牌既是无奈之举,也是必然之选。通过这项并购获取MG的品牌,再利用国内生产线组织生产,丰富了上汽集团的产品类型,优化了产品结构,MG品牌已经成为上汽集团的重要组成部分,为拓展海外市场创造了条件。

## 二、补充原有产品结构短板

最优产品结构永远是企业追求的理想目标,无论是小公司还是大企业,都存在持续优化产品结构的动力。因为更好的产品结构能够最大化地占据市场份额,获得更多收益。任何企业在产品结构上都会出现短板。有些企业的产品结构长期集中在中低端产品,很难向高端拓展,产品结构的整体附加值较低;有些企业的产品结构过度集中在高端产品,虽然产品获得了较高的附加值,但是失去了广大的中低端市场,产品结构的整体附加值也不高。有些企业的产品结构过于单一,仅有一两个产品,竞争力过于脆弱,较难应对市场需求结构变化;有些产品结构过于复杂,同一层次有数十个产品,相同产品之间同质化严重,不利于品牌发展等。因此,不同类型企业在产品结构上都有短板,关键是结合市场环境,补充产品结构短板有助于企业提高产品竞争力,有的企业通过自主研发补充原有产品结构的不足,有的企业则通过跨国并购获取国外优势,补充国内产品结构上的不足。中国企业现代化水平低,产品管理的经验不足,对于产品结构重视不够,很多企业产品结构具有明显短板。而随着中国企业国际化水平的提高,越来越多的企业开始通过跨国并购弥补产品结构上的不足。

比如,联想并购IBM集团PC业务就是跨国并购成功案例的典范,填补了联想公司高端产品的空缺,产生了积极的溢出效应,提高了联想的产品竞争力。联想集团是20世纪80年代中期迅速成长起来的计算机研发制造企业,2004年联想集团的个人笔记本电脑在中国市场的占有率达到了30%,是中国第一大国内PC生产商。但是,联想的笔记本主要集中在中低端,高端产品缺乏,产品附加值较低,是其面临的重要问题。联想和方正、神舟等自主品牌之间的竞争激烈,要想从激烈的同质化竞争中取胜,联想必须解决产品结构中高端产品欠缺的短板。但是高端品牌的创造并非易事,联想就将目标转移到海外市场。IBM的PC品牌Thinkpad笔记本电脑是全球闻名的高端品牌,但是从1998年开始IBM的个人电脑业务开始出现亏损,并且亏损额度越来越大,从2001年至2004年上半年累计亏损近10亿美元,个人电脑业务在IBM集团中成了拖累公司业绩的板块。在为高端产品发愁的联想早就盯上了IBM的PC业务,而长期亏损使得IBM不得不考虑出售PC业务,经过13个月的艰难谈判,2005年3月联想集团以12.5亿美元的价格收购了IBM的PC业务。Thinkpad的加入填补了高端产品在联想集团产品结构中的空白,优化了产品结构,并不断基于Thinkpad推出新产品,进一步提升了企业竞争力。通过这一并购联想集团在国内品牌中脱颖而出,连续10年在电脑国内市场总销量第一。同时,这一并购还扩大了联想集团的海外市场,并购前联想的海外市场占有率不足3%,而到2019年联想已经成为全球最大的PC供应商,市场占有率高达25%。[①]

## 三、推动劣势产品出海

不同产品都有不同的生命周期。企业根据产品生命周期调整产品战略,将处于衰退期的产品转移到海外,也是优化产品结构,实现产品价值最大化。从产品结构的角度看,随着产品生命周期的变化,原来处于主营地位的产品逐步边缘化并被转移到其有竞争力的国外市场,在国外市场延续竞争力。因此,产品结构的优化是个双向、动态过程,要根据全球市场供给的区域性变化对产品进行优化组合。20世纪90年代末,东亚的"雁形模式"实

---

① 搜狐网:《联想王者归来,全球市场占有率第一,国内市场份额却下降》,https://www.sohu.com/a/327230900_120043760,2021-11-10。

质就是产品根据生命周期的国际转移,将在母国处于产品周期成熟期后期的产品转移到该产品仍有比较优势的国家。产品的国际转移通常有3种做法:第一种是通过绿地投资,在国外建厂、当地生产、全球销售,将产品生产和销售都转移到海外。第二种是并购国外同类企业,改造升级被并购企业的厂房、设备等之后,再将母国产品生产和销售转移到东道国。通过产品转移,企业的收入总额增加,企业竞争力提高。第三种是出口,在国内生产后再出口到其他国家,这一做法必须在国内生产仍有比较优势的情况下进行。通过将产品销往当地稀缺、母公司能够获得更大收益的东道国,从而实现企业利润的最大化。

改革开放以来,中国经济飞速发展,一大批企业成长起来,积累了一些优势产品,但随着国内需求结构升级,这些优势产品逐步面临淘汰,走向产品生命周期成熟期的末期。原来在国内有比较优势,现在却变成了比较劣势,需要将处于比较劣势的产品转移到其仍有比较优势的国家,进而实现产品结构的优化。新时代的中国更加注重对外开放,提出进一步扩大开放、高水平扩大开放,构建开放型经济新体制。同时,我们也鼓励企业"走出去",为"走出去"创造良好环境。中国企业也有基础、有条件通过"走出去"重新配置产品结构,提高企业竞争力。近年来,已经有一些企业通过积极的跨国并购推动了产品"走出去",优化了母公司产品结构的全球布局。

比如,摩托车在中国的发展就体现了典型的需求驱动。从20世纪80年代到21世纪初,摩托车在中国非常流行,风靡大江南北,1997年中国的摩托车产量占全球的42.97%,[①]成为名副其实的全球第一大摩托车生产国,摩托车制造成为中国的比较优势之一。但是到2003年以后,随着中国人均收入水平的上升,小汽车逐步取代摩托车成为家庭首选交通工具,摩托车的需求大幅下降。在需求转型升级的过程中,一些摩托车企业纷纷倒闭或破产,摩托车产能过剩,行业开始兼并重组,仅剩下嘉陵、钱江、力帆等知名的大厂商存活下来。需求变化倒逼企业将摩托车的生产转移到需求旺盛的东南亚、南美、非洲等发展中地区,优化国内的产品结构。向海外转移生产线既可以

---

① 亦木:《摩托车工业应走向国际市场》,《摩托车》1998年第9期。

采用绿地投资,也可以利用跨国并购,但从实际情况看,由于组织生产摩托车相对容易,多数摩托车企业选择绿地投资,少数企业选择跨国并购。比如,以摩托车起家的重庆力帆股份公司,在 21 世纪初就开始了国际化。由于国内市场增长放缓,力帆分别于 2001 年在越南、2007 年在土耳其、2009 年在泰国,建立了摩托车生产基地。2012 年力帆股份又收购了乌拉圭的机动车制造公司 BESINEY S.A.,对其重新改造升级,通过此次跨国并购,力帆股份又将生产线拓展到了乌拉圭,不断打开南美的摩托车市场。因此,产品结构的变化是由国内需求市场的深刻变化而引发的。

表 4 - 1　2018—2019 年我国部分企业海外并购动机汇总

| 并购动机 | 案　　　例 |
| --- | --- |
| 价值投资动机 | 蓝帆医疗收购 CBCH 股权;宇通客车投资 Millennium 基金公司;健康元投资 Pantheon 基金公司 |
| 布局全球供应链动机 | 杉杉股份收购 Alura 股权;中矿资源收购 Tanco 和 CSF 股权;首航直升收购 FZCO 股权;金达威收入 iHerb 股权;双星集团收购韩国锦湖轮胎股权;东方日升收购澳大利亚梅丽登电站;红太阳收购 Rurlaco 公司股权;中远海运收购秘鲁钱凯码头股权 |
| 攀升全球价值链动机 | 双环传动收购 STP 集团股权;精测电站收购日本 Wintest 股权;维纳软件收购日本 RX 技术公司股权;环旭电子收购 Memtech 公司股权;巨峰股份收购 VUKI 公司股权;海思科收购 eXlthera 公司股权;金陵机电收购 Motive 公司股权;光弘科技收购印度 Vsun Mobile 公司股权;海普瑞收购 Curemark 公司股权;晶方光电收购 Anteryon 公司股权 |
| 优化产品结构动机 | 北汽集团收购戴勒姆股权;山鹰纸业收购美国凤凰纸业全部股权;吉利集团收购马来西亚宝腾汽车股权 |

资料来源:据 Wind 数据库中国企业并购库整理。

## 第六节　本 章 小 结

经济全球化虽然长期的总趋势是更加自由、便利,但其进程中必然有曲折。进入 21 世纪以后,尤其是英国"脱欧"和美国单边主义为代表的逆全球化抬头,经济全球化进入了更加碎片化、更加收缩的后全球化时代。中国是全球化的得益者和贡献者,中国需要进一步对外开放,将有更多的中国企业走向世界,中国企业渴望融入全球化,积极主动深化全球价值链分工,为经济全球化作出更多贡献。因此,适应全球化的新变化,调整自身战略是中国企业的必然选择。中国企业对外直接投资的动机由于战略调整而发生了新的变化,从绿地投资动机来看,中国企业更多出于规避贸易壁垒、获得市场准入、全球生产布局等;从跨国并购动机来看主要包括:价值投资动机、布局全球供应链动机、攀升全球价值链动机和优化产品结构动机等四类。因此,企业对外直接投资的动机变化是一个动态过程,随着国际环境变化和国内要素结构变化等多种条件变化而变化。(可参见表4-1总结的2018—2019年我国部分企业海外并购动机。)

# 第五章

## 对外直接投资推动出口增速提效的机理

贸易和投资都是企业参与全球化、融入全球化的重要方式。中国已经是全球第一大货物贸易国、第二大资本流入国和第三大资本流出国。无论是外贸还是外资，中国都已经是大国，但仍面临诸多挑战。比如出口，一方面要维持甚至提高出口增长速度；另一方面要提升出口产品收益，获得更高附加值。长期以来外商直接投资与我国的出口联系紧密，对外直接投资对出口的促进效果并不明显。在新形势下，以对外直接投资配置全球要素推动出口增速提效还有很大发展空间。

## 第一节 对外直接投资对企业出口的影响概况

对外直接投资是企业海外布局的重要手段，也是以资金驱动生产要素跨国整合的过程。出口是以商品为纽带，连接国内与国外要素和市场，实现全球资源的优化配置。中国对外直接投资已经形成相当规模，对外直接投资有条件与出口实现联动和协同，通过投资带动出口实现增速提效式发展。对外直接投资对出口的影响总体上包括"量"和"质"两个方面的影响，在新形势下，要注重以对外投资激发出口潜力，推动出口转型升级。

### 一、对外直接投资对出口规模增长的影响

对外直接投资的实质是跨国公司通过资本配置全球资源，中国对外直接投资的战略意义是通过投资获取海外高级生产要素或国内稀缺资源等，助力国内经济高质量发展。出口的高质量发展既包括出口规模的增长，也

包括出口产品附加值的提高。麦肯锡全球宏观研究院分析了186个国家和地区的进出口,发现其中33个国家的第一大出口目的地是中国,65个国家的第一大进口来源地是中国。①中国对外直接投资的增长意味着更多企业"走出去",更多项目"走出去",中国融入全球价值链的程度加深,更多企业有条件有能力通过对外直接投资刺激出口贸易规模的增长。其促进机制主要包括以下5个方面。

### (一) 以对外直接投资带动中间品出口

经济全球化是资本和商品流动的全球化,资本增长与商品流动呈现相互促进的互动关系。产业链全球布局的结果是,中间品贸易快速增长。早在2010年中间品贸易占全球贸易的比重已经超过60%②,成为商品贸易的主要类型。中国是世界工厂,制造业第一大国,中国的中间品贸易量占比超过全球的1/3,中国的企业大多数处于全球价值链的中低端,中国资本布局全球,以投资带动中间品出口具有天然优势。中国企业可以通过绿地投资在东道国建厂,利用当地劳动力、土地等组织生产,并当地销售,这样就将中国的中间品在东道国组装、生产、销售,既扩大了海外市场又降低了成本,增加中国中间品出口。或者,中国企业利用跨国并购获取东道国公司的控制权,将其嵌入母公司的全球供应链中,母公司为被并购公司提供中间品,也可以增加母国出口。

### (二) 以对外直接投资获取先进技术后组织生产再出口

中国与西方发达国家相比,仍处于技术赶超阶段,中国在高端制造、人工智能、航空航天等领域的核心零部件和关键技术仍然受制于人。大力推动科技创新和技术升级是经济高质量发展的必然要求,除了自主创新外,还要能够利用对外直接投资获取国外先进技术,通过模仿、学习等,继续发挥

---

① 麦肯锡全球宏观研究院:《麦肯锡2019中国报告:中国与世界的经济联系正在悄然变化》,https://www.sohu.com/a/366699543_799233,2021-11-01。
② 黄奇帆:《国际贸易格局已发生根本变化》,https://www.sohu.com/a/311035649_313480,2021-11-01。

后发优势。经过改革开放40多年的高速发展，中国的企业在技术、管理、人才等方面的储备大幅增加，已经具备承接、吸收发达国家企业先进技术的能力。中国企业通过跨国并购获得国外公司先进技术的使用权，再利用国内的供应链和廉价要素组织生产，将产品出口到国外。或通过并购获得被并购公司的控制权，聘用其高级技术人员到国内工作，优化改良国内生产线，提高产品竞争力，进而推动出口增长。

## （三）以对外直接投资获取国外品牌和销售网络来扩大出口

有技术、有产品，但缺品牌，打不开国际市场，走不出去，是中国企业所面临的重要难题。过去，中国企业主要通过贴牌、代加工赚取加工费，进而扩大出口贸易，出口虽然规模大，但整体附加值低、收益低。但是，随着中国企业实力提升之后，不少企业可以通过并购国外知名企业，获得品牌使用权，然后在中国生产并出口。我国的一些家电企业比如海信电器、苏泊尔、兆驰股份等都经历过贴牌代加工的发展阶段，有的大企业通过培育自主品牌开拓了市场，有的通过收购被贴牌的企业反客为主。这些持续代加工的企业，主要问题是缺品牌，打不开市场，处于价值链的低端，实际上其中不少公司完全有条件通过收购国外品牌提高出口规模。比如，上汽集团收购的英国名爵汽车品牌，就可以在国内生产后再出口到国外市场。所以，利用国外品牌知名度加上国内制造能力是开拓国际市场的捷径之一。

## （四）以对外直接投资培育海外市场拓展出口

世界经济和国际贸易的发展都具有阶段性，工业革命的时期英国是世界经济增长的发动机，同时驱动着全球贸易。第二次世界大战以后，美国成为世界经济增长的新引擎，美国支持下的日本也快速发展，雁形模式开始在东亚发挥重要作用。进入21世纪，中国加入世界贸易组织，中国成为世界工厂，制造能力和出口能力相互促进，作为全球第一大货物贸易国，中国被称为世界经济增长的稳定器和发动机。打江山易，守江山难，中国要保持其贸易大国地位，必须要用好OFDI，多手段培育海外市场。比如，未来随着工业化和城市化在发展中国家的推进,"一带一路"沿线国家等发展中国家有可能成为新的经济增长点和贸易爆发点,中国企业有必要通过对外直接投资提前布局,未雨绸缪。"一带一路"建设从国家层面为企业的对外直接投资营造了良好的政策环境,为中国企业"走出去"创造了新环境、新条件。比如,以对外直接投资的形式在东道国进行基础设施建设,一方面可以带动基建等相关配套产品"走出去";另一方面可以提前了解当地市场,为开拓市场做准备,还可以帮助东道国发展经济。

### (五) 以对外直接投资推动产业配套"走出去"激发出口增长

中国具有全球最完备的产业链,中国企业"走出去"可以充分发挥国内配套能力,延伸出口的产业链条。进出口贸易包括加工贸易和一般贸易两种类型,而从贸易类型看,拓展出口的产业链条也相对应有两种视角。一种是加工贸易视角,中国通过对外直接投资在海外建厂,使得国内为其配套,进而带动出口增长。因为,随着国内要素禀赋结构的变化和要素价格上升,相关要素的比较优势减弱,中国的生产成本逐渐升高,部分生产的国际转移在所难免。中国企业可以通过对外直接投资到东道国发展加工贸易,将生产组织基地布局到国外,利用国内产业链为其提供配套,再将最终品销售到中国及全世界。这样既扩大了东道国的进出口,也促进了中国的出口。另一种是一般贸易视角,以对外直接投资在东道国拓展新业务,使得国内企业为其提供相关的产业配套。比如,我国的医药产业、人工智能产业、半导体产业等已经具备一定的比较优势,可以首先通过对外投资进入国际市场,再拉到国内形成配套能力,从而促进出口增长。这两种模式都可以作为中国企业以投资拉动出口增长的参考方式,中国的对外贸易发展历程,表明我们在两种模式上都有基础、有经验。2001年加入WTO以后中国加工贸易快速增长,两头在外的出口加工模式带动了中国进口和出口的同步增长,但是从2014年开始,一般贸易占比首次超过加工贸易,我国的对外贸易发生了深刻变化。利用对外直接投资将曾经在中国发生的贸易经验推广到其他国家,实现双赢乃至多赢。

## 二、对外直接投资提升出口产品质量

提高出口产品的附加值一直是中国对外贸易理论和实践的重要内容，出口的高质量简单来说就是使出口所获得的收益更高。中国经济已经从高速增长阶段转向高质量发展阶段。如何提高中国出口产品附加值，是中国经济高质量发展的重要问题，中国从贸易大国到贸易强国也要求出口产品质量上升。提升出口产品质量有多种途径，既要利用内部要素，也要利用外部要素。对外直接投资可以在拉动、促进中国出口产品质量上发挥更加积极的作用。

### （一）以对外直接投资形成逆向技术溢出

逆向技术溢出效应是指母国公司从东道国企业获得高级要素，再通过模仿、学习、吸收等途径提高自身的要素优势，进而提高生产效率，降低母国企业的生产成本。利用对外直接投资的逆向技术溢出，促进企业技术升级和转型发展，是不少企业进行海外投资的重要目的。对于有进出口业务的企业，对外直接投资的逆向技术溢出效应无疑有利于提高企业出口产品的技术含量。因为逆向技术溢出效应能够促进母公司的技术改造、升级，改进后的技术应用到生产中能够改善产品质量，提高产品竞争力。中国是出口大国、制造业大国，但是从整体科技水平上看，中国与发达国家还有较大差距，特别是核心零部件、"卡脖子"技术相对欠缺，通过对外直接投资的逆向技术溢出效应是促进技术进步的重要途径之一，也是推动国内出口产品质量上升重要的途径之一。

### （二）以对外直接投资发挥规模效应推动出口产品质量上升

对外直接投资包括向同行业的投资也包括跨行业的投资，即纵向投资和横向投资。其中，跨行业投资往往是为了增加企业的多元化经营，未雨绸缪，寻找新的增长点；同行业的投资更多是为了获取技术要素，扩大市场，实现规模效应等。提升出口产品质量实质是增加产品的附加值，而通过规模效应降低生产成本,实质也是增加附加值,提高出口质量。所以,规模效应是企业做大的动力和缘由,企业做大做强是为了更好地发挥规模效应。今天的世界经济已经是全球化了的世界经济,中国企业有必要以规模效应提高竞争力,推动企业向高质量发展。同行业的绿地投资和跨国并购,有助于企业在生产和管理上进行协同,扩大生产规模,发挥规模效应,降低生产成本,提高出口产品竞争力。因此,要鼓励和支持中国的跨国公司"走出去"兼并重组,由小变大,由大变强,不断提升产品质量和综合竞争力。

### (三)以对外直接投资提升企业组织管理能力

在全球化、信息化背景下,企业的生产和管理越来越复杂,很多企业没有做大做强不是技术和产品问题而是管理问题。管理已经成为企业的一项关键核心要素,也是竞争力的体现,国际知名的跨国公司无一不是管理能力极强。不少大企业通常在全球招募职业经理人,也是为了加强管理提升公司管理效率。跨国并购中的"七七定律"即70%的跨国并购没有实现预期目标,70%的并购失败于后期的文化整合。而文化整合的失败很多时候是组织管理的不够,足见管理对跨国公司的重要。管理作为一种关键的生产要素,渗透到了企业运营的方方面面,产生了多方面的影响。另外,通过对外直接投资在海外成立公司,方便任用国外的管理人才,学习借鉴国外的管理经验,提升企业的组织管理能力。中国的外贸企业在转型过程中,借助于对外直接投资而获取国外管理资源,提升管理能力,是优化企业运营的重要途径,进而推动产品竞争力和出口产品质量的提高。

## 三、对外直接投资推动出口结构优化

出口增速提效还表现在出口结构的持续优化。长期以来,低附加值的加工贸易在我国出口结构中占有较大比重,高附加值出口产品占比的提高是未来出口发展的主要方向之一。提高产品附加值的核心是依靠技术、设计、品牌等高级要素,对外直接投资是获取上述要素的重要途径,因此对外直接投资也间接推动了出口结构优化。

对外直接投资对出口结构的作用是间接的,是通过东道国公司的要素向母公司的回流或溢出实现的。公司在生产、营销、管理等方面的改善最终作用到出口上,即表现为出口额的增长和出口产品附加值的上升。随着国内产品技术含量的提高,行业竞争力的上升,中国的企业将从全球价值链低端向价值链高端迁移,企业的竞争力大幅提高,出口产品结构不断优化。具体来看,对外直接投资对出口的影响在出口结构上包括出口主体、出口目的地、出口产品等3个方面。

首先,从出口主体看,随着对外直接投资的拓展,可以推动更多的企业尤其是中小企业直接或间接地融入国际贸易中,出口贸易的主体越来越丰富。改革开放以来,外商投资企业数量迅速增长,并曾成为我国出口的最大主体,占总出口比重曾超过50%,占出口增加值的比重也曾高达90%。[①]但是,中国企业对外直接投资有助于企业开拓国际市场,引导更多企业参与到国际贸易中,丰富出口主体。

其次,从出口目的地看,对外直接投资通过出口的促进效应、创造效应把中国产品带到更广泛的国家和地区。我们看到,虽然中国产品近乎遍布全球,但是主要集中在发达国家和地区,在发展中国家和不发达地区,中国产品还有很大的增长空间。特别是在"一带一路"沿线国家,中国产品还有不少地方没有涉足,鉴于中国与沿线国家的经济互补性,"一带一路"沿线国家将成为中国对外直接投资和出口的重要目的地。随着投资对出口的引领作用,中国产品出口的目的地将更加广泛,以投资项目带动出口将成为出口新的增长点。

最后,从出口产品构成看,由于对外直接投资能够促进产品升级,其将推动出口产品结构向高附加值方向上攀升。中国的对外直接投资与西方国家的重要区别是国家政策的主导性,中国的政策方向对企业的对外直接投资决策有重要影响。在中国经济转型升级和高质量发展背景下,国家鼓励将投资项目流向人工智能、5G、新材料、工业互联网、高端医疗等领域,这些新兴领域已经成为中国产业发展的重要方向。对外直接投资也将服务服从

---

[①] 江小涓:《中国出口增长与结构变化:外商投资企业的贡献》,《南开经济研究》2002年第2期。

于国家战略,在新领域的对外投资项目更容易获得审批,"走出去"的概率也更大,并且随着国内相关技术和企业的发展,新领域的出口也越来越多。企业转型和产业结构变化是产品升级的基础,显然,中国的出口产品结构将随着产业结构的改造、升级而发生新的变化,出口产品的技术含量也将增加,产品附加值提高,推动出口高质量发展。

## 第二节 对外直接投资对贸易的创造效应

国际直接投资与国际贸易的关系是一个经典的国际经济学问题。美国经济学家蒙代尔早在20世纪50年代就提出,当存在贸易壁垒的情况下,国际直接投资对贸易具有替代效应。日本学者小岛清则在总结20世纪70年代日本企业跨国经营的基础上,得出对外直接投资对出口具有补偿效应,即OFDI可以促进出口增长。因此,国际直接投资和贸易的关系在特定的国际环境背景下,会得出不同的结论。中国对外直接投资对出口的影响,在不同国家、不同行业也可能产生不同的效应,本章重点介绍创造效应。

### 一、主动出口模式:投资驱动的优势产业出口

根据李嘉图的比较优势原理,所有国家都有出口的可能,集中出口其具有比较优势产品。实际上,出口集中的行业往往是该国要素比较优势相对明显的产业。改革开放以来,中国以加工贸易为主的特征反映了中国在劳动力要素上的比较优势。中国以"两头在外"的加工贸易嵌入全球产业链和价值链的方式是被动的,是由外商投资企业驱动的。但是,在中国对外直接存量与流量均越来越大、国内要素结构变化、要素成本上升、产业结构变迁的背景下,中国已经成长起来一批有比较优势和竞争力的产业,有基础、有条件利用对外直接投资主动配置全球资源,推动优势产业的出口增长。

## （一）以投资驱动优势产业"走出去"带动核心零部件的出口增长

经过 40 多年的高速增长，中国经济在某些领域已经产生了优势产业，形成了一定的国际竞争力，具备了进入国际市场参与国际竞争的实力。比如，基础设施建设、新能源、5G、机械制造等行业，都具有明显的比较优势，并出现了中国建筑、宁德时代、华为、美的等一批有代表性的国企和民企。优势产业中的不少企业同时已经具备了一定的对外直接投资能力，在国内市场逐渐饱和的情况下，向海外扩张也是企业发展的客观需要。通过到海外建厂或并购海外企业可以贴近市场或者在人工、土地成本更低的地方组织生产，而核心零部件仍然由国内供应，以企业内贸易的方式出口到国外子公司。这种模式并不是中国的首创，在全球化过程中，大量的贸易就是跨国公司的公司内贸易。随着中国企业竞争力的提升和不断进行海外市场扩展，更多企业可能学习复制发达国家跨国公司的成功经验优化布局全球资源。另外，从组装到出口核心零部件是制造业企业发展的基本规律之一，也是出口质量升级的重要体现。比如，富士康公司长期从事组装，虽然出口了大量的苹果手机等电子产品，但其核心零部件都要靠进口，组装环节处在价值链的低端；而芯片、显示屏等核心零部件是由美国苹果公司、韩国三星公司等提供，其占有了产品增加值的大部分，处于价值链的高端。富士康公司的转型升级路径就包括通过自主创新向芯片、显示屏等核心零部件的价值链高端跃迁，中国一些有实力的企业也可以通过这种模式，苦练内功，配置全球资源，带动中国核心零部件出口等。

中国的对外直接投资推动出口增速提效既体现在出口额的增长，也体现在出口产品附加值的提高。以对外直接投资推动优势产业"走出去"带动核心零部件的出口，是典型的高质量对外直接投资和高质量出口模式。企业通过对外直接投资开拓了海外市场，带动国内高附加值的核心零部件出口，既增速又提效。这一机制运行的关键因素之一是企业要有一支良好的海内外管理团队，包括从前期投资信息获取、人力资源管理、国内外销售、售后服务等相配套的各类人才。另外，要充分利用当地的人才，以当地资源组织当地资源，尽量减少对外直接投资整合资源过程中的文化冲突。

## （二）以投资驱动优势产业走出去带动技术出口增长

技术出口指国内企业、科研院所、个人等将技术出售给国外企业、组织或个人的行为。在知识经济大发展背景下，技术贸易在国际贸易中的占比不断增长，但由于发达国家技术水平高，技术出口通常是西方发达国家的专利。随着中国经济高质量发展，优势产业越来越多，中国企业掌握的高新技术越来越多，中国已经成为全球第二大国际专利申请国，第二大研发支出国，40多年来中国积累了大量的技术储备，有条件加快发展技术出口。

以对外直接投资促进技术出口的路径主要包括两个方面。第一种是公司内技术出口。以对外直接投资项目自身对母国相关技术的需要而形成的技术出口。原来在国内配套的技术，由于生产基地的转移，从国内贸易转变为国际贸易。这一类技术出口本质上并没有导致国民经济总量的变化，仅仅是贸易形式的变化，是内贸到外贸的转移。第二种是由于对外直接投资激发当地配套业务发展，进而对我国相关技术加大进口以满足其生产需要。跨国公司以对外直接投资进入东道国，并不是所有的生产环节都要自己做，有些环节和中间品完全可以由东道国企业提供，同样可以达到利用东道国低成本的生产要素促进企业成本降低的目的。比如，美国的苹果公司进入中国、日本、韩国等国家的过程中，都带动了当地配套产业的发展，而有些企业则仍需要从美国进口技术以适应苹果公司的标准和要求。美国苹果公司并不生产所有中间品，但是其通过配套作用，带动了美国相关技术的出口。

中国企业"走出去"主动配置全球资源是中国对外开放升级的大趋势，以对外投资带动优势产业向海外发展和推动出口的多样化可以并举。企业在通过投资和贸易向海外拓展的过程中，必然会对国内产业产生影响，特别是带动优势产业的"走出去"，不但会对国内的配套产品有影响，而且会促进东道国配套产业的形成和发展。但是，随着产业扩张，市场规模在扩大，总需求增加，母国和东道国的技术出口都可能进一步增长。特别是母国的技术出口也可以获得更高的附加值，有利于推动出口高质量发展。

## （三）以投资驱动优势产业"走出去"带动服务出口增长

服务贸易的类型包括跨境交付、境外消费、商业存在和自然人流动等4种，现实中商业存在的贸易额占比最大。商业存在是指一国的服务提供者在东道国建立商业机构为当地的消费者提供服务，这类商业结构包括母国公司在东道国设立的分支机构、代理机构等。因此，商业存在的实质就是对外直接投资，只不过是表现为服务贸易的形式。

中国的优势产业在通过对外直接投资走向海外的同时，也不可避免地会成立相关分支机构或代理机构，为当地提供销售服务和售后服务等。因为随着对外直接投资项目在东道国全面展开，新市场不断被开拓，对销售、技术、售后等服务的需求也开始上升，企业逐步在东道国布局分支结构。所以，商业存在类型的服务贸易出口开始增长，出口结构不断优化。从生产环节向服务环节的延伸实质是从微笑曲线的低端向两端移动，也是出口附加值上升、出口高质量发展的过程。优势产业"走出去"需要循序渐进，以点带面带动相关服务贸易的出口逐步增长。首先是核心服务部门在海外建立分支机构或代理商，主要是为硬件提供相关的维修等支持服务，比如手机、空调、汽车等的维修服务。其次是相关软件的配套服务等代理机构开始走出去向东道国客户提供服务，比如各类应用软件、App等。最后是人员的流动，为配套海外市场的大规模发展的需要，研发设计、人力资源管理等部门也可以进一步转移到东道国，并推动相关服务贸易同步增长。

服务贸易在中国的贸易结构中所占比例较小，服务贸易的竞争力相对较弱。虽然2014年中国的服务贸易总额已经超过德国，成为全球第二大服务贸易国，但是中国的服务贸易长期逆差，服务贸易仍处于弱势地位。2018年我国服务贸易总额7 919亿美元，逆差2 916亿美元，服务贸易总额占外贸比重为14.6％。中国服务贸易水平和美国等发达国家还有较大差距，2016年中国服务贸易占全球的比重是4.27％，美国为15.42％。[1] 这意味着中国的服务贸易发展潜力巨大，对外直接投资推动优势产业"走出去"的过程可

---

[1] 林火灿：《服务贸易成外贸新引擎》，2019年8月28日《经济日报》。

以成为引领商业存在类型服务贸易增长的渠道之一。服务贸易的高速增长不但能够弥补货物贸易增长陷入瓶颈导致出口增速下滑负面冲击,还可以提高出口产品质量。中国对外开放进入了新阶段,在引导企业对外直接投资的同时,要注重提出精准的鼓励支持服务贸易出口的政策,提高贸易投资便利化水平,助力贸易投资融合和高质量发展。

## 二、被动出口模式:投资驱动的劣势产业出口

李嘉图的比较优势理论说明了所有国家在比较之后,都可能出口其有比较优势的产品。日本学者小岛清的边际产业转移理论说明在一国具有比较优势的产业演变到比较弱势产业时,该产业通过对外直接投资进行跨国转移,到东道国可以重新获得比较优势。在边际产业转移的过程中,一定程度上也将导致出口增长,这种出口增长的驱动力来自边际产业被动转移到东道国所形成的出口效应。当前,在中国企业"走出去"的同时,也面临着类似情况,一批逐渐失去比较优势的企业不得不将生产基地转移到低成本的国家或地区,进而带动了新的出口增长。投资驱动的劣势产业的出口主要包括以下类型。

### (一)基于成本优势下降导致产业转移所形成的出口

中国是全球制造业第一大国,制造业主要比较优势在于劳动力、土地等要素价格较低的成本优势。但是,随着中国经济发展,人均收入上涨和人民生活水平提升,工资和土地成本等都大幅增长,低成本优势在减弱。中国城镇单位年平均工资水平从2001年的10 834元增长至2018年的82 413元,人均国内生产总值(GDP)从2001年的8 717元,增长至2019年的70 892元。[①]成本的上升导致密集使用这些要素的产业的比较优势降低,而东南亚等国的劳动力、土地等价格与我国相比成本优势更加明显。我国的一些企

---

① 数据来源:国家统计局数据库。

业为了提高竞争力被迫通过绿地投资或者跨国并购的形式将生产基地转移到要素价格更低的周边国家。2018年7月,通过在云南省瑞丽市和河口市调研边贸,了解到当地有不少缅甸和越南的打工者,他们的月工资在2 000元左右,普遍低于当地工资水平,但明显高于缅甸和越南同样工作的工资。不少制造业加工类的企业,设立在加工区内,雇用缅甸和越南等国家的工人将产品加工好之后再出口,而有的企业直接到缅甸、越南建厂,这种模式则是利用中国中间品,也带动中国的出口增长。

产业比较优势逐步减弱并向国外转移对出口的影响主要包括两个方面:第一,如果国内产品主要是出口产品,则产业转移后对国内出口产生贸易转移效应,导致国内出口减少,同时,还可能致使国内就业岗位流失,产业空心化等负面影响。比如,原来外资主导的纺织、鞋帽等出口加工制造业的转移,就会导致国内出口减少和就业流失,实际对出口产生了流失效应。因此,政策要尽量把这种负效应降低到最小。第二,如果相关产业的产品主要是在国内消费,那么将生产基地转移,既可能增加出口也必然增加进口,总效应不确定。以国内为市场的产业其国际转移单纯从出口来看,显然是增加了国内的出口,但要结合进口看其对国内进出口的净影响,要对进口和出口的总量进行比较。当前的进出口统计模式很难将进出口的增加值完全统计准确,所以劣势产业"走出去"对出口的净效果难以量化分析。

然而从定性的角度看,劣势产业的出口有两点必须说明。第一,这种基于比较优势变化的产业转移符合母国和东道国要素禀赋结构,也有利于全球资源要素的更加优化配置和全球福利的改善。因此,劣势产业的国际转移是经济全球化的一般规律,符合经济发展的内在要素,很难被逆转。第二,劣势产业"走出去"引致的出口和进口的增加,既可能导致出口在量上的净损失,也可能推动出口净收益的增长。因为劣势产业带动的是核心中间产品的出口,其产品附加值更高,进口产品由于利用了东道国的廉价要素,增加值相对较低。在贸易收益分配中,母国获利比例更高,出口质量更高。

## (二) 基于市场萎缩的产业转移形成的出口

一国进口或出口的大幅增加或减少,和国内外的需求变化有着重要联系。比如,在全球金融危机时,全球经济增长放缓,人均收入降低,国内外需求自然下降,此时的进口和出口会同时减少。而供给驱动的消费需求偏好变化,也可能直接导致出口的剧烈变动。比如,从按键式手机到触屏式手机、从 CD 到 MP3、从胶卷相机到数码相机等,每一次创新都带动消费需求的颠覆式变革并影响以相关产业为主导的国家的进出口。中国是拥有 14 亿人口的发展中大国,具有巨大的市场潜力,中国居民消费习惯的变化,对世界经济都将产生较大影响。中国内需的扩张和收缩也会倒逼国内外产业进行相应调整和变化,国内市场萎缩的产业,企业可能通过出口或对外投资拓展海外市场。因此,如果出于某些原因导致中国市场萎缩,一些企业可能就将生产转移到海外生产并销售,进而带动出口增长。

国内市场萎缩的原因主要有 3 个方面:一是国内技术变革,新技术取代老技术,原有技术的产品被市场所淘汰。比如,数码相机取代传统胶片相机,胶片相机的市场迅速萎缩。因为基于技术变革的市场萎缩将产生全球影响,各国的相关产业供给和需求都会发生调整,所以这种萎缩很难通过贸易和投资将国内行将萎缩的产业转移到海外。就像传统胶片相机失去市场以后,全球其他国家也纷纷开始使用数码相机,而只能将原有产品转移到落后地区。二是消费升级引起需求转变,导致相关产品市场萎缩。比如,摩托车曾在 20 世纪 90 年代风靡中国大江南北,但是进入 21 世纪后,国民收入水平上升,摩托车需求越来越少,小轿车需求越来越多,摩托车市场也就开始萎缩。摩托车的需求骤降导致国内摩托车生产商不得不面临产业转移或转型压力。但是,这种类型的国内市场萎缩,可以通过贸易或者投资,将产能转移到收入水平较低的发展中国家,推动国际直接投资和出口的双增长。三是国内外政策影响。企业的产销量既受供求约束,还与政策密切相关,政策是引导产业发展的指挥棒,对某个产业的政策调整可能直接或间接导致该产业的供求变化。比如,国家支持新能源汽车产业,给予企业一定的生产补贴,同时减免相关购置税费,新能源汽车的供求因此同步增长。在这样的供求背景下,中国对新能源汽车相关核心零部件的进口上升,新能源汽车产业逐步发展起来,出口量也开始增长。又比如 2018 年爆发中美贸易摩擦以后,中、美两国相互提高进口关税税率的相关行业的贸易都会或多或少受到影响,全球第一和第二大经济体的贸易摩擦,也会对世界经济产生巨大冲击。全球产业链和国际贸易均会受到中美贸易摩擦的影响,产业链收缩、国际贸易活动减少,间接导致国内市场萎缩。一方面中国出口量直接减少,另一方面为了规避高关税而不得不通过投资转移生产。

因此,基于国内市场萎缩所产生的被动出口,既可能是长期的也可能是暂时的。如果是基于技术变革或国内消费升级的驱动,这种出口转移成为长期现象的概率就比较高;如果是受国内外政策的影响,出口的减少可能受政策改变而重新恢复。

### (三) 基于配套产业流失的产业转移形成的出口

世界市场建立以来,国际贸易和国际投资均深入发展,国际分工日臻细密,特别是 20 世纪 70 年代起,跨国公司的大发展将国际分工带到了更高水平。分工导致各类材料更加精细化,高水平的公司水平越来越高,始终站在行业竞争力的顶端。任何一项较为复杂的工业品,都需要各类高质量的材料和中间品,很难仅在一个国家内完成。比如,大到飞机、汽车、火车,小到电脑、手机、摄像机等,基本都需要多个国家、多个企业的国际合作,才能高效完成生产。因此,一国产品的出口可能包括了若干个国家的中间品,一个产品完成所有生产工序需要多个国家的多个配套产业的通力合作。在大分工合作背景下,传统的基于海关进出口量的国际贸易统计方法会出现重复计算,而近年来流行的增加值统计方法就是为了解决这一难题而出现的。中国具有全球最完备的工业体系,各类工业配套齐全,如果相关配套产业的转移,也会对中国的出口产生不利影响,需要深入分析、冷静应对。

具有比较劣势的配套产业本身的国际竞争力比较弱,其转移有多种原因,有可能是国内成本上升,有可能是政策变化,也有可能是主要配套企业的自身经营问题等。配套产业从国内转移到国外,国内的上下游企业面临着国内供应链断裂的风险,为了满足企业的生产要求,企业无外乎 3 种应对可能,并对进出口产生相应影响:一是配套产业转移后,国内企业通过进口满足生产需要。这种形式的应对明显增加了进口,导致净出口减少。二是配套产业转移后,国内的上下游企业寻求国内的新供应商或者自建企业配套供应。不论是新供应商或自建供应链,企业国内产业链并没有被打破,从国家层面看,进出口规模也没有受到较大影响。三是配套产业转移后,国内上下游企业通过对外直接投资在海外建立新的供应链。以跨国并购获取国外可配套企业的控制权,以绿地投资利用东道国资源、要素新建企业完善产业链或供应链。以海外投资弥补国内供应链流失,一方面扩大对外投资;另一方面也可以增加相关技术、服务和中间品的出口,但是配套产品仍要进口到国内满足生产需要,所以总的净出口很可能为负值。关键看国内企业是否将最终品是否再出口,如果加大了对海外市场的出口,则可能导致净出口为正值且不断增长。

配套产业的转移总体对国内经济发展不利,直接导致国内产出的流失,如果是敏感工业部门,甚至可能危及国家经济安全。但是,凡事都有两面,如果能够通过对外直接投资利用国外廉价的资源要素组织生产,满足国内配套,那么反而可能提高资源配置效率,降低国内产品成本,提高其国际竞争力,扩大出口规模,提升出口效益,促进国内高质量发展。防止国内产业空心化的关键是加快培育国内的新优势,推动产业升级。因此,无论是优势产业还是劣势产业,都要充分发挥对外直接投资的积极作用,主动获取、整合资源要素,提高生产率,引领出口实现新发展。

## 三、加工贸易模式:投资驱动的"两头在外"

中国经济奇迹的重要驱动力之一是外资主导的出口加工贸易。外资型加工贸易激活了中国大量闲置的农村劳动力投入生产,实现了要素投入式的增长。随着中国外贸的快速增长,中国从"双缺口"转向了"双盈余",中国经济也实现了 40 年年均近两位数的高增长,创造了世界经济历史上的增长奇迹。确实,中国经济发展的成功是伟大的,其经验对其他发展中国家有很好的启示意义。非常重要的一点是,借助于外资动员国内要素,对增加要素投入起到了启动经济的作用。经济一旦被启动,就会沿着成功的路径前进,中国经济高速发展到一定阶段之后,中国经济的规模和质量都大幅提高。2020年中国GDP总量首次超过100万亿元,人均GDP突破1万美元,迈入中高收入国家行列。中国的对外开放也从"引进来"延伸到更高水平的"走出去",从单向开放升级到了双向互动,这都有利于充分利用中国资本、经验等帮助其他发展中国家实现发展。最典型的就是中国企业通过对外直接投资在发展中国家布局出口加工贸易,激发当地发展活力。

对外直接投资驱动东道国发展出口加工贸易的模式,是充分利用中国的资本优势和市场优势,同时规避中国的劳动力、土地等要素成本升高的劣势。该种出口驱动模式必须具备以下3个特点:

(一)母公司要有健全的国内营销渠道或者全球营销网络

向外获取廉价要素进行出口加工贸易的行业通常技术壁垒比较低,进入的门槛也相对较低,所以其关键反而在于是否有国内或国际营销网络。通常国内成立时间比较长的有外贸业务的大企业或跨国公司具有这种优势,大多数是在中国发展已经比较成熟的纺织服装企业、鞋帽企业、家电企业等。比如,红豆集团是成立于1957年的纺织服装企业,以针织内衣起家,先集中在国内市场发展直至成为全国驰名品牌。然而,在国内诸多要素价格上升,成本压力加大的背景下,红豆集团积极向劳动力成本低的东南亚国家布局,并在柬埔寨王国主导成立西哈努克港经济特区,在港区内设立加工企业,利用柬埔寨的廉价劳动力组织生产,中国的原材料在柬埔寨加工后再将成品出口到中国和其他国家。红豆集团的对外投资是典型的投资驱动东道国出口加工的模式,柬埔寨是"两头在外"的加工贸易,中国出口原材料并进口成品实现了贸易发展上的双赢,双方资源都实现了优化配置。

这一模式非常类似中国20世纪90年代后期开始的快速增长的加工贸

易。西方发达国家有市场、有技术、有资本到中国建厂利用中国的廉价土地和劳动力等要素组织生产,最后产品复出口到发达国家市场。红豆集团以对外投资到柬埔寨建厂组织生产的过程中,还主导设立了自由港区,实际是将中国的开发区模式复制到柬埔寨,充分利用"一带一路"建设机遇和柬埔寨的政策优惠。但是,出口加工模式在柬埔寨能取得成功的关键在于红豆集团在国内纺织服装行业深耕多年,有一定的品牌影响力,再加上自营店、加盟店、网店等销售渠道成熟,客户群体稳定,销售网络广阔。当然,中国还有一大批小型的服装加工厂,它们没能拓展到海外的一个重要原因也是市场占有率太低,市场规模太小,"走出去"的成本较大,风险较高,小企业承受不了。"两头在外"的加工贸易大多是薄利多销的模式,需要利用规模效应,降低成本。所以,拥有市场渠道就成为至关重要的因素。未来随着中国人均收入水平的上升,大市场优势将更加凸显,利用外部生产要素不断推动生产成本下降,生产物美价廉的产品满足国内需求也应当成为发展对外直接投资发展的主要目的之一。

### (二)出口加工类投资和贸易对要素价格比较敏感,成本上升倒逼企业生产转移

对于任何企业来说,不断降低生产成本都是企业追求的重要目标之一。降低生产成本是企业提高竞争力的重要路径,不论生产线在国内跨地区转移还是向国外转移,其主要目标都是利用廉价要素来降低生产成本。尤其是市场竞争激烈的出口加工类产业,通常是依靠规模效应,薄利多销,对生产要素的价格变动相对敏感,要素价格的持续上涨可能倒逼企业搬迁生产基地。比如,在20世纪60年代—80年代盛行的东亚"雁型模式"实质就是成本变化所引致的国际产业转移,其重要驱动力就是从要素成本高的国家或地区转移到要素价格低的国家或地区。再比如,近年来我国的制造业企业从东部沿海向中西部迁移的重要因素也是成本问题,劳动力、土地等成本中西部地区明显低于东部地区。通过将生产基地的转移降低生产成本,比如富士康的生产基地就从深圳搬迁到了郑州。

在中国劳动力、土地等要素价格上升的过程中,不少对要素价格敏感的

加工贸易类企业通过对外直接投资,将生产基地从国内转移到东南亚等国家或地区。以对外投资驱动生产基地的转移并带动贸易的变化,也就是企业全球布局产业链和配置全球要素。企业生产的全球布局是在综合分析全球资源、要素后作出的决策,政府政策很难阻止企业的对外投资,也不应该人为设置障碍限制企业"走出去",而是应当制定各类稳定要素价格、完善市场机制的政策措施,给企业形成稳定预期,以优良的营商环境,降低企业的制度性交易成本和组织成本,尽最大努力留住企业。因为有生产就会有就业,就能带动经济发展,避免产业空心化。我们一方面要警惕出现类似日本"失去的20年"的情形,防止制造业的过度流失;另一方面也要学习日本在制造业转移过程中,积极提升科技创新能力的经验,不断提升发展质量。日本虽然经历了痛苦的产业国际转移,但日本经济并没有崩溃,仍牢牢把握核心技术,占据价值链的高端。相反,中国台湾和香港地区则在制造业转出之后,产业发展出现了空心化,关键是没有形成有持续创新驱动力的高科技产业。因此,在要素价格波动过程中,要客观理性看待产业的国际转移,坚持集中精力优化营商环境,下大力气提高科技创新能力,以技术进步和产业升级,弥补产业流出的负面影响。

### (三)对外投资驱动的加工贸易模式对净出口的影响具有不确定性

对外投资驱动的加工贸易模式带动的是国内原材料和中间品的出口,同时还将形成部分成品的进口,到底净出口是正值还是负值,主要考虑3种情况:第一种是中国不需要从东道国进口,东道国的产品销往其他国家。此时,投资驱动的加工贸易导致净出口增加。第二种是东道国加工的产品最终全部出口到中国,此时虽然有中国的原材料和中间品出口到东道国,但是中国的净出口显然是负值。第三种是东道国的产品既销往中国,也销往其他国家,此时的净出口效应要比较中国出口到东道国的相关中间品或原材料与进口产品的价值孰多孰少,如果前者总金额大于后者,则净出口为正;反之为负。现实中多数情况属于第三种,如果该产品在海外市场拓展比较广,中国需求占较小的比例,则此时净出口的效应为正的概率更大。一般家电、纺织、摩托车等产业,中国具有较强的配套能力,以投资驱动的加工贸易更容易获得净出口正效应。

　　净出口只是在贸易量和金额上反映贸易规模的得失，贸易收益则要结合国内外环境条件综合来分析，因为贸易对相关行业还有一定的带动效应。从中国经验看，中国出口加工贸易获利更大的是西方发达国家，其掌握资本和核心零部件，其获得商品增加值中的较大部分，同时消费了廉价的商品，中国赚取的主要是廉价劳动力所得的加工费。中国以对外直接投资驱动东道国出口加工贸易的模式实际是中国与其他发展中国家利用上述机制进行资源优化配置，收益分配虽有差异，但整体上是双赢。东道国的贸易收益可能相对较低，但是通过出口加工贸易，可以带动东道国的就业，调动资源要素投入生产，通过产业链的关联效应不断对国内经济形成正向溢出效应，推动本国经济走向更强的增长态势。所以，贸易作为经济增长的重要驱动力，不仅表现在市场的扩大，还深刻体现在分工的深化、劳动生产率的提高等多个方面。不管是以外资驱动贸易还是自主开拓国际市场，以贸易带动经济增长的发展模式，对于发展中国家来说都是重要的可选路径。

　　在经济全球化背景下，对外直接投资的贸易创造效应得到了最大限度的提升。尤其是自 20 世纪 70 年代起，跨国公司大发展，进一步推动了国际投资和国际贸易的双轮驱动，形成了产业链、价值链的全球布局。进入 21 世纪后，连续发生国际金融危机、欧洲债务危机、欧洲难民危机等，加上美国政府开始推行贸易保护主义和单边主义，国际环境发生了深刻变革。但是，中国企业在利用对外直接投资驱动贸易增长的机理没有改变，即使在严峻的外部环境下，仍要坚持推进高质量对外直接投资，在危中寻机。

## 第三节　对外直接投资的出口流失效应

　　对外直接投资对经济的影响具有两面性。一方面，对外直接投资对出口具有创造效应,推动出口增长;另一方面,其对出口还有负面的流失效应,导致出口减少。发展对外直接投资是中国对外开放的重要举措和抓手,对外直接投资具有多种战略意义和积极作用,但是也要注意和防范其不利影响和负面效应。研究对外直接投资对出口流失效应的机制,从理论上梳理可能存在的路径,对决策咨询也具有一定启示意义。

## 一、投资驱动的原有出口优势产业转移

任何国家发展国际贸易都要具备一定优势。李嘉图的比较优势理论虽然说明了任何国家都可能通过比较优势生产不同的产品进入国际市场,但是在现实情况中,很多国家没有相互比较的机会,更没有可能出口其产品。因此,出口优势的发挥不是自然而然就能出现的,需要国外环境的配合以及本国政府和企业的积极作为。对外直接投资是驱动企业配置全球资源的重要途径,其对母国的出口可能产生正向效应,也可能产生负向效应。特别是在母国原来就有优势的行业,由于企业的对外直接投资而导致相关产业链向国外转移,可能形成出口的净流失效应。

投资驱动原有优势产业国际转移形成出口流失效应的驱动力内在受 3 个方面的影响。

### (一)被转移产业国内相关要素成本上升所形成的产业转移

出口的优势产业变为劣势产业的重要原因是国内要素结构变化引起要素价格上涨而导致生产成本上升,企业的竞争优势逐渐缺失,不得不将产业转移到生产成本更低的国家。如果中国的生产成本远远高于东道国,企业将生产基地完全转移到东道国,并从东道国进口相关产品,这种出口流失效应最大。如果中国的生产成本略微高于东道国,企业转移生产基地只是为了前期市场探索,此时的产业转移只会转出一部分原来的出口,大部分出口还留在中国,真正出口流失效应相对较少。所以,如果国内的生产成本和国外的差别不大,企业转移出去的出口量也比较有限,出口流失效应也并不明显。目前,中国经济已经从高速增长阶段转向高质量发展阶段,经过 40 多

年的高速增长,中国的要素质量已经大幅提高,要素价格上升符合经济发展规律。因此,对基于要素价格上涨所引致的优势产业出口要辩证地看,不能"一刀切"看待制造业企业的对外直接投资,比较优势的动态变化是国际贸易和产业国际转移的内在决定因素。

比如,纺织、服装、鞋帽等是中国的传统出口优势产业,一直凭借中国的土地、劳动力价格低等发挥比较优势。但是,随着中国这些要素成本的上升,有些跨国公司像耐克、阿迪达斯等已经将部分生产从中国转移到越南、柬埔寨、菲律宾等土地和劳动力价格较低的国家,而高附加值、生产难度更大的产品仍然留在中国生产。这里出口流失效应是基于成本优势的客观变化而形成的,难以通过短期的政策协调阻止出口流失,而应该积极培育新的技术优势,形成新的出口优势,提高出口竞争力。因此,基于要素成本变化的出口转移要特别注意要素价格上涨的驱动因素,是禀赋结构变化导致的长期趋势性涨价,还是短期政策性因素引起的涨价,区别分析、研究,提出对策。

## (二)国内市场萎缩所形成的产业转移

具有出口优势的产业通常也是国内竞争力强的产业,在国内具有一定的市场,如果国内市场萎缩,需求减少,该产业及其相关的产业链也可能转移到国外,进而导致出口减少。比如,自行车、摩托车、家用电器等行业的不少企业将生产基地转向市场需求量大的东南亚、非洲、拉丁美洲等国家。改革开放以后,特别是2001年加入世界贸易组织以后,中国对外开放的大门越开越大,出口增长越来越快,国家经济实力越来越强,到2010年超过日本成为全球第二大经济体。中国经济在高速增长的过程中,国内需求也急速增长,拥有14亿人口的中国成为全球大宗商品主要需求国、最大的汽车消费国等,大市场已经成为中国参与全球经济的重要优势之一。但是,随着中国人民生活品质的提高,其需求也将发生深刻变化,将越来越注重质量、品牌,低附加值的产品可能逐渐被市场淘汰。原来在国内有优势和拥有较大国内市场需求的产品,国内生产的规模降低,企业可能转移到国外更加靠近市场的国家或地区,进而导致我国净出口减少和国内就业流失。

中国经济从高速增长阶段转向高质量发展阶段后,国内需求必然会转型和升级。未来随着中国新需求的持续爆发,产业结构也将随着需求结构的变化而变化,国内的出口优势产业也可能随着市场变化而进行产业的国际转移。需求升级是一国经济发展的客观规律,基于市场需求转移的出口流失,属于被动的出口转移。中国的市场规模大,对企业的决策影响也大,由于市场需求萎缩,具有出口优势的企业通过对外直接投资将生产基地转移到海外更多也是不得已为之。在后全球化背景下,制造业的地理分布也正在发生着变化,未来企业将不得不把生产场所设在最终市场,所有权的重要性也会因此而日益突出。[1] 出口净流失无疑对国内经济特别是就业会产生负面影响,国内需要培育、发展新产业以补充失业缺口。出口能否恢复,或者恢复多少,主要看国内对出口新优势的培育能力。要素培育、市场培育是从更长远角度为出口的可持续增长创造新动力。虽然企业是全球化的主体,当在外部环境发生深刻变化的时候,政府要出台积极的支持政策,为企业和产业转型发展争取时间和空间。

(三)国际市场环境的变化

出口本身就是对接国外市场,以国内生产满足国外需求,如果国际市场发生重大变化,必然对国内的出口产生冲击。国际市场环境的变化,总的来看有两种影响因素:

1. 可能受技术创新的影响。技术变革使得全球的相关产业进行调整,比如,互联网快速发展导致通信设备需求大爆炸,中国作为人口大国和网络大国,相关产业高速发展,并带动全球产业链的延伸和转移,大量企业转移到中国。

2. 历次金融危机、经济危机都对国际市场产生重要影响。比如,2008年的金融危机导致全球有效需求大幅降低,中国的出口市场急剧恶化,2009年中国的出口下降了16%。如果冲击形成持久影响,就可能导致

---

[1] [英]芬巴尔·利夫西:《后全球化时代——世界制造与全球化的未来》,王吉美、房博博译,中信出版社2018年版,第31—32页。

出口转移。到 2020 年,世界经济还没有走出 2008 年全球金融危机的影响,外部市场需求逐渐萎缩,同时,在新冠肺炎疫情肆虐的背景下,各国把保持国内就业放在了第一位,出台政策鼓励更多的本国跨国公司从国外流向国内。

国际市场环境的变化,更多是客观因素造成的,但要积极应对,否则可能对实体经济产生较大的负面效应。近年来,我国出口面临的国际市场环境发生了深刻变化,既有技术层面的影响,也有外部经济金融动荡的影响。国际市场环境的变化可能导致部分企业通过对外直接投资将生产转移到国外,我们需要高度警惕这种状况的持续发生,因为基于市场环境变化的出口优势产业转移,并不是中国比较优势的丧失所驱动的转移。具有出口优势但没有得到充分发挥,将导致国际竞争力的下降甚至丧失,不利于国内经济的持续健康发展。因此,在国际市场环境深刻变化背景下,对出口竞争力是国际竞争的组成部分,各国的体制优势、制度优势也是通过不同的产业政策、外贸政策、宏观调控等综合表现出来。当前,在国际市场环境变化的背景下,中国不断推动扩大开放,以开放姿态融入全球经济,利用制度创新,激发各类企业的创新活力,有利于巩固原有出口优势和形成新优势。

## 二、高端产业链收缩引致的贸易转移

当前全球产业链的布局特征是发达国家处在掌握着研发、设计、核心零部件等的高端,发展中和新兴市场国家处在加工制造、原材料供应等的中低端。在经济全球化正常发展的模式下,处于产业中低端的企业通过学习先进技术,可以不断推动自身向高端产业迈进,而处在高端的企业则加大研发进一步扩大自身优势,形成新的技术优势。这原本是一套运转良好的多赢的跨国公司全球经营机制,有利于技术的全球传播,有利于推动企业创新,有利于全球整体福利的改善等。但是,自 2017 年特朗普上任美国总统以来,逆全球化在世界范围内愈演愈烈,贸易保护主义和单边主义大行其道。美国、日本等发达国家直接呼吁美国企业回归美国本土,并给予优惠政策,高端产业出现了回流态势,对中国等发展中和新兴市场国家的出口和产业发展都产生了负面效应。从内在机制看,发达国家高端产业收缩对中国出口的影响,主要通过3个层次表现出来。

## (一) 在局部逆全球化背景下,高端产业链向发达国家收缩是长期趋势

逆全球化兴起的源头是世界经济在2008年国际金融危机后长期低迷,国家与国家之间,穷人与富人之间的收入分配不平等加剧,经济问题传导到政治层面。各国为了提振国内经济增长和降低国内失业率,纷纷采取保护主义,以合作为主基调的国际环境悄然发生了变化,产业竞争、科技竞争、人才竞争开始增多。在全球范围内逆全球化思潮已经形成的背景下,高端产业向发达国家回流可能成为长期趋势。其主要受到发达国家内部和国际环境外部变化的双重影响。从发达国家内部来看,高端产业回流对其维持竞争优势和稳定就业都有利。一方面发达国家担忧高新技术被发展中国家所掌握,发达国家的优势地位减弱,鼓励海外企业特别是研发中心等回流母国,并给予相关的税收、土地等方面的优惠。另一方面发达国家在政策刺激下国内就业持续未见显著改善,希望通过制造业回归,带动国内就业增长。而高端产业具有引领作用,也是发达国家最有优势的产业,高端产业回流能够起到较好的就业提振作用。

从国际环境外部变化来看,一方面,2008年国际金融危机对全球经济体系的稳定产生了较大冲击,增加了金融风险,虚拟经济风险传导至实体经济,导致国际贸易和投资的大幅下滑。各国为了应对这种外部经济金融风险的不确定性,主张将易受冲击的高端产业转移到母国。另一方面,美国采取的逆全球化政策对全球其他发达国家形成了示范效应,特别是中美贸易摩擦的加剧,可能引发其他国家也尝试将高端产业回流国内,以确保其供应链安全和技术领先优势。再加上2020年初的新型冠状病毒在全球大流行,全球经济复苏雪上加霜,不少国家呼吁本国跨国公司回流母国。因此,长期来看,逆全球化态势可能会持续较长一段时间,而在此背景下,高端产业向发达国家收缩也可能成为长期趋势。我们要客观认识这一变化,作好长期

应对的准备。

## （二）高端产业链收缩对不利于中国持续培育高级生产要素

在原有全球化模式下，虽然中国处在全球价值链的中低端，国际分工地位较低，但是通过融入全球产业链，中国的相关产业可以通过外部资金和技术的溢出效应获得技术提升和知识进步。全球化下产业链、价值链在全球延伸、拓展，生产要素的国际流动加剧，在这个过程中，中国制造业快速发展，形成了全球最完整的工业体系。据统计，中国多数产业生产规模都超过全球30%，其中电子电器等产业的中国制造比重甚至超过40%，加上为中国提供各种配套并形成稳定分工关系的国家的生产能力，总体规模达到全球70%以上，是多数制造业领域绝对的生产主体。[1]

但是，在逆全球化愈演愈烈的背景下，高端产业向发达国家回流成为长期趋势，中国作为全球制造业第一大国，高端产业的撤离，有可能对中国的技术进步和产业升级产生不利影响。中国的整体科技水平仍和发达国家有差距，向发达国家的高新技术企业学习，仍是发挥后发优势的重要途径。高端产业的回流导致国内配套企业与外资高新技术企业，形成更大的物理隔离，不利于国外企业的技术溢出和国内企业的吸收转化。从国际竞争力上看，拥有了核心、高端生产要素才能真正在国际经济竞争中掌握主动，持续占据竞争力顶部。中国的要素结构中，高级要素的占比和美国、日本、德国等发达国家还有一定差距，因此，从战略上看，中国应该持续积极推动要素培育的发展阶段。低级要素充裕而高级要素稀缺是中国参与全球化收益相对较低的根本原因，因而高级要素培育是贸易强国战略的基础与核心。[2] 要素培育有多种途径，主要可以分为两类：一类是向国外引进、学习、吸收高级要素，另一类是自主研发、自主创新提升要素能级。在高端产业向发达国家收缩背景下，一方面加大了我国要素培育的难度，可吸收利用的优势减少；另一方面增加了我国自主创新的压力，导致我们必须加

---

[1] 杨建龙、李军：《积极顺应全球产业转移趋势努力掌握全球价值链重构主导权》，《国务院发展研究中心调查研究报告》，2020年3月24日第51号。
[2] 张幼文等：《要素收益与贸易强国道路》，人民出版社2016年版，第279—280页。

大科技创新的动力。

## (三) 要素升级进步放缓引致出口持续低端锁定,并引发出口转移风险

一国出口持续增长的动力必然是来自要素质量的上升和要素竞争力的进步,否则随着要素优势的减弱可能导致出口转移到其他国家。因此,产业转移与国际出口格局同步变动。"二战"以后,全球大致出现过3次出口基地的转移:第一次是从欧美等国家向日本的转移,主要是机械制造业;第二次是从日本向亚洲四小龙的转移,主要是以家电为主的消费类制造业;第三次是全世界制造业向中国集聚,中国成为世界工厂。从全球产业结构的特点和变化趋势看,国际制造中心转移是经济发展的客观规律,19世纪英国在工业制成品和贸易方面的垄断地位,20世纪上半叶美国在全球贸易发展中所确立的主导地位,以及"二战"后日本经济崛起及其在贸易投资方面的冲击力。[1] 全球制造中心经历的3次重要转移,都是与当时制造业中心的要素结构和要素竞争力变化有重要关系。未来,中国继续维持出口大国地位,必须能留住有竞争力的制造业,核心是提高要素质量,实现生产要素的升级,进而推动制造成本降低。

制造业发展具有一定的路径依赖,而产业转移也是一个渐进过程。一是旧比较优势的丧失和新比较优势的培育是一个缓慢的过程,需要时间累积,从量变到质变。二是从旧生产基地的拆建到新场地建成也需要一定的时间周期。因此,原有比较优势逐渐衰减的国家,有时间主动培育新优势,延缓产业转移并培育新的优势产业关键要抓住窗口期、机遇期。目前中国处于全球供应链的网络中心,还有时间和空间应对国内的国际产业转移。据统计,全球有200个经济体从中国进口商品,其中间品在全部进口中的占比平均达到21.7%(中位数)。[2] 中国在全球产业链、供应链和价值链上的地位极其重要,短期的外部环境波动和政策变动不会导致企业迅速

---

[1] 霍建国:《中国"世界工厂"的地位难以撼动》,2020年4月14日《环球时报》。
[2] 王海平:《中国制造全球供应链抗"疫"压力测试:世界工厂定位未动摇》,2020年3月9日《21世纪经济报道》。

从中国撤离,但是要警惕其长期趋势。防止高端产业向发达国家收缩后,国内要素培育进展缓慢所带来的制造业低端锁定。日本、亚洲四小龙都曾出现过制造业转移后的产业空心化,中国因为有强大的工业体系作为配套,完全撤离中国,形成产业空心化的可能性不大,但中国要警惕长期陷入中低端的陷阱。越南、印度尼西亚、马来西亚等国家加入与中国的贸易竞争后,中国占全球的出口份额可能因此而减少,形成出口流失。因此,高端产业向发达国家收缩对中国出口产生的流出效应是间接的。如果积极有效应对,加快培育优势要素,发展优势产业,就能够减缓其负面影响,甚至化危为机。

## 三、规避贸易壁垒导致出口减少

根据蒙代尔的贸易和投资替代模型,当一国设置贸易壁垒的时候,其贸易伙伴可以通过国际直接投资,在东道国建厂,当地生产当地销售,从而绕开贸易壁垒。但是,当以遏制对方发展为目的的贸易壁垒,通常也会配之以投资限制政策、技术转让限制政策、关键零部件的进口限制政策等,贸易投资替代模式失效。此时,贸易壁垒对出口所产生的必然是贸易转移效应,出口国原来的出口被具有相同产业和供应链的国家所替代。与自由贸易模式下的商品流动相比,设置贸易壁垒后所转移到他国生产的商品,其生产效率与原商品相比必然是下降的,贸易壁垒无疑导致全球整体生产效率的净损失,是资源配置的次优选择。

当前,逆全球化大行其道的结果是关税税率提高、非关税性贸易壁垒增加、投资准入障碍增多等,对世界贸易和投资的增长都带来了极其不利的影响。2017年特朗普上台后,借口美国在与中国贸易中吃了亏,对中方展开"301"调查,并开征报复性关税,中美贸易关系空前紧张。2019年12月13日,中美虽然达成了第一阶段经贸协议,但是已加征的关税并没有降低或减免。高关税税率无疑会降低中国产品在美国的竞争力,将市场被迫挤让给越南、印度等对中国产品有替代能力的国家。中美贸易摩擦的加剧,一定程度上导致中美贸易下滑,根据海关总署的统计,2019年中国对美进出口总额 3.73 万亿元,同比下降 10.7%,其中中国对美国出口 4 186.74 亿美元,同比下降 12.49%,中国对美国的进口 1 227.14 亿美元,同比下降 20.88%。① 与此同时,美国从东南亚国家的进口增长,比如 2019 年美国从印度尼西亚进口 666.30 亿美元,同比增长 35.54%。② 虽然 2020 年新冠肺炎疫情肆虐,但中国作为防疫物资的重要生产国、供应国,中国对美出口不降反增,然而在高关税打压下,疫情过后,中美双边贸易仍面临重大挑战。

美国是中国重要的出口市场,美国政府对来自中国的大部分产品加征高关税势必导致部分商品出口转向其他国家。这种性质的出口转移或出口流失是政策致使的出口转移,恢复出口还要靠政策发力,取消相互加征的关税。但是,调整的过程可能是艰难的。因为从中美关系发展历史和趋势看,美国已经将中国定位为"战略竞争对手",拜登上任后并未降低或取消对华的高关税,而是采取联合盟友的战略,继续遏制中国,因此美国的对华政策短期内不容易改变。从改革开放到加入世贸组织,再延续到 2008 年全球金融危机之前,中美经贸关系越来越紧密,中国承接全球的生产能力,美国提供技术、品牌和市场,中国的顺差以购买美国国债的形式回流美国。但是,国际金融危机后,中国对外直接投资快速增长,购买美国国债的规模不断降低,这个脆弱的平衡被打破,美国认为其核心利益美元霸权地位可能受到威胁。与此同时,中国经济实力与日俱增,中国 GDP 与美国 GDP 的比例超过了 2/3,美国有了危机感,中美从密切接触期转向战略竞争期,设置贸易壁垒已经成为美国遏制中国崛起的重要手段,除此之外还包括限制中国企业向美国高新技术领域的投资和核心关键零部件的进口等。

目前,美国高关税贸易壁垒对我国对美出口影响明显。中国有些企业为了避开美国的高关税,将部分生产环节转移到周边国家,导致出口的部分流失。事实上即便美国不对中国提高关税税率,继续维持当前的全球化格局,中国的角色也会变化,中国出口也面临着转移,但贸易摩擦加速了这一

---

① 数据来源:中国海关总署数据库。
② 数据来源:Wind 数据库。

过程。丧失比较优势的产业和生产能力逐渐转移到周边国家、非洲等地区，一部分贸易的顺差也会一起转移出去。中国也会自发进行这类的调整和改变，而其他新的国家和地区也会"填补"中国的位置。[①] 但美国设置的贸易壁垒无疑加剧了中国出口产业转移的速度，前期的影响可能主要限于对美国的出口。但是，未来如果美国的高关税和相关壁垒没有随着新协议的落地而撤回，最悲观的情况可能是其他国家也要求中国做出某种让步，最终必然导致中国与其他国家的贸易损失。

因此，贸易壁垒对出口产生的转移效应分为短期影响和长期影响。短期来看，贸易壁垒可能导致本国出口品暂时由其他国家生产，形成贸易转移，但是随着贸易壁垒的撤销，出口增长将再次恢复。长期来看，两个国家之间的贸易协议可能被默认为长期惯例，其他国家纷纷要求同等待遇，贸易壁垒从双边转换为多边，本国出口被其他国家抢占的行业更多、替代量更大。任何一个卷入贸易摩擦的国家都要尽量避免陷入长期的贸易壁垒，而应积极主动地化解贸易纷争。中国正处于从贸易大国转向贸易强国的关键阶段，要有定力，看清大势，把握机遇，迎难而上。

## 第四节 对外直接投资提升出口效益的机制

对外直接投资除了对出口有"量"的影响外，还有"质"的影响。对外直接投资是企业主动向海外配置资源，优化资源配置效率，推动国内产业升级和经济高质量发展的重要渠道。中国从对外直接投资大国向对外直接投资强国迈进是高水平对外开放的必然要求，要充分发挥对外直接投资提升我国出口效益的积极作用。总体来看，对外直接投资对出口效益的提升主要通过3个方面：一是高端要素的逆向溢出；二是规模扩张的成本降低；三是文化整合的效率提升。

---

① 宋泓：《中美经贸关系的发展和展望》，《国际经济评论》2019年第6期。

## 一、高端要素的逆向溢出效应

国际直接投资超越国际贸易是当今世界经济的重要特征,资本对生产要素直接配置的主导性,超越了商品间接配置生产要素的功能。在经济全球化大发展背景下,跨国公司崛起的重要意义在于通过国际直接投资布局全球贸易网络,配置全球产业链、供应链,提高全球要素配置效率。对于发达国家来说,对外直接投资可以使得本国生产要素获得最高收益,而且还能支配其他国家的要素获得整合收益,是要素收益分配获得份额更多的一方。对发展中国家来说,对外直接投资的目的主要是获取国内产业和经济发展的稀缺要素,促进母国经济转型升级。其第一目标有时可能不是获得最大利润,而是为了满足长期的战略需求。

从 2002 年正式提出"走出去"战略以来,中国的对外直接投资发展迅猛,特别是 2008 年国际金融危机以后,对外直接投资发展到了新阶段,2015 年首次出现资本净流出。中国进一步扩大开放,推动对外直接投资大发展的内在原因即对外直接投资具有独特的逆向溢出效应和战略资源配置功能。中国企业利用对外直接投资布局全球,获得高端生产要素的能力和水平在不断提高。而高端要素的流入,并通过逆向溢出效应,促进了出口产品质量改善,提高了出口收益。从其传导机制上看,主要包括以下 4 个路径(如图 5-1 所示)。

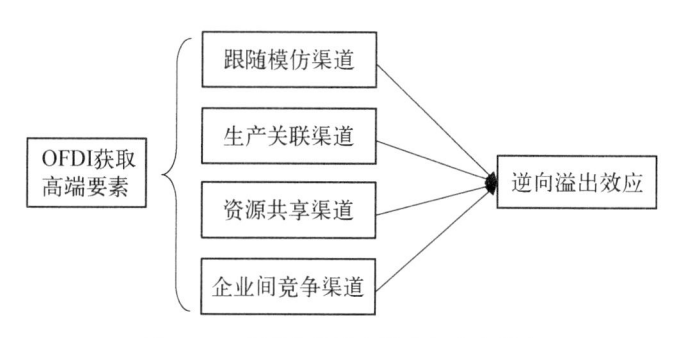

**图 5-1 获取高端要素的逆向溢出效应**

## （一）跟随模仿渠道

从总体科技水平上看，中国大多数企业的技术水平还处于全球科技链的中低端，不少产业仍然在追赶阶段，中国企业还需要继续向发达国家学习高新技术。跟随模仿渠道即通过对外直接投资获得国外技术水平较高企业的参股控股权，或者通过绿地投资利用当地技术、装备、人才等，使得母公司在参与并购或新建企业的生产、管理等过程中，跟随学习、模仿吸收其技术、管理等，进而促进母公司要素质量的提高。跟随模仿是发展中国家企业向发达国家企业学习其技术的重要手段，这一机制成功的前提在于，母国公司与东道国公司存在要素质量上的"势力差"。

要素的"势力差"在不同国家之间普遍存在，尤其是发达国家和发展中国家之间要素禀赋差异巨大，"势力差"也更大。跟随模仿是发展中国家企业向发达国家先进跨国公司学习的重要途径，对外直接投资为企业跟随模仿创造了条件。一是母公司向海外子公司派遣人员，学习相关技术、管理等，再返回母公司服务，产生逆向溢出。二是母公司在产品设计、研发等方面，直接借鉴被并购公司的经验、案例或淘汰的产品，提高母公司要素质量。三是将子公司的相关部门或者负责人派遣到母公司，领导、指导母公司相关部门，也会对母公司产生溢出效应。因此，跟随模仿渠道是母公司从低技术产品或低附加值环节向高技术产品或高附加值环节学习、吸收的过程。

在经济全球化新背景下，局部逆全球化加剧，加上2020年初开始席卷全球的新冠肺炎疫情对国际经济的深刻冲击，各国将更加注重产业安全，保护主义的势头可能进一步增强。中国企业继续对国外领先企业进行并购或获得国外高级生产要素的难度增大，通过跟随模仿产生逆向溢出，促进国内要素升级的渠道可能没有以往那么顺畅。但是，仍然要重视跟随模仿在利用对外直接投资培育国内高级要素中的作用，为企业"走出去"并购国外企业提供便利，创造更多有利于企业"走出去"的条件。

## （二）生产关联渠道

中国对外直接投资的产业结构是随着中国经济发展阶段而变化的，产业结构从第一产业为主到第二产业为主再到第三产业为主是主要转变规律。中国是全球制造业第一个大国,继续发挥发展制造业的比较优势,是中国经济高质量发展的产业属性。生产关联渠道产生的逆向溢出,主要存在制造业对产品的生产过程中。在对外直接投资,特别是投资制造业过程中,通过生产加工的关联渠道是对国内企业产生逆向溢出效应的重要途径。对外直接投资逆向溢出效应的生产关联机制有两种渠道:一是公司内的关联,母公司和子公司协同生产、共同生产,共用生产线、零部件、生产工人等,在"干中学"中产生溢出效应。二是公司间的关联,处于同一产业链的上下游企业,由于中间品质量的提升、工艺改进等,倒逼上下游跟进创新。

整合生产线、整合管理团队等是企业对外扩张过程中不可避免的动作。在产业链、管理团队等整合的同时,生产要素间的"合作"频度增加,相互学习、借鉴的机会增加,从而产生溢出效应。生产关联渠道与跟随模仿渠道的差别在于,前者是处于同一环节、技术接近企业间的溢出,后者是处于不同环节、技术差异较大的企业间溢出。生产关联是我国企业对外直接投资产生逆向溢出效应的重要途径,比如联想集团收购美国IBM公司的个人电脑生产线,在对IBM原来生产线整合过程中,充分学习、吸收其设计、工艺、质量控制方法等改善联想电脑的生产线,联想电脑的质量得到了提升。

生产关联渠道的溢出效应基于双方生产上的合作,所以障碍较少,配合相对容易,效果也易于显现。但并不是所有对外直接投资都能达到预期目标,基于生产关联的合作也有失败的可能。生产关联在要素质量比较接近的情况下要素之间的学习吸收更通畅更容易产生溢出,另外,在文化、制度差异大的背景下,溢出效果可能还会大打折扣。中国生产要素整体素质和国外先进水平还有一定差距,这种差距是长期形成的,包括受教育程度、知识积累、技术专长等,特别是在操作规范性、高标准也有较大差距,这些因素都会影响协同生产的溢出。

(三) 资源共享渠道

绿地投资可以直接获得新建企业的经营管理权,配置企业的各类生产要素;跨国并购通过获得被并购企业的股权参与公司治理。不论绿地投资还是跨国并购都是为了对要素进行重新整合,完成投资后,母国公司和东道国公司可能通过资源、平台的共享实现双向溢出效应。资源共享渠道是指共享使用某些企业所特有的要素、部门、机制等,产生"1+1>2"的效果,主要是通过共享创新平台、营销网络、重要数据等产生溢出。在全球化、信息化条件下,资源共享渠道更容易通过便捷的网络和快捷的物流而产生溢出效果。

共享创新平台可能使双方在创新要素、创新机制的合作上发挥更大作用,以平台带动双方的创新融合,取长补短,实现技术上的双向促进。共享营销网络有助于双方互相开拓对方市场。在全球化背景下,市场变得日益复杂,诺贝尔经济学奖获得者美国经济学家埃尔文·E.罗斯认为,虽然绝大多数市场都比较容易参与,甚至看似简单,但这里面却隐藏了一个复杂的市场设计。[①] 共享市场网络可以使双向互相学习拓展市场网络的策略、方式,少走弯路,为打开国外市场和促进完善国内市场整合创造条件。随着互联网大发展,数据在各行各业中的作用越来越重要,谁掌握数据就掌握了主动,利用数据可以从生产到消费进行全流程的创新研究。比如,利用大数据发现客户的消费偏好实现利润最大化已经成为网络购物的重要做法。数据共享不但有助于双方缩短搜寻数据、获得数据的时间,还有助于扩大掌握数据的范围,加快创新步伐、提高创新速度。

共享资源也是企业的核心要素之一,不少企业已经将创新平台、数据中心等独立出来,进行专业化的要素培育。一些对外直接投资也开始直接瞄准这些可共享的高级要素,通过获取这些高端共享资源使其与母公司的相关要素融合,促进共同学习吸收再创新,实现双向溢出。而跨国整合无疑可以更大发挥共享经济的优势。

(四)企业间竞争渠道

优胜劣汰,有竞争才有进步,促进竞争一直是市场经济的重要作用。竞争渠道所产生的溢出效应与其他几种类型相比更加间接,是市场参与主体

---

① [美]埃尔文·E.罗斯:《共享经济——市场设计及其应用》,傅帅雄译,机械工业出版社2016年版,第26页。

在你争我赶中加大科研、改善管理、降低成本等多策略提高竞争过程中实现的。改革开放之后,尤其是加入世界贸易组织以来,中国是通过引进外资、外企等活跃国内市场,促进国内竞争,外部要素以"引进来"的方式发挥着倒逼和溢出效应。但是,随着中国对外直接投资规模的扩张,越来越多企业开始到海外投资,购买股权、新建企业,有了配置全球资源的能力。

海外投资获得的高级生产要素有的直接逆向流入母公司,有的虽没有直接被母公司所用但通过逆向溢出效应提高了母公司生产要素质量。母公司竞争力的提高对母国同行业的相关企业构成新的竞争压力,国内竞争对手被迫也寻求海外优势要素,补充自身的短板,或者加大自主研发、加强企业管理等多渠道提高企业竞争力,以免竞争力差距被拉太大。随着类似企业数量的增多,该项对外直接投资在母国该行业产生明显的竞争效应,高端要素不断得到培育、集聚和发展,行业竞争力不断提高。而那些不作出改变或作出错误决策的企业,可能被市场淘汰。

营造良好的竞争环境是产业健康快速发展的重要条件,垄断性行业发展缓慢的重要原因即缺乏竞争。引进外资让外企发挥"鲶鱼效应"提高市场竞争度,对外直接投资逆向提高母公司要素质量也有助于发挥竞争效应。目前,我国虽然是全球第二大对外直接投资国,但是对外直接投资的逆向溢出效应并不显著,特别是竞争效应更是偏弱。如何高效利用对外直接投资,以高水平对外开放,营造良好的竞争环境,既是一项挑战,也是新的发展机遇。整体来看我国竞争环境还有待改善,以开放倒逼改革,是中国经济发展的重要经验,在新背景下要继续发扬这一机制,以更大的开放,创造更好的环境,促进企业良性竞争,提高整体竞争力。

## 二、规模扩张的成本降低效应

规模经济是企业做大做强的重要支撑,相对于小企业和小国,规模经济在大企业、大国内更容易发挥作用。小国的市场容量有限,要想通过扩大规模降低成本,必须向海外拓展市场,大国则有国内大市场的优势。比如,中国是拥有14亿人口和4亿中等收入群体的发展中大国,中产阶级人口超过美国总人口,所以中国大市场优势显著,很多国家都把跨国公司的地区总部放在中国,以便于扩展中国市场。中国的企业做好国内市场就可以有效发挥规模经济作用,因此这是中国企业天然的贴近市场优势。但是,中国还是发展中国家,2021 年人均 GDP 刚刚突破 1.2 万美元,一方面在高端市场的需求有限;另一方面在更低端市场的需求份额持续萎缩,不少产业向海外积极拓展。因此,规模扩张不仅对于内贸企业有意义,对出口企业的发展也有启示作用,有助于出口的高质量发展。规模扩张的成本效应机制如图 5-2 所示。

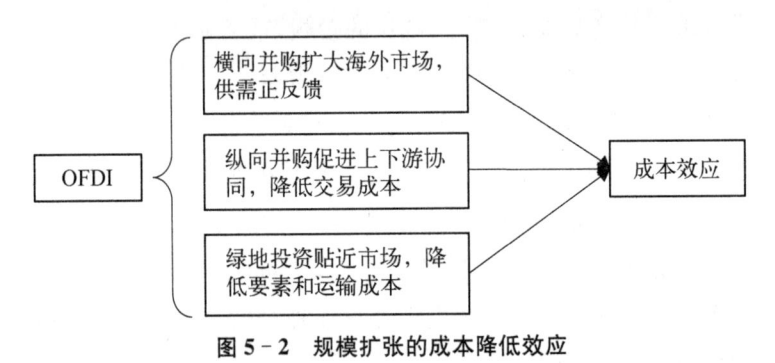

**图 5-2 规模扩张的成本降低效应**

## (一)横向并购扩大海外市场份额并有效增加供给,降低生产成本

正如斯密所言,"分工的产生是因为交换,分工范围通常也受交换范围所制约,即常受限于市场范围。市场太小,要赋予人一生专心从事某一个职业的刺激就太难。原因在于这样的状态下,他无法以自己消费之后剩余的劳动生产物任意换取他人剩余的、为自己所需的劳动生产物。"[①]扩大市场,以需求带动供给增加,是分工延伸的重要手段。横向并购的好处之一是能够比较快地打开海外市场,因为横向并购属于同行业并购,并购企业对被并购企业的产品及其市场都比较熟悉,在研发、设计、营销等方面都适应比较快,有助于迅速扩大海外市场。需求和供给本身即相互影响、相互促进,提高有效需求才能真正激发供给持续增长。不同国家消费者需求偏好、需求

---

① [英] 亚当·斯密:《国富论》,文竹译,中国华侨出版社 2019 年版,第 13 页。

结构等存在差异,根据产品特征在不同国家或地区进行市场布局是企业对外直接投资的重要因素。

横向跨国并购除了能够使母公司产品借道被并购公司渠道进入海外市场,共同扩展市场外,还能够实现生产上的协同,特别是可以共享生产线、零部件等从生产工艺上促进效率提升。在市场规模扩张的同时,实现生产协同推动的效率提升,跨国并购产生了双重正向效果。但需要注意的是,有时候不少横向跨国并购没有实现预期目的,扩大市场的效果非常不理想。一种原因是对国外市场的误判,如果该产品的国外市场正处于转移或萎缩阶段,跨国并购无疑达不到拓展市场,也难以实现规模效应,降低生产成本的效果。另一种原因是对被并购企业或新建企业与母公司的整合不顺畅,不同国家的文化、习俗不同,不同企业的企业文化、规章制度等也各不相同,企业整合不畅就有可能产生"1+1<2"的效果。因此,在市场预判准确,各项整合到位的前提下,横向并购能够通过规模经济,降低生产成本,提高对外直接投资项目的收益。

## (二)纵向并购发挥上下游产业的协同效应,促进交易成本下降

纵向并购是产业链上下游企业的整合重组,上下游企业之间往往存在制度性交易成本,纵向并购使得外部企业内部化,可以有效发挥内部化优势,产生协同效应,降低交易成本。中国出口效益提升的一个方向是要围绕降低成本,通过纵向并购可以将外部企业内部化,进而降低交易成本。另外,对外直接投资以拓展海外需求,从激发国内供给的角度,发挥中国制造业基础强、生产能力强的优势。

中国企业发展海外纵向并购的难处在于企业对技术创新的把握能力有限。产业链上的技术创新可能对整个产业有颠覆性影响,进而直接决定纵向并购的成败。中国企业也曾经吃过技术误判的亏,比如 TCL 集团并购法国汤姆逊公司就是一个典型,除了法律、管理、文化等因素外,电视显示技术从背投电视向液晶电视的转型升级是其失败的关键。汤姆逊公司掌握的核心技术是背投电视的显像管技术,即使并购成功,但是其技术不在前沿,双方整合得很好,也难逃被市场淘汰的厄运。相反,如果并购成功则可以通过

协同效应，降低交易成本。比如，我国汽车电子制造业上市公司均胜电子，自2011年起接连并购德国汽车电子公司PREH、德国智能车联企业TS、美国汽车安全系统供应商KSS等，通过不断海外整合来降低交易成本，提升企业竞争力，盈利水平不断增长，市场占有率逐步上升，通过跨国并购实现了协同效应。

### （三）以绿地投资贴近市场，有效降低要素成本

绿地投资的好处是风险比较小，在产品比较成熟，市场比较稳定的情况下，以绿地投资的形式将生产移动到需求方，有助于降低成本。一方面靠近市场，可以有效降低运输成本；另一方面也因为靠近市场，可以减少市场推广的宣传费用。原来以整个产品出口的模式，现在转化成关键零部件出口加上东道国生产、销售的模式，后者虽然在静态状态下减少了出口，但是随着海外市场的扩大，动态状态下可能增加核心零部件的出口，提高出口总效益。

近年来，逆全球化愈演愈烈，我国产业国际转移的压力越来越大，通过绿地投资到海外建厂的企业也可能逐渐增多。部分可能是发达国家企业回流，部分可能是国内企业海外拓展。要客观看待企业的绿地投资，有些投资虽然导致出现了出口转移，但通过扩大市场，增加了核心零部件和中间品的出口，并降低了成本，反而有助于提高出口效益。

过去中国的出口发展，依靠了外资在我国的绿地投资，未来中国出口的增速提效，也需要中国企业到海外进行绿地投资。以绿地投资打通国外市场，将中国的高级生产要素与东道国的中低端生产要素相组合，优化要素配置，提高生产效率，推动高质量发展。

## 三、文化整合的效率提升效应

跨国并购后的整合在对外直接投资中一直是个大难题，70%的跨国并购没有达到预期，而70%的跨国并购失败于并购后的文化整合。因此，在跨国并购过程中，一定要注意双方的文化整合，文化整合是一项艰难的工程，

利用得好，整合后的公司技术水平更高、抗风险能力更强、国际竞争力更强；整合不好，则可能出现管理混乱、运营不畅，反而降低效率，甚至导致公司破产。文化整合既是最重要也是最困难的，因为往往涉及不同国家、地区差异巨大的风俗习惯、文化伦理、价值观等，总体上看其整合效应包括以下两个方面。

### （一）宏观上的文化整合与其溢出效应

从宏观层面看，不同国家和地区有较大文化差异，其经济制度、法律法规等都有很大不同，整合起来难度加大。比如，美国、欧洲等西方发达国家的工人更注重休闲，加班是很难接受的，要按标准付加班工资，而中国工人对加班没有太大概念，甚至认为是正常的，多加班也没有多少怨言和额外的要求。中国企业在使用海外工人的时候如果沿用国内的标准，就会引发劳务纠纷，如果不注意这些细节并提前安排好计划，工作进度和效率都会受到影响。再比如，西方国家的规则意识强，凡事按照规章制度办事，中国的"关系"意识强，解决问题首先考虑的是"托关系""走后门"。这就导致在公司出现各种问题纷争时，由于解决问题的思路不同，矛盾越闹越大。

但是，应该看到，中国文化有其劣势也有其优点，对于某些棘手的问题，中国式的文化特征更容易达成妥协性协议。西方文化有其优势也有其缺点，西方制度过于强调个人自由，很难组织力量办大事，2020年席卷全球的新冠肺炎疫情就突出表明了西方文化在应对社会紧急事件上的短板。因此，如果两国的公司能以包容的姿态、开放的心态，综合利用中西方文化中的优势和长处，取长补短，积极吸收对公司发展有利的文化要素，一定能够激发出更大的发展动力，对于公司治理有利无害。

第二次世界大战以后，经济全球化发展推动人类经济社会取得的巨大成就，说明多元融合是对全世界有利的模式。只有充分尊重世界文化的多元性，使全球各类人才百花齐放、各尽其能，才能最大化地促进创新，企业广用人才才能推动其向更高水平发展。文化充分整合后，双方在管理上的分歧减少，在人力资源配合上的优势增加，进而传导到生产、销售等各个环节，产生正向溢出效应。提高中国出口效益，需要中国的本土跨国公司更好地整合全球资源,而也只有做好文化整合,才能有效发挥对外直接投资的作用。

(二) 微观上的文化整合与其溢出效应

微观层面的文化整合主要是企业文化的整合,不同企业的企业文化不同,企业文化是支撑企业长远发展的动力。企业文化受创始人、经理人等个人影响大,所以差异也大,通常由企业制度、企业精神、道德规范、行为准则等多个方面构成,最终表现在企业员工行为、企业运行特征、社会责任等方方面面。不同的企业文化塑造了不同特色的企业,文化整合是困难的,也是重要的、必要的。特别是跨国并购,涉及两个不同国家的公司文化的重新结合,肯定会有更多的冲撞、摩擦。因为长期以来,企业文化深入人心,被并购企业已经潜移默化地受企业文化的影响,其员工的企业价值观、企业的生产运行特征、对外的企业形象等都已深深打上企业文化的烙印。并购企业自身也有其文化特点,如何将并购企业与被并购企业的企业文化融合,最起码使两个公司的文化不至于冲突是文化整合的基本要求。

反之,如果两个企业文化很好融合,则能产生超预期的积极作用,其溢出效应如图5-3所示。一是成功的整合可以消除被并购企业员工的失落感,使其更好地投入工作。二是随着企业新制度的创立,原有阻碍企业发展的旧制度可能被废除,企业的激励机制更完善、有效。三是企业的领导结构、组织管理架构等在整合后更加符合企业发展需要,并在企业经营过程中,凝固成新的企业文化,形成新的企业制度体系和精神支撑。在我国企业"走出去"的案例中,文化整合成功的比较少,其中一个典型成功案例是海尔集团并购日本三洋。2011年10月18日,海尔集团和日本三洋达成收购协议,2012年1月到3月对三洋旗下相关资产进行交割,在并购之前,海尔集团就对三洋进行了全面调查和深入了解,基于日本三洋集团原有为企业文化特征将海尔的企业文化注入三洋集团。对三洋集团的员工进行了系统培训,改善了原有的薪酬体系、企业组织架构、管理方法等,在保留三洋深层企业文化基础的同时使其融入海尔,最大化地激发了原三洋员工的积极性,也渐次改善了海尔的公司治理架构。

通过从宏观到微观的文化整合后,企业不但规模变得更大,市场占有率更高,同时其运营、生产、管理等方面在成功的整合之后也更加高效。企业更有效的生产、管理等推动出口品的生产成本更低、产品质量更好等,更能提高出口品的国际竞争力。

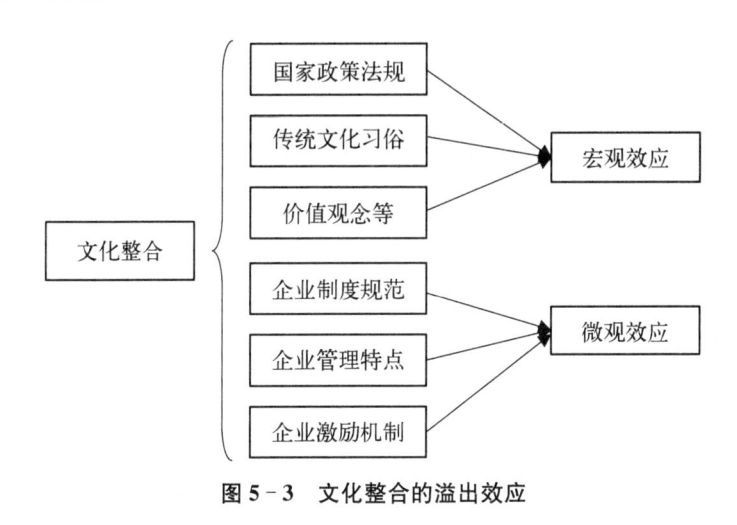

图 5-3 文化整合的溢出效应

## 第五节 本章小结

本章主要分析了对外直接投资对出口增速提效的影响机制。从宏观层面看,对外直接投资可以推动出口规模的扩张、出口产品质量升级以及出口结构优化。具体来看,总体上包括两种效应:一是对外直接投资对出口的创造效应,其通过驱动优势产业主动出口、劣势产业被动出口以及在东道国发展加工贸易等创造出口增量。二是对外直接投资对出口的流失效应,包括投资驱动原有出口优势产业的国际转移、产业链收缩的贸易转移以及贸易壁垒形成的出口减少等。另外,本章还分析了对外直接投资提升出口效益的机制,对外直接投资通过高端要素的逆向溢出效应、规模扩张的成本降低效应和文化整合的效率提升效应对企业的经营管理产生溢出,提高产品质量和企业竞争力。

# 第六章

## 对外直接投资推动出口增速提效的路径

对外直接投资和出口的关系在经济全球化背景下更显紧密,如何更好地利用对外直接投资服务出口增速提效,促进国内经济转型升级是开放战略的重大问题。对外直接投资对出口增速提效虽然机制清晰,但其仍受多方面因素影响,要在深刻分析主客观条件的基础上研究投资推动出口发展的路径。

# 第一节　影响对外直接投资推动出口增速提效的因素

国际投资和国际贸易是联通世界经济的重要纽带,不管是对外直接投资还是进出口都对国内外环境变化非常敏感。当前国际政治经济形势错综复杂,逆全球化、保护主义、单边主义等都对投资和贸易不利。当全球化顺利推进,自由贸易、便利投资为主旋律时,贸易和投资则容易繁荣发展。因此,分析清楚影响对外直接投资推动出口增速提效的因素是研究其路径的前提。

## 一、国际政治经济社会环境

自从世界市场形成以来,国家与国家之间的联系越来越紧密,从经济联系不断延伸到政治和社会等多个方面。从商品交换延伸到资金、工人、高级管理者等各类要素的跨境流动,世界不再是孤立的,世界经济也走向了全球化经济。现在每一个想发展的国家都离不开世界,没有一个国家可以关起门来搞发展,国际环境成为影响国内经济发展的重要条件。

对外直接投资和出口都是涉外经济活动,外部环境自然客观上影响对外投资和出口,国际政治经济社会的变化都会对其产生较大影响。改革开放以来我国的进出口和国际直接投资发展迅猛,也得益于和平稳定的国际局势,重视经济发展的国际环境。总的来看,国际环境包括国际政治环境、经济环境和社会环境等3个方面,这3个方面既相互独立又相互影响。稳定的国际政治环境是世界经济持续增长和国际社会安定的基础,同时经济发展又进一步巩固已有政治环境和社会环境。很多政治问题的缘由是经济发展停滞和社会不稳定,因此解决经济和社会问题是很多国家破解政治困境的关键。不论是中国还是其他国家的海外投资和进出口都会受到国际环境的影响,政治、经济和社会局势的变化对海外投资的影响也各不相同。

(一)国际政治环境变化的影响

政治风险通常是由于东道国政治环境变化或者东道国与母国的政治关系的变化而引起的,比如,东道国政权更迭、战争、社会暴乱等都可能导致外资企业被征收、罚没、国有化等。政治风险对国际直接投资的危害程度最大,政治风险一旦出现通常会导致海外投资血本无归。国际政治环境变化最大的特点是大多风险很难提前预判,不论是政权更迭还是武装冲突,前期都比较隐蔽,不容易获取相关的信息,并据此制定投资决策。企业规避国际政治环境的办法通常只能是尽量不到地区冲突比较频繁、政权不太稳定、国内营商环境不太好的国家或地区。但是,这种规避国际政治风险的方式虽然简单有效但也错失了一些投资机会。企业在"走出去"之前必须做好前期各类信息的整合,甄别好政治风险。

另外,经济全球化深入推进与逆全球思潮兴起的现实矛盾也导致国家之间外交关系紧张甚至出现合作摩擦,这些也深刻影响对外直接投资。比如,美国在特朗普上台后对世界上不少国家发起贸易摩擦,纷纷退出众多国际协定和合约,甚至退出伊朗核协定,美国作为世界头号大国强国,这些措施都会影响国际政治环境的稳定。美国对中国发起的贸易冲突、技术限制、人员流动限制等都导致中美两国关系更加紧张,两国企业不敢也不便到对方国家投资。可见,一个领导人、政党的执政理念或政策变化都可能随时改变两国的关系并直接影响到两国乃至世界的投资与贸易。

## （二）国际经济环境的影响

世界经济发展通过影响国际需求传导到企业的海外业务上。当世界经济陷入危机或者萧条的时候，外部需求萎缩，不少企业经营困难，此时不管贸易或投资，都非常不容易开展。相反，如果世界经济处于繁荣期，经济在中高速区间增长，企业经营顺风顺水，外需逐步扩张，企业的国际贸易和海外投资都很容易展开。20世纪70年代中后期到2008年国际金融危机这段时间是跨国公司和国际直接投资发展迅猛的阶段，也是世界经济维持高增长的时期。稳定的国际环境和持续外需增长为各国发展海外投资创造了良好的外部环境。

特别是在这一段时期，中国开启了改革开放，中国经济实现了跨越式发展，连续30年经济平均增速超过10%，造就了世界经济增长的奇迹。中国有14亿人口，中国经济的高速增长对世界经济增长起到了极大的拉动和稳定作用。同时，这一时期稳定的国际经济环境如春日暖阳，市场经济在全球盛行，中美关系进入蜜月期，欧洲、日本等经济都从战后走向正轨。世界主要国家都将发展重心转向经济，摩拳擦掌打算大干一场。这种全球经济发展态势为中国经济崛起创造了极好的外部环境，中国从一穷二白的国家成为全球最大的FDI流入国和世界工厂。当前，大市场已经成为中国的重要优势之一，不少中国企业也开始不断进行海外投资，拓展海外市场。因此，全球国际直接投资的发展得益于国际经济环境的健康稳定，不论哪个国家向海外投资，都需要良好的国际经济环境。

## （三）国际社会环境的影响

社会变化是政治和经济变化的表现，国际社会的价值观、意识形态的变化也可能导致对其海外投资的态度截然不同，进而影响企业投资。在国际政治稳定、世界经济繁荣发展的条件下，社会氛围通常是友好的、自由的；在国际政治不稳定、世界经济陷入困境的条件下，社会氛围通常是保守的、排外的。在经济全球化蓬勃发展的时期，我们可以看到各国都非常欢迎国际投资，千方百计吸引外资，而在逆全球化背景下，各国以邻为壑、闭关锁国，将产业安全置于经济发展之上,拿起所谓国家安全的大棒肆意干预国际投资。因此,国际社会环境对国际政治经济环境变化有加深甚至过度反应的效果。

社会环境变化的影响不同于政治或经济变化。一是社会环境变化滞后于政治与经济变化,通常在政治与经济变化过去一段时间,社会上才开始出现相关的思潮和社会现象。二是社会环境变化的影响更加深远,在一种排外的社会思潮长期影响之后,很难将其从错误的轨道上扭转过来。正因为培育国际社会是个缓慢过程,所以维护良好的国际社会环境不容易。第二次世界大战以后,国际社会迎来了长期和平发展期,特别是20世纪90年代美苏冷战对峙结束之后,这一时期的国际社会环境有助于海外投资和国际贸易。国际社会摒弃了意识形态之争,形成了以和谐共融为主的氛围,这对推动经济全球化起到了重要保障作用,地球村、世界公民成为流行。相反,但凡在国际社会环境呈现意识形态冲突、独立、对抗思维的时期,企业对海外投资都比较谨慎。今天的国际社会因为美国对国际秩序态度的改变而发生了深刻变化,正如基辛格所言,"今天'国际社会'一词在各种场合出现的次数之频繁可能超过了任何一个时代,然而从这一词中却看不出任何清晰或一致的目标、方式或限制"。[①] 国际环境是企业做出是否进行海外投资首先考虑的宏观因素。国际环境虽然不直接作用于企业的投资活动,但却可能间接影响企业能否正常经营。

## 二、国家宏观条件与政策

企业是对外直接投资的最重要主体,与企业最直接的政策环境是母国或东道国的营商环境,因为企业的发展不可能不受到相关国家宏观政策和产业政策的影响。从要素禀赋角度看,跨国公司到东道国进行投资必须首先考虑东道国的要素禀赋,禀赋决定了东道国是否具有区位优势。根据邓宁的国际生产折衷理论,跨国公司只有同时具备了所有权优势、内部化优势

---

① [美]亨利·基辛格:《世界秩序》,中信出版社2015年版,第Ⅷ页。

和区位优势,才会选择对外直接投资,而如果缺乏区位优势则可能选择出口。因此,东道国的区位即其所拥有的要素禀赋、地理位置是决定是否能吸收到外商投资的关键因素。企业的日常运营必须依赖所在国家的劳动力、土地、资源、资金、技术等各种要素,都要遵守国家的法律法规、文化习俗等,因此国家的宏观条件和政策直接关系到企业的经营和战略决策。企业在做海外投资决策的时候,通常考虑的母国和东道国两国宏观条件和政策,主要包括以下几个方面。

### (一) 东道国的要素禀赋情况

跨国并购的动机有很多种,不同企业、不同发展阶段其发起跨国并购原因都各不相同。但是,东道国的禀赋条件是绝大多数跨国并购必须考虑的问题,因为跨国并购最终要到东道国生产或销售,被并购企业的经营业绩直接与禀赋条件相关。跨国公司到东道国进行并购投资,主要目的也是想借助被并购企业来利用东道国的要素,比如劳动力、土地、资源、技术等生产要素,抑或打开东道国市场等,因此,东道国的要素禀赋是并购企业考虑的关键。1978年中国开启改革开放,中国从一穷二白的落后国家起步,最充裕的生产要素就是廉价劳动力。外资流入后与廉价劳动力相结合形成了出口加工贸易,激活了中国经济长达40年的高速增长,创造了世界经济增长史上的奇迹。外资、外企到中国投资,最为看重的是中国的廉价劳动力、土地、资源等生产要素,这些要素是中国的优势要素,发达国家的跨国公司将生产转移到中国,实际上是通过跨国投资在全球最优化配置资源要素。

但是,要素禀赋和要素优势的变化是个动态过程。随着经济发展,不可再生要素在生产过程中导致存量要素越来越少,同时新增的资本、知识等可积累要素越来越多,要素结构发生深刻变化,国家的比较优势同时发生了转变。经过改革开放40多年的高速增长,中国人均GDP超过了1.2万美元,接近高收入国家水平门槛,与此同时中国的劳动力、土地等成本快速上升,资本、技术等要素大量累积,中国已经从廉价劳动力、土地充足的要素禀赋状态,转向人力资本、中高等技术等充足的要素禀赋状态。所以,一些劳动密集行业的跨国公司将部分生产从中国转移到越南、印度尼西亚等劳动力、土地等成本低的国家或地区。一些中国的劳动密集型制造业企业，比如纺织业、鞋帽业等，也将部分生产转移到周边劳动力成本比较低的东南亚国家。

除了劳动力、土地等要素外，技术、资本等要素在全球化经济中的作用越来越大。科学技术是第一生产力，科技进步日新月异，技术在要素结构中重要性越来越大。发达国家掌握的技术多特别是高新技术多，发展中国家掌握的高新技术相对较少，技术要素的"贫富"差距是收入差距的关键影响因素。发达国家凭借技术要素优势向发展中国家投资，利用发展中国家的廉价非技术要素，要素组织后其收益率远超非技术要素，导致南北收入差距进一步扩大。因此，发展中国家必须重视培育技术要素，持续发挥后发优势，改善自身要素禀赋结构状况。

## （二）母国和东道国外资外贸政策

一般来说，跨国公司到东道国投资要满足两个基本条件，一是要允许资金流动，二是要允许资本流动和商品贸易。没有资金来往就不可能达成交易，也就不可能驱动生产、销售；没有产品贸易就不可能扩大市场，而这两个渠道是否畅通都直接与东道国的外贸外资政策密切相关。如果东道国有比较严格的投资准入限制，再加上"玻璃门""弹簧门"等，跨国公司即使有投资意愿，也没有办法进入东道国。比如，很多国家通常在农业、高新技术领域、军事、文化等方面设置准入门槛，在这些领域外资一般很难进入。为了进一步扩大开放，探索最优化政策，加快推进与国际最高标准最好水平接轨，我国从2013年9月批准全国第一个自由贸易区——上海自由贸易试验区以来，一直在探索准入前国民待遇加负面清单的开放模式，负面清单的长度不断缩短。

美国虽然号称世界上最开放的国家，但实际上美国有一系列的限制外贸和外资的隐性政策，隐性政策很多时候比显性政策的影响更大。比如，美国关于国际贸易的"301调查"，关于投资准入的国家安全审查等，这些隐性限制条款的作用并不比显性限制条件的作用小。美国基于"301调查"对来自中国的商品征收高关税税率，并用国家安全审查的手段阻止中国企业到美投资,对中国的科学研究人员、留学生采取强制措施等。因此,不同国家在外贸和外资开放上使用不同的手段,美国是通过"玻璃门""弹簧门"等为商品贸易和项目投资设置障碍。虽然在理论上各个国家都应该推动全球化,共同为生产要素在全球范围内自由流动创造有利条件,促进生产要素的优化配置,但现实情况是各国都从自身发展的角度出发,为了保护国内优势产业设置各类限制条件,有的甚至为了打压其他国家,专门设置各种非贸易和投资障碍。

在全球化背景下,国内政策经常受国际经贸环境的影响。比如,在WTO发挥重要作用,多边主义成为主流的时期,各国更倾向于采取更加开放的政策,而在全球保护主义、单边主义上升的背景下,更多国家会采取相对封闭的政策。对于要进行对外直接投资的企业来说,不论是母国还是东道国的外贸政策和外资政策,都直接影响企业是否走得出去,是否可以成功实现投资目的。一些企业的投资失败,也正是由于没有准确掌握政策,导致整个项目推进失败,结果既费时又耗财。所以,要在企业对外直接投资筹备阶段就要特别重视母国和东道国的外贸外资政策,提前预判,并做好应急方案。

## (三) 母国和东道国的财政与货币政策

对外直接投资本质是以资金驱动的项目合作,没有资金不可能有投资,因此财政与货币政策非常关键。财政政策方面主要是东道国财政政策的影响,东道国的财政政策宽松与否,反映了一国在拉动内需、提高供给等活跃国内实体经济上的决心。在宽松的财政政策之下,企业在东道国投资更容易获得项目,更容易拓展市场,相反在紧缩的财政政策之下,投资项目总量减少,企业开拓市场的难度相对更大一些。但需要注意的是,东道国的财政政策是从宏观层面间接影响企业的对外直接投资行为,其影响效果比较有限。在货币政策方面,由于货币政策直接影响到整体社会货币量和利息率,进而影响到融资成本和市场环境,因此母国货币政策和东道国货币政策均影响企业的对外直接投资。当母国货币政策宽松时,企业融资相对容易,利率也较低,企业融资成本下降,更有意愿到海外拓展投资;当母国货币政策收紧时，企业融资相对困难，利率也较高，企业融资成本上升，企业到海外投资的意愿下降。对外直接投资涉及的金额一般比较大，融资是企业惯常做法，融资的难易，融资成本的高低确实对企业的对外投资有重要影响。有一些项目盈利确定性高，有合作潜力的跨国投资，就是由于货币政策环境变化，企业融资出现了困难而被动终止的。因此，企业在"走出去"的过程中，要密切关注母国和东道国的财政货币政策，未雨绸缪。

（四）国家的产业政策

不论发达国家还是发展中国家，不管是资本主义制度国家还是社会主义国家，所有国家都有不同程度的产业政策。产业政策主要包括两类：一是对外资的产业准入政策。发达国家为维持其产业竞争力而设置各类产业限制政策，发展中国家为保护其优质产业成长也会设置各种外资准入门槛。另一类是对资本进出的激励政策，为了鼓励有比较劣势的产业"走出去"和吸引国外有核心要素的比较优势产业等，母国和东道国都会制定相关的产业政策。比如，对某些行业进行免税、减税、退税或给予补贴等。因此，企业在进行对外直接投资之前，需要首先了解母国和东道国的产业政策，用好政策并尽量减少政策不确定带来的投资风险。

企业的对外直接投资不同于国内投资，国外的环境、政策等企业相对不熟悉，更容易犯错，风险更大。产业政策的风险一方面来自东道国自身调整产业政策，另一方面来自企业对风险甄别的误差。东道国往往根据本国发展阶段，根据产业结构的变迁，调整产业政策。产业政策调整后各类优惠政策也相应变化，跨国公司要密切关注东道国的产业发展动态和政策变化，有针对性的拓展海外投资项目，尽量避免政策调整对海外投资的影响。另外，企业也要加强对母国和东道国产业政策的跟踪，根据政策变动适时调整投资战略，以免误判而影响海外投资。

## 三、技术创新和变革

科技创新是螺旋上升的过程。随着科技发展，技术迭代速度越来快,根据摩尔定律,集成电路上可以容纳的晶体管数目在大约每经过 24 个月便会增加 1 倍。换言之,处理器的性能每隔两年提升 1 倍。技术优势是跨国公司所掌握的重要所有权优势之一,跨国公司在技术飞速升级的过程中要学会抓住机会保持创新。发达国家的跨国公司利用技术优势,叠加区位优势与内部化优势而进行对外直接投资。新兴市场国家则出于利用本国的资本,获得发达国家技术要素的目的,向发达国家逆向投资,以实现后发优势。但是,当技术发生变革的时候,如果企业没有做好正确的预案,没有准确应对技术变革,可能就此丧失竞争优势。比如,诺基亚公司在手机向触摸屏智能化变革过程中失去了领先优势,柯达公司也是在胶片相机技术向数码相机技术变革中没有抓住机遇等。诸如此类的案例还有很多,说明技术变革对企业发展可能产生颠覆的影响。俗话说有备无患,通过对外直接投资提前储备一些前沿技术有助于企业掌握技术变革的主动权。

创新没有止境,生产力的提升也没有止境。正是由于技术创新的无止境,才有企业的飞速扩张,也增加了企业丧失技术优势的风险。高新技术通常是企业保护的关键要素,不容易通过购买获得,但并不意味着低技术企业没有机会跨国并购,低技术企业仍然可以并购处于危机中的企业,再通过模仿、学习等提高技术水平。然而,在技术飞速迭代的背景下,低技术企业在技术上超过高技术企业的难度越来越大,低技术企业与高技术企业的技术相对差距可能缩小,但是绝对差距可能进一步拉大。因此,如何实现技术追赶上的新突破就成了后发企业实现转型发展的关键。技术创新也是一面双刃剑,既成为了约束企业海外拓展的重要因素,也成为激励企业"走出去"的重要动机之一。

发达国家企业的对外直接投资动机与发展中国家的企业不同。发达国家跨国公司通过对外直接投资实现资源的全球配置,技术是发达国家企业的核心竞争优势,企业将所拥有的技术通过投资获得利润最大化。而对发展中国家来说,技术是其比较劣势,新兴市场国家的跨国公司通过逆向投资获取发达国家的先进技术,实现逆向技术溢出,反向提高母国的技术水平。但是,在当今技术大变革的背景下,技术创新日新月异,企业为了更好配置全球资源或者为了获取更先进技术,围绕技术的国际投资也不断增多。一方面,为了适应技术快速变革,企业需要更多投资贮备项目,多元化发展、多点布局是企业推动创新的一个手段;另一方面,全球化推动生产要素流动更加便捷,技术的传播和合作空前,为推动技术进步创造了良好条件。当前,虽然技术交流与合作受到逆全球化影响,但是以技术为核心驱动国际投资大发展的方向不会变。

## 第二节 对外直接投资推动出口增速提效的路径

对外直接投资是企业主动配置全球资源的重要方式,其本质是生产要素的国际流动与组合。中国经济已从高速增长阶段迈向高质量发展阶段,中国的对外直接投资和出口也需要高质量发展,以对外直接投资推动出口增速提效包含着国际投资和出口高质量发展的双重内涵。对外直接投资是资本走出去,出口是商品走出去,前一个"走出去"推动后一个"走出去"的总路径是以要素合作促进商品交换。

### 一、对外直接投资促进技术进步路径

中国经济虽然在2010年已经超过日本而成为全球第二大经济体,但是中国产品大部分仍处在全球价值链的中低端,大而不强,究其根源是中国的科学技术整体实力还不强,水平还不高。所以,从技术角度看,技术水平限制了中国出口产品的附加值和竞争力,不断提高产品的科技含量是推动出口高质量发展的途径之一。对外直接投资是企业获取海外先进技术的手段之一,以对外直接投资促进逆向技术溢出,进而渗透到企业技术改进上,最终增加产品科技含量,推动出口高质量发展。

中国通过对外直接投资推动技术进步以提升出口质量的路径主要包括

以下 4 个方面。

## （一）以获取技术为目的的对外直接投资重点目的国应瞄准发达国家

发达国家的科技水平高、高新技术企业多，到发达国家投资更易于获得先进技术，另外，不同国家所拥有的关键技术不一样，要根据其技术优势进行有针对性的投资布局。当前中美关系深刻变化，美国将中国列入战略竞争者，美国对中国从加征高关税到科技封锁，多方面遏制中国发展。中国的一些高科技企业不但被断供，而且到美国投资也被美国政府设置各种障碍限制。与此同时，英国、澳大利亚等一些美国的盟友对中国企业的投资也持抵制态度。因此，在百年未有之大变局下，我国企业向发达国家的投资需要更加多元化，向欧洲、亚洲、非洲等关系相对友好的国家分散投资。

## （二）对外直接投资的行业领域应当更加偏重制造业和服务业

经过改革开放 40 多年的高速发展，中国已经从一个农业国转变成工业大国，未来还将向服务业大国转型。对外直接投资要服务于中国国内产业结构转型发展的需要，不断推动经济高质量发展。产业结构的变化内在要求对外直接投资领域延伸，但中国的制造业大而不强，仍要以制造业作为中国产业结构的重心，提高制造业的发展水平，可以通过对外直接投资获取国外的先进技术，进而提升制造业的智能化和高端化。特别是在核心技术领域，中国企业与国际领先水平还有不小的差距，对外直接投资要有针对性的获取各类高级要素。比如，在人工智能、3D 打印、高端芯片、航天发动机等领域，中国的对外直接投资还大有可为，可继续通过跨国并购进行模仿学习，进而提高出口产品的科技含量和附加值。中国是全球第一大货物出口国，是贸易大国但还不是贸易强国，贸易强国是我国贸易战略的大方向。提升制造业出口产品的质量是出口质量升级的关键领域，因此要注重在制造业中增加对高科技领域的对外投资。

## （三）服务业占比提升是我国产业结构升级的重要方向，要注重通过投资获取服务业领域的关键核心要素

根据发达国家产业结构变迁规律，服务业在产业结构中的比例不断上升是趋势。2020年，中国服务业占54.5%，远远低于美国的81%、德国的70%、日本的70%。[①] 如图6-1所示，近年来服务业在我国产业结构中的占比在持续上升，从2016年起第三产业占GDP比重首次超过50%。为了适应中国产业结构变迁的规律，提高服务业发展水平是大势所趋，提高服务业出口总量和出口质量也是我国出口结构转型和出口效率改善的重要方向。长期以来，我国货物贸易顺差，但服务贸易逆差，发展服务贸易还有很大空间。因此，从对外直接投资推动出口增速提效的角度看，拓展服务业的海外投资是一个重要方向。一方面要加强获取服务业的高端要素，比如，教育、养老、娱乐等方面的管理经验、组织方式等。我国服务业发展水平和国际还有很大差距，要善于利用对外投资，通过逆向溢出效应，提高中国服务

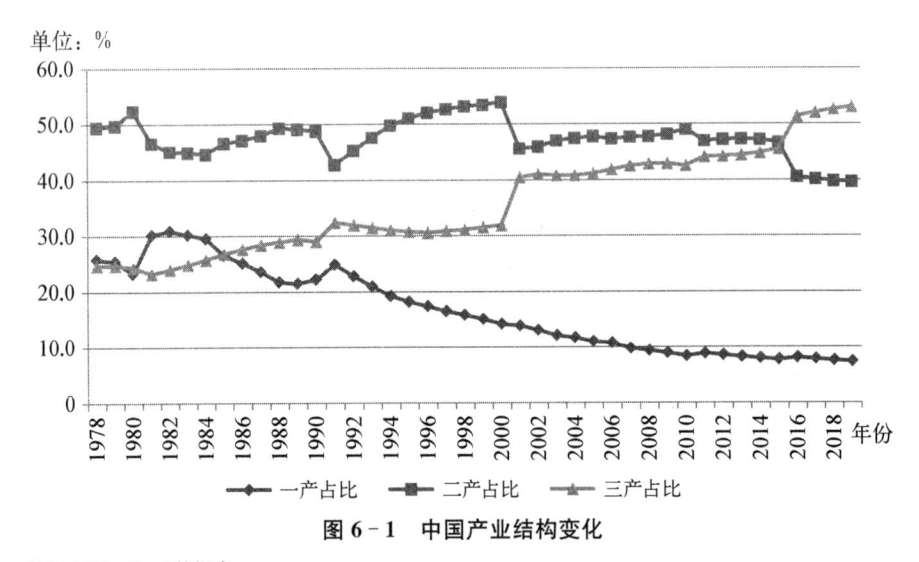

图6-1 中国产业结构变化

数据来源：Wind数据库。

---

[①] 数据来源：Wind数据库。

业产品的国际竞争力。另一方面要通过对外直接投资不断拓展服务业国际营销网络,在发达国家、发展中国家等都有针对性地进行全球布局。我国服务业出口规模较小的一个重要原因是服务业出口起步晚,对海外市场不了解,同时销售网络有一定的黏性,在全球化经济背景下拥有广泛的营销网络是一种重要的竞争力。对于国际业务较少的企业来说,获取被并购公司的国际营销网络,也是其进行海外并购的重要目的之一。国际销售网络不完备,也是发展中国家企业参与全球竞争的软肋之一,而以国际直接投资在海外扩展业务有助于企业了解全球的市场信息,有助于打造更大范围的海外营销网络。

(四)从服务贸易本身看,大力推动对外直接投资即有助于推动服务贸易大发展

服务贸易一共有 4 种提供方式:跨境交付、境外消费、自然人流动和商业存在。其中,商业存在是指一个成员方的服务提供者在另一个成员方设立商业机构,其实质即国际直接投资。因此,新增服务业的对外直接投资在一定程度上也是拓展服务贸易。

科学技术是第一生产力。不断提升科技发展水平,不断提高产品科技含量是提升出口效率的最重要途径。中国企业以对外直接投资获取国际上的高新技术应用于国内生产是推动出口增速提效的路径之一。以对外直接投资推动技术进步的路径,是企业主动以技术变革适应海外需求并创造新需求的过程。虽然,中国企业"走出去"的外部环境发生了深刻变革,但全球化是历史潮流,生产要素全球优化配置的大方向不会变。我们仍然要坚持以对外直接投资获取海外技术要素,不断推动技术升级,培育新产品,淘汰旧产品,扩大出口总量,提高出口效益。

## 二、对外直接投资提升品牌价值路径

虽然从全球范围看,中间品出口已经成为国际贸易总量的中流砥柱,但是没有离开了最终产品的中间品,因为中间品是为了组装为成品,最终产品

仍主导着全球产业链的布局和附加值的分配。在决定最终产品价值的各种因素中,品牌是一个非常重要的要素,不管哪一个行业,良好口碑的品牌都是对产品质量的认可,是产品"走出去"最好的广告。培育品牌是企业的发展战略之一,通过品牌战略来实现产品差异化,提高产品的差别定价和附加值。品牌战略的成功在于不但要能够在销售层级上持续增加销量,还要与品牌发展形成良性互动。成为著名品牌是个缓慢而艰难的过程,长期守住品牌在行业中的地位更是不易。因此,品牌是一种稀缺的高级生产要素,品牌拥有独特的市场号召力,品牌影响力小的企业,通过国际直接投资获取知名品牌也是其品牌战略的一个组成部分。

品牌培育是一个长期性、系统性和全局性工程,品牌的生命周期涉及从品牌的创造,到推广、发展、保护、更新等多个环节。创建品牌本身也是创新活动,每个企业会根据自身的发展特点设计其品牌发展战略。同时,随着企业在市场份额的不断上升,品牌知名度也会不断提高,通过这种正反馈作用,品牌逐渐自发成为企业的核心竞争力之一。品牌作为无形资产,是综合竞争力的体现,其对公司的发展往往能带来四两拨千斤的效果。比如,国际上知名的可口可乐、苹果、三星、丰田等大型跨国公司,其品牌都蕴藏着巨大价值,享受着丰厚的品牌溢价。培育品牌已经是所有跨国公司做大做强的必经之路。中国虽然也有一些悠久的品牌和一批大规模的公司,但享誉全球的品牌并不多,以提升品牌价值来拓展海外市场是本土跨国公司全球化经营的选择之一。

跨国公司通过对外直接投资提升品牌价值的路径一共有两条。第一条路径是购买东道国企业的已有品牌通过扩大东道国市场提升品牌知名度,并促进整体品牌的多元化。当前,借助于当地品牌打入东道国市场已经成为跨国公司进入东道国的一条捷径,获取被并购公司的品牌也成为并购企业启动跨国并购的重要动机之一。购买新品牌能够提高母公司的品牌总量,有助于完善品牌体系,提高整体品牌竞争力。特别是对有较强制造竞争力,长期进行代工生产的企业来说,以购买国外品牌的形式打开国际市场是一条快速通道。代加工通常处在微笑曲线的低端,议价能力差,只赚取微薄的加工费,但培育自有品牌耗时周期长,风险大,有些企业就选择购买国外处于衰落期的品牌,以移花接木的形式实现双方企业的优化重组。

中国是制造业大国、世界工厂,但是处于全球价值链的中低端,出口产品的附加值较低。中国有不少加工制造能力很强的代工厂,比如,格兰仕、海信、美的等都曾是全球闻名的贴牌加工厂。代工厂提高附加值的一个主要途径就是将产品附加品牌,以品牌化提高利润率,促进代工厂的品牌化发展是中国提高出口效益的路径之一,如图6-2所示,代工厂通过对外直接投资获取海外品牌后,再将其生产根据母国的先进工艺进行改造,最终推动旧品牌升级,重新打开国际市场。

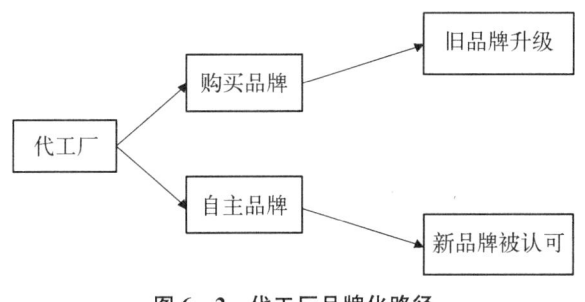

**图6-2 代工厂品牌化路径**

第二条路径是以绿地投资推动自主品牌拓展海外市场,通过市场占有率的提升来提高知名度和市场认可度,不断扩大品牌的影响范围和影响力。企业通过对外直接投资首先在东道国市场打开局面,站稳脚跟,再循序渐进,不断扩大产品销量,以优质的产品和服务赢得口碑。比如,可口可乐、大众、丰田、沃尔玛等一大批外国跨国公司都是采取这种模式在中国拓展品牌知名度。目前,中国在一些领域本土企业的自主品牌已经拥有一定的海外知名度,有基础通过自主品牌的海外拓展提升品牌价值。

总的来看,未来中国从产品"走出去"到企业"走出去"是开放升级发展的趋势。以对外直接投资提升品牌价值,既有助于增加出口产品的附加值,也有助于拓展海外市场,增加出口总量。因为,对外直接投资除了直接获取被并购企业的品牌之外,也有利于拓展并购公司自主品牌的知名度,从不同渠道提升企业的品牌价值,为企业提升附加值创造条件。中国企业"走出去"正处在高速发展的黄金阶段,要善于抓住机遇期,以品牌提升作为抓手之一，大力推动形成对外直接投资和出口增速提效相互促进的发展格局。

## 三、对外直接投资完善营销网络路径

对外直接投资主要有两个目的：一是获取海外的高级生产要素，提升企业的技术水平优化生产能力；二是打开国际市场，发现新需求，促进海外销售，扩大海外市场。让产品走向世界是任何一个企业都向往的伟大目标，跨国公司作为全球化的微观主体，既向全球布局产业链和供应链即"全球买"，又向全球拓展营销网络即"全球卖"。"买"与"卖"作为两个核心环节，是跨国公司在经济全球化过程中配置全球资源的出入口。具有全球竞争力的跨国公司一定是拥有完善的全球营销网络和核心技术竞争力的企业。

在全球化和互联网大发展背景下，渠道越来越重要，谁掌握了渠道谁就占有了竞争的自主权。全球营销网络就是跨国公司最重要的销售渠道，拥有稳定高效的营销网络就能更加顺利地在全球拓展新业务，抢占市场先机。通常讲营销网络包括自营店、专营店、加盟店、线上、线下、B2B、B2C 等多种形式和内容，不同行业、不同企业布局全球营销的模式不同，长期以来每个企业都会根据自身的特点而形成各自的营销网络。营销网络自然就成为企业所独有的一种优势，比如，企业长期打交道积累起来的人脉关系、客户群体等，都是企业的重要资源。现实中市场绝大多数是不完全的，客户都会对供应商有一定的黏性，市场开拓成功后，经过一段时间经营企业就形成一定的定价权。因此，营销网络既有助于扩大市场，又有助于提升产品附加值。这也是很多企业特别是互联网企业为什么为了抢先构建营销网络，而不惜先亏本经营，率先铺开渠道。因为在营销网络构建好了之后，可以再通过提价或者捆绑销售等模式，扭亏为盈，并将竞争对手挤出市场。

中国企业参与全球竞争的时间还不长，积累的全球营销网络还不够广、不够深，积极开拓国际市场，构建全球营销网络是大势所趋。中国企业也要利用对外直接投资拓展全球营销网络推动出口增速提效。虽然中国有 14 亿人口，有超过 4 亿人的中等收入群体，但人均 GDP 刚刚达到 1 万美元，对不少产品的需求还没有达到发达国家的水平,企业开拓国际市场仍然是刚性需求。更大范围地拓展国际市场,能够发挥规模效应,也有助于企业出口的增速提效。

从基础条件看,中国已经有一批有实力的大型准跨国公司,有条件向海外拓展营销网络。从市场空间看,国际市场仍然是中国企业要积极争取的阵地。加快构建以国内大循环为主体、国内国际双循环相互促进的新发展格局,并不是不要外循环,而是更高水平以外循环促进内循环。从拓展路径看,中国企业构建全球营销网络既要贸易先行,更要投资发力,有重点、有步骤地推动营销网络的铺展。

从路径上看,中国企业以对外直接投资推动构建全球营销网络主要有3个方向:

## (一) 购买在东道国有良好营销网络的濒临破产的企业

对并购企业来说,"走出去"进行海外投资的时机非常重要,购买处于危机中的企业往往交易价格更低,企业在后期的整合、优化中也更加轻松自如一些。如果购买处于经营业绩最好阶段的企业,通常要价会很高,企业在后期整合中压力会比较大,一旦整合失败,对母公司可能造成毁灭性打击。因此,越是国际环境不好,需求市场不振,企业经营压力大的时候,反而是并购企业"走出去"全球购买便宜资产的好时候。比如,2008年国际金融危机时期,一大批拥有优质资产的公司短时间面临经营困难甚至倒闭,企业被迫贱卖资产,这时出手是捡便宜货,还可以借此推动公司进行全球化布局。当前,新冠肺炎疫情席卷全球,对全球经济造成了严重影响,国外不少优质公司陷入困境,包括有良好营销网络的企业。这个时候是中国企业向海外寻求低价优质资产的好时刻,要积极推动对外直接投资获取海外公司的优质营销网络,构建更加完善的全球营销网络。

## (二) 并购具有全球营销网络的代理公司

随着跨国公司主导的产业链、供应链的全球布局,国际分工越来越深、越来越细,不论在哪个行业都形成了各种门类的大小公司参与到全球产业链中,形成了全球供应链的毛细血管网络。与此同时,在销售端的分工也越来精细化,生产和销售的距离开始拉大,有的企业专注于生产,有的企业只有营销部门,代理多个公司的产品,专注于构建营销网络。对不少初次走出国门的企业来说,通过并购国外的代理公司是向海外布局全球营销网络的最佳选择。并购代理公司的难点在于确定代理公司营销网络的价值,代理公司通常是轻资产类企业,并购公司不太容易识别其营销网络的布局范围和销售能力,仅仅根据历年的销售额度来估值,并购后销售不达预期的风险很高。比如,很多客户是紧跟营销人员的,公司被重整后员工调整导致营销明星离职等,都可能对营销网络产生不可估计的损失。因此,中国企业要提高对外投资能力以并购代理公司的形式拓展全球营销网络。

### (三) 通过直接投资自主构建营销网点

除了借助于被并购企业已经拓展好的营销网络外,企业也可以在东道国通过自主投资建立营销网点、自主招揽加盟商等形式布局全球营销网络。中国企业通常在东道国投资建厂更有专长,而对搭建营销网络则相对陌生,主要是因为扩建营销网络需要更多难以掌握的软要素。但是,任何一个市场的开拓都是从零开始,从无到有,因此自主投资扩建网络是企业"走出去"不得不学会的技能。一是企业要学会同东道国的中介机构打好交道。中介机构往往是切入市场的捷径,要先中介机构接触、学习,不断增进对市场的理解和了解。二是要能够推出符合当地消费者需求偏好的差异化产品。维护好营销网络要企业有更强的发现功能,发现更多客户需求和产品突破创新的方向,持续保持创新,引领行业发展。

## 四、对外直接投资布局生产网络路径

企业国际化的另一个动机即提升供给侧效率,通过对外直接投资在全球范围内推动生产要素的流动、组合,布局全球生产网络,提高要素配置效率。上一轮经济全球化的迅速铺展就是跨国公司驱动的生产国际化,依据不同国家的要素优势,将生产的不同环节布局在不同国家。当前,以美国为首的保护主义、单边主义不断升级,经济全球化遭遇逆风逆流,经济效率让位于产业安全。在逆全球化背景下,跨国公司继续向全球布局生产网络的活动受到抑制,全球产业链开始出现局部收缩态势,中国企业以对外直接投资拓展全球生产网络可能遇到更多阻碍。但是,毫无疑问,全球化的历史潮流不可逆转,以全球化经营优化资源配置的趋势不可改变。

改革开放以来,我国是以两头在外的加工贸易,以国内廉价的劳动力、土地等要素的低成本优势,以大规模重化工业投资,以过度消耗资源环境等构成的经济循环体系。这种生产循环在推动高增长的同时,带来了诸多问题,比如,过度依赖出口、房地产和大规模投资,导致经济脱实向虚、投资效率下降、重资产化程度过高等。当前,要素禀赋已经深刻变化,中国经济高质量发展必须充分利用国内外各类要素,推动更多本土跨国公司构建广泛的全球生产与销售网络。另外,中国作为发展中大国,虽然地大物博,但人均资源匮乏,不利用全球资源要素,满足人民的基本需求都可能遇到困难,更不用说满足人民群众对美好生活的向往。因此,中国经济的持续健康发展必须扩大对外开放,更大程度地与世界接轨、融合,充分利用国外的资源、要素,服务国内经济转型升级。对外直接投资是配置全球生产要素的重要方式,是以资本为载体促进生产要素的国际流动。中国经济的高质量发展必须扩大对外开放,更加包容地融入世界经济。中国是制造业第一大国,拥有最完善的工业体系,在全球布局生产网络符合中国的比较优势,有助于中国制造业升级,推动出口增速提效。

从投资类型上看,如图6-3所示,企业通过对外直接投资推动全球生产网络布局的路径主要包括3种:

## (一)企业通过投资同行业的海外公司,扩大生产规模、提升生产效率,进而拓展全球生产网络

企业在投资同行业公司时,母公司对行业供求更熟悉,更容易组织生产和拓展市场,相对风险较低。中国企业发展水平较低,以同行业投资更适合初次"走出去"的企业推动全球生产布局。比如,美的集团、海信电器、海尔集团、TCL集团等家电企业都有不少同行业的国际直接投资,以对外投资扩

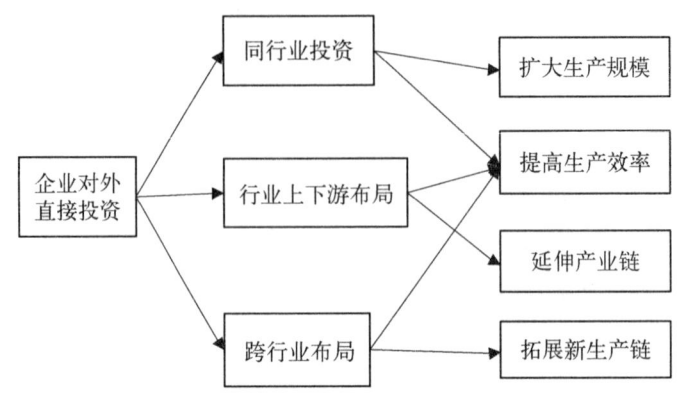

图 6-3 以对外直接投资拓展全球生产网络

展生产网络。因此,中国企业有不少可借鉴的投资经验,后"走出去"的企业可以充分借鉴过往的经验与教训,更有准备、更高效地推动企业拓展全球生产网络。当前,国际环境形势复杂,国际竞争加剧,来自同行业的竞争非常激烈,每个行业都面临着重新洗牌,新一轮的并购重组和新垄断的形成正在酝酿。我国企业要有危机意识,未雨绸缪,充分利用中国的市场优势、制度优势等积极拓展全球生产布局。

## (二)企业通过投资行业上下游海外企业,布局全球产业链、供应链

上一轮全球化最重要的特征是跨国公司通过对外直接投资在全球布局生产网络,而这个生产网络是相互独立的,是将同一生产链上的不同生产环节配置到不同国家或地区,从而优化了要素组合,提高了生产效率。因此,沿着产业链上下游进行全球布局是提升生产效率最为有效的方式。一方面,对上下游企业的投资,有助于将交易成本内部化,从而降低成本提高收益;另一方面,对上下游企业的国际投资,有利于整合产业链资源,促进企业整体竞争力的提升。对上下游企业的纵向投资是中国企业和本土跨国公司不断提升全球资源配置能力的重要方式,特别是在一些关键环节,核心零部件领域,中国与发达国家还有不小差距,中国在产业链的安全上仍然受制于人。对上下游企业进行国际投资,有利于加强中外要素合作,补中国企业在产业链上的短板、弱项,提升产业竞争力。但是,在逆全球化背景下,中国企

业向外拓展要更加关注政治风险、文化冲突和政策变化,以多元化、小规模的方式加强对有核心要素企业的国际合作。

### (三)企业通过跨行业的投资新建全球产业链、供应链

企业竞争是一场马拉松,纵观全球企业的发展历程,最终能在历史长河中留下一点踪迹的屈指可数,能长久存活下来的更是凤毛麟角。因此,企业一定要持续创新,不断完善、补充产品库,有的企业通过不断强化老本行,做精做细做尖,保持市场占有率,有的企业则通过并购等跨界经营,不断扩张形成新网络,构建多元化、多产品化的企业集团。不论企业采取哪一种方式,最终能存活下来并持续盈利都是成功的。对外直接投资为企业向海外扩张,进行多元化布局创造了条件,提供了机遇。中国企业海外投资的经历并不丰富,以跨行业投资布局全球生产网络的难度更大,可能面临各种经营风险。因此,中国企业的跨行业对外投资需要采取分步走策略,从区域上看,可以首先选取文化相近的亚洲国家,进而向欧美等国家和地区拓展;从行业上看,可以首先从制造业开始,再逐步向服务业拓展。

## 第三节　以对外直接投资推动出口增速提效的主要困难

在经济全球化背景下,跨国公司通过对外直接投资配置全球资源,将产业链的不同环节,按照比较优势布局在不同国家或地区,提高了全球生产效率,改善了全球福利。但是,在逆全球化背景下,企业的对外直接投资受到国际环境和国家政策的不利影响更多,遇到的困难更多,对中国企业以对外直接投资推动出口增速提效带来了诸多困难。

### 一、国际环境的深刻变革

当今世界正经历百年未有之大变局,国际政治、经济、文化、科技等诸多

领域都在发生深刻变化。整体来看,国际环境有以下6个方面的深刻变化:

## (一) 世界经济陷入长周期衰退期

2008年国际金融危机以来,全球经济整体上仍处于产能过剩、动力不足的格局之中,新冠肺炎疫情大流行令脆弱的世界经济雪上加霜,拉长了衰退周期。特朗普上台后,秉持"美国优先",以邻为壑的战略,美国经济出现了短暂"复苏",经济增长新动能仍然没有出现。全球无限制的量化宽松,只能是以时间换空间,如果新科技变革迟迟不能突破,世界经济将陷入长期滞胀。

## (二) 经济全球化逆风倒流态势不减

中国经济奇迹得益于融入全球化,参与到国际产业分工合作,激活了闲置要素,促进了生产效率的提升。未来,中国经济的发展仍离不开全球化,要更高水平与世界接轨。但是,当前美国成了逆全球化的最主要推手,美国两党均以反全球化为选举造势,世界经济被动陷入了美国主导的全球化逆流当中。这一趋势随着美国不断加码贸易冲突、科技限制、金融制裁等而愈演愈烈,短时间看不到美国政策转向的苗头。经济逆全球化就导致不少国家调整了针对国际直接投资的政策,投资的准入门槛被各种"玻璃门""弹簧门"等所阻挡。全球化的逆风倒流长期下去可能使得临时性措施成为常规政策,这种保护主义、单边主义对中国企业"走出去"构成了无形障碍,不利于中国企业拓展海外投资。

## (三) 全球产业链布局内向性收缩

产业链全球布局有利于各国充分发挥各自比较优势,是最佳产业布局模式。但是,逆全球化的后果之一是跨国公司推动的产业链全球布局受阻,美国、日本等国家纷纷主张产业回流,高端产业向发达国家转移,中低端产业向发达国家周边及其成本更低的东南亚等国转移可能成为趋势。世界不再是平的,而是更加坑坑洼洼,跨国公司依据各国要素优势进行全球生产布局的模式发生变化,中国企业融入全球产业链、供应链被一些政策因素所打断。中国是全球制造业第一大国,在全球产业链和供应链布局中具有重要作用,全球产业链、供应链的收缩,不利于中国企业继续融入全球产业链。产业链被割裂也阻碍了国际分工的拓展和细化,不但产业格局受损,中国企业参与全球产业链,最大化利用全球要素推动转型发展的道路,也在一定程度上受阻。

## (四)国际贸易投资增长阶段性回落

贸易和投资作为衡量经济表现的重要指标,都将因为国际需求萎缩和大量经济活动停滞而大幅减少。WTO曾预计2020年国际贸易将比2019年下降9.2%[1],联合国贸发会议统计数据显示2020年全球外国直接投资流量将下降42%[2],国际贸易和投资都将呈现阶段性大幅回落。中国是全球第二大经济体,经济对外依存度高,国际贸易和投资对中国经济有较大影响。一方面,中国是全球第一大货物贸易国和第三大对外直接投资国,全球贸易和投资的阶段性回落,直接影响中国经济的稳定增长;另一方面,国际贸易和投资的整体性回落,不利于中国企业以"走出去"向海外扩展市场和寻求最佳生产要素组织生产。在国际贸易和投资低迷的背景下,以对外直接投资推动出口增速提效将面临更大困难。

## (五)中美经济竞争重塑世界经济格局

1978年改革开放之后中国经济迎来了40多年高速发展,也得益于良好的中美关系,中美关系改善为中国发展提供了稳定、可预期的外部环境。中美之间合则两利、斗则俱伤,中美关系是中国企业"走出去"的最不确定性因素,也是最重要因素之一。但是,从特朗普上台后,美国对中国的战略发生了重大变化,2018年美国对中国的战略从"接触"正式转向"竞争",美国在贸易、投资、科技等多个领域对中国进行限制、围堵和封锁。美国和中国是全球前两大经济体,两个超级大国,中美之间的竞争关系将对世界政治、经济、

---

[1] 履霜:《WTO:预计2020年全球商品贸易下降9.2%,新冠疫情是主要风险》,http://www.cnforex.com/news/html/2020/10/07/0098a5c0e932d6e8c2f0dfed9b549369.html,2021-11-08。
[2] 联合国贸发会议:《2020—2021全球投资趋势与展望》,2021年1月24日。

科技等多个领域产生深刻影响。中美关系的变化将重塑世界经济格局,中美关系持续紧张将严重影响全球经济复苏步伐,同时直接影响中国企业"走出去"和中国产品"走出去"。

(六)科技创新呈多点爆发态势

当前世界经济陷入长周期衰退期的关键是引领新增长的科技变革迟迟没有出现,虽然互联网革命从21世纪初就开始了,但是主要是在应用层面,并没有形成例如蒸汽机、电能等颠覆性技术并产业化。新一轮世界科技革命和产业变革正在迅猛展开,各国抢占全球科技创新主导权和制高点的竞争更加激烈。我国经济总量位居世界第二,但突破中等收入陷阱,仍要靠科技创新引领产业升级。单纯依靠以市场换技术、用海外投资并购技术、靠模仿和学习获取高科技,很难走通,必须加大自主创新。要充分依托国内需求牵引、大规模市场优势拉动和产业体系完备,科技与人才资源总量较多的强大支撑,用好新型举国体制,推动开放型大规模自主创新,闯出以我为主的科技创新新路,不断驱动经济高质量发展。

## 二、国家宏观政策不确定增加

国家宏观政策是影响对外直接投资的重要因素之一,这种政策主要包括母国政策和东道国政策。当前,逆全球化态势不减,不少国家都采取以我为主的政策。特别是美国为首的一些发达国家对我国企业设置一系列的透明和非透明的准入限制。中国企业"走出去"面临更大困难,自2017年底,美国对中国挑起贸易冲突以来,美国就不断对中国企业赴美投资设置一系列的障碍。美国商务部一贯性地利用所谓威胁国家安全的名义对中国企业的并购进行调查,无端干预中国企业的正常投资。2018年4月,美国商务部工业与安全局以威胁国家安全为由对中国的中兴通讯实施了长达7年的封杀令,并派驻调查队对中兴进行调查,中兴通讯公司由于美国的这一霸权措施而被迫陷入了困境。从2019年5月起,美国又对包括华为在内的70家中国企业列入"实体清单",之后,又多次新增列入清单的企业数量,截至2020

年10月,已有超过300家中国企业被列入清单,数量仅次于俄罗斯。中国对美投资遇到了最艰难的政策环境。

"实体清单"是美国政府进一步打压竞争对手的重要手段,从我国被列入该清单企业的目录可以看出,美国打压的中国企业已经囊括了高科技领域的方方面面。根据美国《出口管制限制》的规定,任何一家企业只要其使用美国技术占比超过25%就要遵守美国的法律。一些为中国企业提供代加工的跨国公司也将被限制向中国企业出口,比如台积电、高通、英特尔等一大批企业都有可能对中国客户断供。与此同时,美国的一些盟国包括英国、法国、澳大利亚等也对华为的市场准入设置了全部或部分的限制。这些限制措施对中国相关企业的经营已经产生了严重影响,有的企业关键零部件短缺,有的甚至项目停摆,更何况企业的对外直接投资和出口,以对外直接投资推动出口增速提效的有效传导路径一定程度上受到了阻力和封锁。

因此,在当前国际环境下,东道国的政策比以往任何时候都显得更加重要。东道国的政策涉及从市场准入到经营再到破产等企业全生命周期的多个环节,任何一个环节的限制措施都可能对中国企业的海外投资产生重要影响甚至损失。在当前国际环境下,中国企业应当首先在与中国关系较好,同时又有好项目的国家寻找投资机会。从地理位置上看,中国企业对直接投资的首选目的地仍然应该是亚洲国家和地区,比如,日本、东盟国家、韩国等。选择地理距离近、文化相似度高、政策波动小的国家或地区进行投资风险相对会低一些。从行业看,中国企业到发达国家并购高新技术企业受到东道国的限制更多,有些对外直接投资可能被迫转向传统制造类或者中低技术型领域。从投资类型上看,更多企业可能选择绿地投资的形式,充分利用东道国的劳动力、资源等不易流动要素,通过带动当地新增就业获得政府更大支持。

短期来看,保护主义和单边主义并没有转向的迹象,中国企业对外直接投资面临的东道国宏观政策并不会立即调转方向,东道国宏观政策环境依然是影响企业走出去的重要因素。在某些东道国宏观政策不确定背景下,中国企业发挥对外直接投资推动出口增速提效的机制遇到更多困难。因此,要积极调整对外投资战略以适应东道国政策环境的变化,未雨绸缪,防患于未然。

## 三、中国内部环境的深刻变化

国内环境是决定国家发展战略的最根本因素,长期以来,中国"两头在外"的发展模式是与我国国内环境、要素禀赋结构、发展阶段是相适应的。但是,经过改革开放之后40多年的高速发展,国内环境发生深刻变化。正是由于对外直接投资和出口向来都与国内环境紧密联系,因此,我国国内环境的诸多变化也对以对外直接投资推动出口增速提效产生了深刻影响。

### (一)国内经济下行压力加大

从2008年开始中国经济增长进入了下降通道。2008年国际金融危机后,中国推出4万亿元的刺激计划,2010年经济短暂反弹到10%以上,此后持续呈下滑态势。经济增速从8%左右,下降至6%左右,如图6-4所示,呈现明显的阶梯下降。中国经济潜在增速由于内部结构的变化而出现放缓态势,叠加新冠肺炎疫情大流行影响,中国经济下行压力进一步加大。2020年

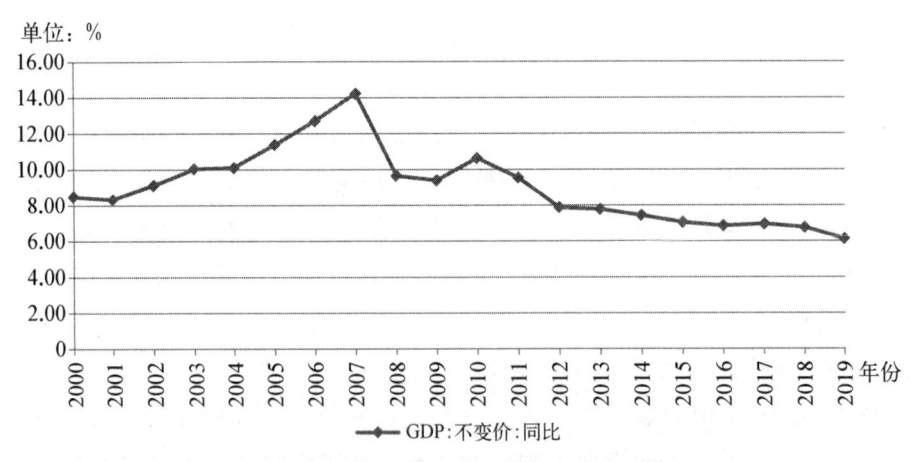

图6-4 2008—2019年中国GDP增速变化

数据来源：Wind数据库。

经济按可比价格,同步增长 2.3%,其中第三、四季度同比增长 4.9%和 6.5%,连续两个季度回升。但是,整体看中国经济下行压力依然较大,做好"六保"工作,落实"六稳"任务依然艰巨。在经济下行压力加大的背景下,中国企业首先做好的是保住国内市场,稳住国内份额,拓展"走出去"的动力减弱,政府也更倾向于使企业的投资留在国内。因此,国内经济下行压力加大时,企业自身和政府都偏向保守,对外投资萎缩。

## (二)支撑出口的廉价劳动力供给增速下滑

廉价劳动力是中国出口增长的重要因素,人口结构是维持以加工贸易为主的出口增长模式的关键。但是从 2000 年以后,我国的劳动年龄人口增长率迅速减缓,近年来一直维持在 1%左右的低位。在出生率下降,死亡率基本不变的情况下,人口自然增长率从 1978 年的 12‰下降到 4.92‰,人口结构也不断向老龄化迈进,65 岁及以上的人口比例从 1982 年的 4.91%增加至 2020 年的 13.5%。劳动力成本不断上升,以城镇私营单位制造业平均工资为例,2008 年为 16 445 元/年,2020 年增长至 65 881 元/年,是 2008 年的 4 倍。[①] 同时,我们看到又出现了一些新现象新趋势,导致企业将生产向中西部地区转移的盈利预期降低。(1)人均收入水平提高,内地生活成本大幅上升;(2)内地远离港口和国内主要市场,加上运输成本企业将生产基地转向内地可能丧失价格优势;(3)内地的青壮年劳动力很大一部分流到了沿海城市,内地实际可利用劳动力有限,所以劳动密集型加工贸易内迁不具有现实性。因此,不少内迁企业往往主要考虑面向国内市场,而不是成本因素,加工贸易面临着向成本更低的发展中国家转移的趋势,比如耐克、三星等都在将部分产品的生产向印度、越南、柬埔寨等低劳动力成本的国家转移。

## (三)经济发展阶段决定了传统出口拉动不可持续

一国要素禀赋并不是一成不变的,劳动力、资本、技术等都会随着时间的推移而发生数量和质量的变化。经济发展要适应本国要素禀赋的变动,

---

[①] 数据来源:国家统计局数据库。

不同的发展阶段需要相适应的经济增长动力。传统的贸易拉动增长尤其是加工贸易拉动模式,主要带来经济增长量的变化而相对缺少结构改进和质量提升。目前,我国"双缺口"问题不但已经解决,而且还积累了大量的资金,完成了前期的资本积累,经济发展阶段发生了变化。经济增长方式需要从注重量的扩张向结构优化和质量提升的转变。根据经济发展阶段理论,中国经济已经经过起飞阶段,不断在成熟阶段向纵深处发展,增长动力也要不断转换,传统出口拉动必须转换升级。

### (四) 生态环保等压力不断上升

随着全球温室气体含量上升、臭氧空洞变大、南北极冰雪融化等,环境问题越来越被广泛关注,经济增长的环境约束越来越大,可持续的发展模式正成为主流。中国的经济发展模式,也正在从粗放式向集约式转变。作为世界第一大货物贸易国,加工贸易占出口的比重一度曾高达55%以上,近年来仍不低于30%,处于全球价值链的低端。中国的加工贸易发展是伴随全球产业转移过程,发达国家的传统产业转向了中国等新兴国家,而这些产业中诸如钢铁、纺织、玩具等的生产过程都对环境有较大的污染,产业的转移同时也是污染的全球转移。近年来,我国不断出现的大气污染和水污染等环境问题,暴露了前期粗放发展所带来的负面效应,日益严峻的生态问题表明以巨额环境成本为代价的出口增长已不可持续。同时,世界各国对环境保护的要求也越来越高,我国从贸易大国向贸易强国的转型过程,出口必然实现新突破,诸多行业可能在环境保护上都面临更多压力,要加大力度推动出口的绿色发展。

### (五) 高端人才储备不足

因为技术通过人才传递到具体生产活动中,对外直接投资发挥好逆向溢出效应需要大量的人才支持,以对外直接投资推动出口增速提效关键要素之一是人力资本。改革开放以后,中国的文盲率从20世纪50年代之初的80%,下降到不足4%,随着高等教育的重启,经过几十年时间培养了一大批的人才,本科、硕士和博士毕业生持续增长,2019年普通高等院校毕业生超 750 万人,研究生毕业人数 64 万人。[①] 中国的劳动力素质有了大幅提升,同时在经济高速发展过程中,也积累了不少高端人才,但是整体水平还与国内经济转型升级需要不相匹配,与追赶国际领先技术所需人才能级还有差距。特别是在基础科学和前沿理论上有较大人才缺口。因此,一定程度上也存在企业对外直接投资后母公司高端人才不足的情况。

## 第四节 中国企业"走出去"推动出口增速提效的保障措施

当今世界正处于百年未有之大变局。未来一段时间,中国企业"走出去"所面临的国际环境将更加复杂,国内经济社会条件也深刻变革,以对外直接投资推动出口增速提效的机制必将面临诸多障碍。但是,大力发展对外直接投资的趋势没有改变,中国企业通过"走出去"推动高质量发展的方向没有变。为了更好服务和发展对外直接投资,需要建立更加完善的保障机制,以贯通国内国际双循环来更好推动企业高质量发展。

### 一、建立国际化高标准的对外投资政策体系

当前中国需要推进的改革,已经从当年简单地优惠政策型开放,上升到建设开放型经济新体制与高标准的全球化经济体制相兼容的阶段。国内体制与国际规范兼容性的内涵伴随着开放度的提升而扩大,在改革开放初期,这种兼容性表现在政策上,即对外资外贸的特殊政策,加入 WTO 后,为履行承诺,国内进行了广泛改革,实现了与国际规则一定程度的兼容,这是一种特定意义上的体制兼容,即市场经济规则意义上的兼容。当前,经济全球化演化新趋势正在催生高标准的国际经贸与投资规则,积极参与、融入全球化

---

① 数据来源:Wind 数据库。

新规则体系需要推进新的改革,以开放倒逼改革。

"走出去"和"引进来"相互影响、相互促进,长期以来我国更重视"引进来",政策也更倾向于引资。理论上,对外直接投资和引进外资的政策应该要一视同仁。实际上,各国在不同发展阶段都会采取有针对性、有倾向性的外资政策。纵观全球主要国家的对外开放,我们可以看到除了日本这样资源匮乏国家是对外直接投资独大之外,大部分国家的对外直接投资和引进外资基础呈持平状态,或引进外资稍微超出对外投资。改革开放初期,我国经济发展基础薄弱,以吸引外资发展外贸,解决"双缺口",驱动经济增长的路径符合中国经济发展阶段要求。此时的外资政策上也更加关注引进外资,国家层面出台了"三来一补"贸易的免税措施,吸引了大批外资企业进入中国东部沿海地区,同时,各个省、市、自治区、县等各级政府也大力推进招商引资,出台了一系列的优惠政策。因此,中国的对外开放有鲜明的政策引导性,政策成为资本、要素向中国集聚的重要指挥棒。

同样,当前中国到了对外投资和引进外资双向发展的新阶段,从投资总量上看,从2015年OFDI流量首次超过FDI流量以来,中国的OFDI和FDI基本呈现总量平衡的态势,但是从政策上看,我国对外投资的相关政策明显没有跟上中国对外投资实践,为了更好服务对外投资,高质量发展对外投资,必须建立国际化高标准的对外投资政策体系。一是国家层面有必要出台对外直接投资的政策指导意见。企业在对外直接投资过程中,总会遇到有关项目核准的困难,要进一步明确标准。特别是针对比较敏感的项目,要进一步详细说明,不能一刀切。二是加强对外直接投资的管理体系建设。由商务部牵头,工信部、发改委、外汇管理局等多个部门相互配合,加大信息共享,建立统一管理、高效管理的监管体系,提高对项目的监测能力和风险预警能力。三是提高对企业对外直接投资的服务保障。中国市场主体多,各类企业参差不齐,政府有必要加强对企业"走出去"的前期辅导,更好为企业提供东道国及相关行业的信息服务。四是完善外汇管理制度。汇率风险已经是企业对外投资的重要风险之一,外汇管理制度的不透明可能增加企业对资金获取时间上的不确定,不但贻误交易时间还可能遭受不可预计的汇率损失。因此,要加强外汇管理的透明化,提高获得外汇资金的可预期度。

对外直接投资政策体系的建立和完善是一个系统工程,需要多个部门的紧密配合,提升政府部门对投资者的服务能力和水平更需要积累。当前,中国的对直接外投资正在转向高质量发展的关键阶段,政策上的支持和配套必不可少,必须持续提升政府治理能级,降低企业"走出去"的制度性成本,提高"走出去"的效率。

## 二、创造更加包容开放的营商环境

未来中国对外开放的方向是从要素型开放转向制度型开放,开放的程度将越来越大,外资准入门槛将越来越低,投资准入范围将越来越广。中国的开放也肯定是双向开放,既要大力吸引外商投资又要更大程度推动对外投资,更高效地利用国内要素,更优化配置全球资源,构建国内国际双循环新发展格局。大范围的"引进来"可以吸引更多外资企业了解中国、了解中国企业,为中国企业"走出去"积累更多好口碑。同时,吸引外资也间接促进更多国内企业了解国际市场,为中国企业对外投资培育更多积极要素。中国双向互动投资格局已经到了新阶段,为了更好推动形成双向互动的投资局面,必须持续优化营商环境。中国要从依靠要素优势吸引向依靠营商环境吸引力转变,提高营商环境永远没有止境,全球吸引力强的国家和地区无一不是拥有良好法治环境、诚实守信的社会环境、竞争有序的市场环境等良好营商环境。中国要进一步提升国际投资的双向互动发展,必须优化升级营商环境,要建立各类所有制企业统一规范、公开透明、公平竞争的营商环境。完善国内市场经济体制是创造开放型经济的制度基础,其核心是使各类所有制企业公平竞争,以市场经济体制建设实现要素充分自由流动,以资源有效配置提高经济效率,以国际标准和法治化来规范市场,从而形成市场本身真正的开放性,替代以政策激励的开放模式,不断优化营商环境。

### (一)健全法律体系

法律是构建和优化营商环境最重要的基础,一定要推动形成法治化的营商环境。要完善引进外资和对外投资的相关法律法规，对投资全过程尽量做到有法可依，有章可循。

## （二）加强市场监管

监管从来都是一把双刃剑，监管的基础是法治，要加大依法监管，执法要严，执法更要准，不断提升监管水平和监管能力。

## （三）加强执法能力

全面落实内外资一视同仁，既要破除政府设立的"弹簧门""玻璃门"和"旋转门"等，也要打击各类市场垄断，营造公平竞争的市场环境，激发更大创新创业活力。

## （四）拓展国际合作

东道国环境对中国企业海外投资的安全和效益都有直接而重要的影响，要在国家层面加强与世界上更多国家的建立更加友好的关系，签订各类合作框架，增强对企业海外投资的保障。

## （五）更多领域对接国际标准

不融入国际标准体系很难真正地融入世界经济体系，要不断适应全球经贸规则的变化。我国已经在全国范围内设立了不少自贸区，要充分发挥自贸区的制度优势，在更加具体的行业领域对接国际标准，先行先试，然后再在全国推广。

优化营商环境是一个持续的系统工程，是政府、社会、企业等多方面相对制约、互相促进的过程。政府要切实从国家经济社会发展的全局出发，既做好管理又做好服务，维护好稳定健康的发展环境。行业协会、中介机构、公民个人等要加强对包容开放、和谐有序的环境和氛围的培育，通过扩大宣传教育等，加强对良好社会环境的爱护和保护。企业要提高自律，不违规、不犯法，增强合法经营、文明经营的意识，因此，要从多方面全方位同步推动营商环境的优化，以更高水平双向开放推动更大规模的"引进来"和"走出去",为对外直接投资的高质量发展创造更好的环境。

## 三、加强双边和多边投资战略合作

不管是投资还是贸易,一旦跨越国界就增加了交易和合作的难度,因此,在国家间签订相关贸易投资协定至关重要。主要在于跨越国界之后,不同国家的制度、法律、文化等都存在较大差异,企业"走出去"和跨国公司整合不同国家生产要素的障碍就更多。当前,从双边经贸战略合作框架与协定到区域一体化再到全球多边体制都是推动资本流动的重要制度保障。双边和多边经贸协议数量和水平是贸易投资自由化和经济全球化的重要标志。在全球化深入发展的同时,也是全球范围内双边和区域贸易投资协议签订最多的时期。当前,经济全球化遭到了逆风逆水,我国对外直接投资的外部环境发生深刻变革,特别是美国的一系列"退群"对全球的多边体系产生诸多不利影响。中国要进一步推动对外直接投资的高质量发展,必须主动构建良好的外部环境,加强双边和多边投资战略合作。

### (一) 加强与日本、韩国等周边国家的贸易投资战略合作

重点推动与周边国家的经贸合作是拓展企业"走出去"的主要方向之一。首先,要稳住周边,加强与日韩的战略合作。日本和韩国在经济发展和技术水平上都高于中国,与中国经济互补性也比较好,维护好与日本、韩国的经贸关系有助于我们继续向其学习,发挥后发优势。要加快推进中日韩自贸区协议的签署,为中日韩三方经贸合作创造更好的外部环境,深入拓展相互投资领域,促进中日韩经济共同发展。其次,要加强与东盟等国家的经贸战略合作。东盟国家与中国具有很强的经济互补性,要营造更好的区域合作环境,一方面是推动中国与东盟自贸区建设;另一方面要与个别国家签署合作框架,最大限度地降低政治风险。再次,要加强与俄罗斯的能源战略合作。中国是能源需求大国,能源安全至关重要,仍然要重视能源供给的多元化,特别是在逆全球化背景下,要加强与俄罗斯的战略能源合作,推动中

国与俄罗斯之间的能源投资。

## （二）要加强与欧洲主要国家的经贸规则对接

中国企业"走出去"面临的外部环境变化实际上主要来自美国对华政策的改变,因此要特别防范这种"不友好"从美国向其盟友国家传播,最小化美国对我的战略围堵影响。所以,首先要加强与欧洲主要国家包括英国、德国、法国等国家的外交和经贸规则对接,加快签署《中欧双边投资协定》,推动构建中欧自由贸易区等,以更大范围的经贸规则对接和更大程度的贸易和投资合作提升中国与欧洲的经济融合度,以经济融合预防政治割裂。其次,要鼓励更多企业向欧洲投资,以投资带动贸易、技术、人才等要素的流动与交往,深化互利合作。中国与欧洲在技术、人才、服务等方面都有不小差距,向欧洲投资有助于获取高级生产要素,通过逆向溢出效应促进国内要素升级。再次,要加快推动中欧服务贸易合作。中国虽然在2020年取代美国成为欧盟最大的货物贸易伙伴,但服务贸易发展严重滞后,要大力发展双边的服务贸易,带动经贸深度合作。

## （三）要继续拥护以WTO为核心的多边体制

WTO改革虽然遇到了一些困难,但我们不能放弃以WTO为核心多边体制,仍然要积极推动WTO改革。在全球缺乏统一经贸规则标准的情况下,WTO作为拥有164个成员国的国际机构,仍是全球经贸规则改革的主导力量。中国作为全球最大的货物贸易国,要主动参与并推动WTO改革。首先,要进一步扩大开放,推动中国贸易规则与国际接轨。比如,加大服务业开放,完善知识产权保护等。其次,共同推动WTO的制度创新,使得WTO再次发挥引领全球经贸规则改革的作用。比如,积极推动投票规则改革,在更多领域提出建设性意见和主张等。

# 四、构建高水平人才流动与培育机制

科技是第一生产力,但科技的发明创造、应用是由人才推动和完成的。

人才特别是高水平人才是最核心、最有创造力的要素,不论哪一种类型的公司,都需要吸引和培养人才,围绕人才能力提升形成持久的竞争力。对外直接投资是相对复杂的投资活动,需要多种高质量要素相互配合,特别是高级人才,不少企业就是缺少高质量的复合型人才,导致公司在对外直接投资上没有把握好方向,没有评估好风险,没有实施好整合,结果将企业带入了发展困境。因此,在国家层面上也一定要重视人才,构建促进高水平人才自由流动的制度和有效培育高水平人才的机制。

### (一) 要破除限制人才自由流动的各种制度性障碍

人才只有在自由流动的条件下,才能实现最优配置,要让各类人才流向其发挥效用最高的工作地点。一是打通人才国内流动的各类限制。在交通极其便利的今天,区域障碍已经不是限制人才流动的重点,制度性障碍比地域障碍更加严重也更加明显。比如,在社保、户籍、职称等不少方面仍然制约着人才的自由流动,有必要出台更大力度的改革措施,不同地区也要加强制度协同,推动行政管理一体化。二是打破国际人才自由流动的各种限制,为国际人才流动创造更多便利。我国的高端人才仍旧匮乏,特别是顶尖的科学家非常紧缺,亟须大量吸收引进海外学者,开发"外脑"、用好"外脑"。要为海外人才来华研发创造更加便利的环境,制定符合国际惯例的有竞争力的个人所得税税率、更便利的签证政策、更久的居留期等。

### (二) 要营造培养人才的良好环境

长期以来,中国对研发的支持力度远远高于在教育上的支持力度,2019年政府教育经费占 GDP 的比重为 4.04%,低于全球平均水平 4.48%,也低于美国的 5%(2014 年)和英国的 5.5%(2016 年),[1]而研发总支出 22 143.6亿元,全球第二,占 GDP 的比重 2.23%。[2] 但是,中国的科技发展已经到了一个关键转型期和瓶颈期,更多需要在核心领域进行自主创新,以突破"卡

---

[1] 数据来源:世界银行数据库。美国、英国的数据仅更新到 2014 年和 2016 年。
[2] 国家统计局:《2019 年全国科技经费投入统计公报》,http://www.stats.gov.cn/tjsj/zxfb/202008/t20200827_1786198.html,2021-11-08。

脖子"技术限制。基础学科和基础理论是实现重大创新突破的基础,大力培养基础研究型人才是人才计划核心,因此在经费的支出上要加大对基础教育和基础学科的支持力度,适量减少中低技术含量的研发支出,将有限的财力用在刀刃上。另外,要营造更加自由活泼的人才成长环境,提高知识产权保护力度,构建产学研用一体化机制等,不断优化人才发展环境。中国是一个发展中大国,提升本土人才的竞争力是要坚持的长期战略,只有人才整体素质的提升才能真正实现高质量的自主创新。

## 第五节 本章小结

出口增速提效的关键是提高企业竞争力,要从产品到销售到服务等全面发力。而进出口与对外投资相互联系、相互影响,企业通过投资可以推动出口增速提效。从整体来看,中国大多数企业仍处于全球价值链的中低端,向价值链的高端跃迁是推动中国企业出口增速提效的大方向。本章主要分析了中国企业以对外直接投资推动出口增速提效的4条路径:一是技术升级路径;二是品牌价值路径;三是营销网络路径;四是生产网络路径。这4条路径相互影响、相互促进。在国际国内环境深刻变革背景下,中国企业发挥上述4条路径可能遇到更多困难和挑战,关键要能够化危为机。

# 第七章

## 以对外直接投资推动出口增速提效的政策建议

高质量发展对外直接投资，以对外直接投资推动出口增速提效既是中国外资外贸的发展战略使然，也是中国高水平开放的要求使然。第二次世界大战以后的全球化将国际分工推进了全球价值链分工的层次，从之前的产业间分工、产品间分工延伸到产业内分工、产品内分工和零部件内部的再分工。投资与贸易的关系联系更加紧密，对外直接投资推动出口增速提效的机制与路径更加顺畅，中国企业也要善于利用外部资源、要素、市场等多方因素，推动出口增速提效，不断提高经济发展质量。

## 第一节　继续发挥比较优势，拓展海外市场

扩大出口的根本仍然是发掘比较优势潜力，以培育、发展优势产业推动产品供给能力提升的同时积极拓展海外市场，双管齐下提高出口增速提效。经过改革开放以来40多年的发展，中国的比较优势发生了一定变化，国际政治经济关系也深刻变革。在局部逆全球化背景下，短期内全球价值链分工模式完全被逆转的可能性不大，但长期来看，全球化将在迂回中前进。中国要利用全球化深刻变化的机遇，培育新的比较优势，提高出口能力，推动出口增速提效。

### 一、加强优势产业海外布局，带动出口增长

改革开放以来，中国从贫困落后的国家发展成为人均GDP超过1.2万美元的中高收入国家。中国建成了全球最完备的工业体系，形成了不少在

全球具有竞争力的产业,中国经济从高速增长阶段转向高质量发展阶段。中国的对外直接投资的高水平发展也要与国内已经形成的优势产业以及中国经济的发展阶段相结合,以对外直接投资带动优势产业"走出去",推动出口增速提效。

## (一)推动基础设施建设相关优势产能"走出去"

中国经济过去 40 多年快速增长的时期,也是产能迅速扩张的时期,中国的钢铁、水泥、挖掘机等产量一直处于世界前列,从产能不足转向了产能过剩。尤其是 2008 年国际金融危机后,中国启动基建投资拉动经济增长,经济实现了 V 形反弹,但在产能增加同时,有效需求没有跟上,出现了一定程度的产能过剩。大基建等产能在国内阶段性出现供大于求,并不是说明其没有全球竞争力,过剩的产能也并不代表在全球范围内都是低效和无用的,恰恰相反,这些产能反映中国的产业优势。中国改革开放 40 多年来,城市、乡村都发生了巨大变化,其背后是中国强大的城市建设能力的支撑。经过 40 多年的实践,中国在基础设施领域积累了大量的技术、人才、装备等,形成了强大的国际竞争力,因此有基础有条件推动优势产业"走出去"。从产业发展的国际转移角度来看,中国基建产业向其他发展中国家转移是必然规律。我们要利用经济全球化发展的新趋势,提前布局,主动应对变化,加强与东南亚、非洲、南美等发展中地区的交流与合作,深入挖掘重点地区的重点项目,以项目合作带动产品"走出去"。以对外直接投资布局海外基础设施建设项目,推动中国的优势基建产业相关产品的出口,推动出口增速提效。

另外,从需求端来看,众多发展中国家的基础设施还比较落后,对铁路、公路、楼房等还有很大的需求,中国的基础设施建设具有国际竞争力,通过产能合作既可以推动中国装备出口又可以提高东道国的基础设施水平。产能合作不仅包括对外承包工程和建筑业"走出去",还包括配套的资金、技术和人才的输出。对外直接投资是推动产能合作的重要途径,但是发展中国家通常缺少资金,难以通过简单的出口促进产能输出,因此需要合作机制创新,对对外投资项目提供配套金融支持和制度保障,更加有效地推动产能合作。

## (二)推动家电、轻工、通信等传统优势产业"走出去",做大做强

得益于20世纪八九十年代的国际产业转移,中国承接了欧洲、美国以及亚洲四小龙等国家和地区"被淘汰"的制造业,家电、轻工、通信等行业迎来了大发展。中国形成了一批以加工制造为核心竞争力的产业,这些产业依托中国的市场大、人口多等要素优势逐渐变大变强,出现了一批有国际经济竞争力的企业,比如海尔、美的、格力、联想、华为等。这些由小做大,由大变强的企业,是全球化新背景下,中国以对外直接投资驱动出口增速提效的最重要主体。要在有竞争力的优势产业中,培育一大批本土跨国公司助力推动出口增速提效。

家电、轻工、通信等传统优势产业在我国要素结构变化和要素成本上涨的过程中,也面临着生产成本上升,比较优势相对减弱的态势。边际产业国际转移是大势所趋,有的甚至已经开始将部分生产基地转移到海外,通过对外直接投资充分使用国外生产要素,降低生产成本,提高产品竞争力。中国传统优势产业"走出去"或转型发展已经成为趋势,关键是如何"走出去",减少其负面影响,增加其正面影响。首先,需要利用已经成长起来的大型企业,它们技术水平更高、抗风险能力更强,更有能力海外布局。要以供应链的全球布局提高资源、要素的全球配置能力,提高企业综合收益率。其次,传统优势产业海外投资目的是将附加值低的非核心环节转移到生产成本低的地区,同时要防止国内产业空心化。要注重对生产线上的工人、设备、土地等要素的再利用,要积极培育其要素升级,挖掘新潜力、新市场。再次,中国的优势产业"走出去"要特别注意率先开拓海外市场,以新市场的发掘提高全球市场占有率,进而带动国内核心零部件的出口。优势产业"走出去"要能够推动中国企业在全球价值链上升级,以拓展更大的海外市场,弥补国内部分产业链转出的影响。

传统优势产业中的大企业是中国资本"走出去"的中坚力量,虽然其中不少企业已经具备一定规模和国际竞争力,但和国际巨头相比仍有差距,特别是海外投资一直是中国企业的短板,在对外投资能力上,与发达国家

的跨国公司差别更大。中国的对外直接投资战略与西方国家的主要不同在于战略导向性,国家战略和政策对企业"走出去"有很大的引导作用。因此,中国企业"走出去"过程中特别关注政府政策,当政策上有为"走出去"提供更多税收金融支持和贸易投资便利化措施的时候,企业"走出去"的速度会加快。

## 二、推动与"一带一路"沿线国家的产能合作

中国的开放包括对内开放和对外开放,中国的对外开放也包括东西开放和南北开放。中国可以向发达国家学习其技术、管理等,可以将中国优势产业与发展中国家达成合作,既帮助其发展又拉动中国出口增长。通过对外投资带动中国优势产业在全球布局,特别是发展中国家的布局是中国参与全球化、融入全球化、利用全球化的新举措。随着"一带一路"倡议的推进,沿线国家的合作框架逐步搭建了起来,形成了一定的基础。"一带一路"沿线国家也是中国推进国际合作的重点区域。首先从历史上看,从西汉的丝绸之路起,中国与沿线国家就早有贸易往来;其次从发展阶段看,中国与沿线国家具有产业互补性,具有深度合作基础。所以,高质量发展对外直接投资也要瞄准"一带一路"沿线,以产能合作带动出口增速提效。

中国与"一带一路"沿线国家合作的重点领域在于基础设施投资和贸易。基础设施的产能合作实际就是落实"五通"理念。在修桥铺路的同时带动基建产能"走出去",既包括挖掘机、起重机等机械设备之类的"硬设施"的"走出去",也包括建筑设计、管理团队等"软设施"的"走出去",道路联通和贸易畅通同步进行。"一带一路"建设从 2013 年被提出后,逐步从倡议阶段发展到具体的项目落地阶段,取得了实质性进展,与此同时,中国对"一带一路"沿线国家的贸易也在快速增长。数据统计显示,2014 年到 2019 年贸易值累计超过 44 万亿元,年均增长达到 6.1%,中国已经成为沿线 25 个国家最大的贸易伙伴。2019 年,中国与"一带一路"沿线国家进出口总值是 9.27 万

亿元,增长了 10.8%,高出外贸平均增速 7.4 个百分点,占进出口总值将近 30%。[①] 中国与"一带一路"沿线国家近年来的进出口增长速度表明,中国与沿线国家的贸易潜力巨大,双方经济有很强的互补性,中国有供给,沿线国家有需求。但是,"一带一路"沿线国家普遍碰到的问题是资金不足,我们要善于创新融资合作模式,通过特许经营、低息贷款等多种形式解决资金困难,同时加强双方政府对项目的监管和监督,以保障项目顺利、安全、高效的实施与运行。

"一带一路"建设为产能合作创造了良好的政策环境和制度条件,可以通过政府的政策协同推动企业间建立产能合作机制。从产业发展看,基建产能在国内的发展时间长、技术水平高,具有较高的国际竞争力。产能合作的理论基础在于优势互补,"一带一路"沿线国家基础设施需求空间巨大,中国具有充足的基础设施建设能力。高速公路、高速铁路、电信、水利等多个行业不少中国企业拥有国际水准,近年来已有部分公司通过产能合作输出了国内的大量装备,为对外直接投资推动产能输出提供了经验借鉴。比如,连接昆明和老挝万象的中老铁路项目于 2015 年签署,由中国电建、中国铁建等公司参与施工,随着施工的推进将带动我国的钢材、机床设备等的出口,中泰铁路、雅万铁路等项目的启动也将带动一批基建产能"走出去"。另外,中国还与哈萨克斯坦签署了 50 多项产能合作项目,与巴基斯坦签署 20 多项产能合作项目[②],涉及水利、特高压电网、光伏、公路等多个项目,随着这些项目的推进也将带动更多的装备和原材料的出口。

中国与"一带一路"沿线国家的合作要注重差异化,不同地区的关注重点要有所不同,有针对性地开展投资和贸易合作。"一带一路"沿线国家众多,每个国家的历史、文化、法律、风俗习惯等不尽相同,对外投资的风险也相对比较高,不适合采用相同的模式和政策,在对外直接投资过程中要充分了解东道国的人文、法律等多种信息,综合政治、经济、文化等多方面的影

---

[①] 中华人民共和国商务部:《2019 年中国对"一带一路"沿线国进出口 9.27 万亿元》,http://sg.mofcom.gov.cn/article/ydyl/202001/20200102930381.shtml,2021 - 11 - 08。
[②] 吴倩:《中国与哈萨克斯坦已达成 52 个产能合作项目》,http://news.cri.cn/gb/42071/2015/12/14/7551s5197849.htm,2021 - 11 - 08。

响,作出投资决策。比如,在中东、东南亚等地区要重点关注其政治风险,要对该地区的武装冲突的不稳定有充分的预案;在南美、中亚等地,要高度紧盯其货币汇率变化,重点关注其汇率波动,对该地区的投资项目要有充分的金融风险评估;而在非洲、印度等地区,由于存在普遍的不诚信,在国际贸易中,货到款不到、款到货不到的现象时有发生,因此在投资合作中要高度警惕项目违约风险等。

当前,中国与"一带一路"沿线国家在产能合作上虽有一些合作项目,但是合作的深度和广度还都有进一步拓展的空间。首先,要消除彼此的顾虑,特别是沿线国家对中国优势产能"走出去"的错误认识,要充分认识产能合作是双赢,有利于东道国实现后发赶超。要做好沿线国家的宣传工作,加强文化交流,形成制度认同、规则认同等,建立稳定的信任关系。其次,中国企业以对外投资项目拉动产能"走出去"的时候,要注重利用当地的生产要素,包括劳动力、原材料等,提高当地就业,推动当地要素升级。只有利用好当地要素,解决好当地就业,拉动当地经济发展,才能得到东道国政府真正的支持。再次,中国企业与国外公司在产能合作的过程中,也要注意技术保护,防止核心技术的泄露,严格按照知识产权保护的相关法律法规做好风险评估。发展中国家需要向中国等其他国家学习技术发挥其后发优势,中国企业应当按照国际标准,按照国际规范,加强与东道国的技术合作,推动双赢。

## 三、鼓励先进企业"抱团出海",深度拓展海外市场

长期以来,中国企业不断探索海外市场,提高优化配置全球资源的能力,也做出了不少业绩,但仍有很大发展空间,中国企业"走出去"的方式方法还有不少地方需要改进。当前,中国企业在一些东道国宣传得不够,当地政府和民众甚至对中国企业有偏见,有时候阻碍了企业获得投资批准和良好运营。有些中国企业在国际投资过程中恶性竞争、不注重环境保护、欺诈、行贿等行为,产生了很大的负面影响。中国企业"走出去"的路还很长,在企业文化宣传特别是在和当地居民交流上,需要与发达国家企业学习。

比如，在对外宣传上，欧美以及日本、韩国等国家的企业做得比较好，注重细节，以小见大，以迎合当地价值观的方式，增强当地居民对其公司的认可。我们走访、调研的不少企业，包括上海、浙江、云南等地的重点企业，有些也反映我国企业在海外恶性竞争比较厉害。中国企业的海外恶性竞争无非有以下两种原因：一是将国内长期以来的价格战策略运用到国际市场；二是部分大型企业过于追求占有海外市场份额不惜以收益损失，挤走所有竞争对手。这表明长期以来我国的企业在国际投资领域内缺乏合作，不能达到一定程度的默契。这些长期积累的问题很难短期一下子解决，必须循序渐进，从增加企业交流合作上入手。中国海外企业的数量已经不少，但是凝聚力不足，要提高"走出去"的质量，扩大对外直接投资对出口增速提效的积极作用，必须建立企业的交流平台，促进企业间的信息交流和项目合作，增进互信，有序推动走出去。

阻碍企业"走出去"的另一个重要因素是信息不对称。在对东道国的政治风险、投资政策、宗教文化等难以有准确认识的背景下需要有企业率先尝试，做第一个吃螃蟹的，积累经验。目前，中国已经有一批成长起来的国有企业和民营企业具备了较强的国际竞争力和对外直接投资能力。这些企业经济实力雄厚，管理水平较高，抗风险能力较强，对外合作能力更强，可以通过这些先进公司的对外直接投资带动国内相关产业的出口增长，并为其他企业做好示范作用，引领更多企业"走出去"，进而扩大出口，同时也带动国内产业链向国外延伸。因此，有必要推动企业"抱团出海"，增加企业间的信息交流和合作，共同分析海外环境和可能遇到的风险，提高抗风险能力。

另外，"抱团出海"还有利于先进公司带动后发公司的发展，促进国内企业整体水平的提升。先进公司"走出去"通常出于技术获取或市场获取考虑，技术获取将导致向东道国的原材料出口增加，市场获取型的投资由于提高了在东道国的市场占有率进而将加大对母国中间品和原材料的进口。"抱团出海"可以使得原本竞争实力较弱的小公司分一杯羹，获得一个参与大型公司国际合作的机会，提高其对海外市场的认知。比如，中兴通讯收购德国阿尔卡特-朗讯网络服务公司可以通过参与德国的网络建设提高在德国的市场占有率，提高对我国光纤及其他中间品的进口，国内的中间品生产企业得以嵌入全球产业链;三一重工收购的德国普茨迈斯特控股有限公司在全球销售网络巨大,其90%的产品需要出口,此次并购非常有利于三一重工借助于销售网络的拓展进行出口扩张;海尔集团收购通用电气的家电业务目标之一也是投资和壮大美国的业务并以此打开对美销售的局面。这些国内巨头带头出海,有利于拉动国内相关配套企业参与全球化,拓展全球市场网络。同时,一批先进企业"走出去"对于国内企业对外直接投资具有示范作用,有助于推动更多的企业以并购带动出口增长。

"抱团出海"在国际上也是大多数国家对外直接投资的重要做法,最典型的是新加坡的财团模式。新加坡淡马锡集团其下属包括金融、能源、制造业等多个类型的企业,通常以团队模式到海外进行投资并购。新加坡设有国际企业发展局,专门有国际伙伴项目(International Partners Programme)为企业以团体"走出去"提供服务和便利。日本企业的特征是通过交叉持股形成利益共同体,由于存在投资收益分成,不容易产生主观的恶性竞争,有利于"抱团出海"。我国的同行企业本来在国内就是你死我活的竞争对手,很难形成合作关系,"抱团出海"的难度较大,因此要全方位、多举措推动企业海外合作。企业"抱团出海"既符合我国企业整体对外投资能力不强的现状,又不失为当前应对外部环境深刻变化的重要选项。要由内而外,从基础抓起,建机制、建平台等多措并举,创造企业抱团的条件。首先,在某些行业可以学习新加坡模式,由商务部设立相应的国际合作项目,鼓励企业"抱团出海",为企业加强合作建立官方平台。以项目合作带动交流,通过平台定期的会议或具体项目合作等形式,创造企业之间相互交流认识的机会,增进了解、共享信息。其次,要鼓励企业合作互助与合作,可以在国内的项目招投标中,主动推动多企业共同参与,增进企业之间的相互了解。当前的项目招标,以竞争性质的单一中标为主,未来可以更多设计多单位联合中标的项目,以项目合作增进企业互信。再次,要对恶性竞争等行为坚决打击,通过完善法律法规,创造良好竞争秩序。20世纪90年代到21世纪初这段时期,我国的市场竞争相对无序,产生了打价格战、哄抬物价等不良行为,不利于国内形成有序的市场竞争秩序。未来还要通过法治手段,健全法律法规、严惩违规行为,推动企业树立良性竞争的意识。

## 第二节　加快培育高级要素，提升要素能级

推动出口增速提效的出发点是提高国内产品的附加值，根本是要提高国内生产要素能级，从开放战略上看，就是要单向从引进要素到双向要素流动升级，更高效率利用国内资源，更高水平组织国外资源，加快培育国内高级要素，促进综合要素升级。

### 一、聚焦重点产业，加大自主创新

产业结构、产品结构的变化始终和要素结构相对应，每一个国家的要素禀赋在不同时期具有不同的结构和特点，因此要素升级是产业升级和出口提效的基础。而要素升级的关键是创新，以创新驱动经济高质量发展，带动出口增速提效。美国经济学家熊彼特认为一国的经济增长通常经历从要素投入驱动到投资驱动、到创新驱动再到财富驱动等4个阶段，不同阶段经济增长动力各不相同，中国经济目前正在从投资驱动向创新驱动阶段升级。中国经济正在迈向创新驱动发展阶段，对外直接投资和出口既要符合经济整体发展战略又要有自身特色，以投资驱动出口增速提效的内在动力是投资驱动新技术、新品牌、新组合等，形成新动力。但推动创新并不是眉毛胡子一把抓，不是一哄而起，而是要有重点产业、重点方向，依据现有比较优势大力拓展创新源。

#### （一）要全面评估国内的创新要素禀赋

改革与创新都能驱动经济深刻变化，创新本质上也是一种改革，是对生产要素自身的改造升级。培育高级生产要素，首先要了解现存要素的大概情况，只有在掌握一定要素基本信息的情况下才能有效推动要素升级，否则可能适得其反。目前，国内各个省市的开发区、创新区等都在推创新，在创

新发展上全国存在"千城一创"的局面,不管东部地区还是中西部地区,基本在都主张发展人工智能、5G、工业互联网、3D打印等新兴产业。在全民创新的背景下,也要突出重点,因地制宜。但是,不少地区在推动同质化的创新竞争,在招商引资、吸引人才等也都向人工智能、3D打印、5G等方面倾斜,实际上这种状况不利于各地创新发展。即使在经济发展程度高、科技水平高的东部地区,也要根据当地要素的具体禀赋,培育不同的高级生产要素。否则,一方面可能引起过度竞争,各地雷同的招商、引人政策层出不穷;另一方面可能导致资源错配,由政策引致的高级要素向其不相匹配的要素禀赋方向转移,最后导致创新效率的损失。因此,各地要摸清当地的创新要素情况,根据自身要素禀赋特征制定适合当地的创新政策。

(二) 要瞄准重点产业加大自主创新

虽然外部高级要素具有溢出效应,但是创新能力最终要体现在自主创新上,最终靠国内企业掌握核心要素,出口高质量商品。重点产业是根据全球产业发展特点和中国产业现状自发形成的优势产业,重点产业是加快深入推进产业发展的强大抓手,可以起到以点带面的作用,以重大项目的引领、示范,表明决心、增强信心脚踏实地带动产业创新。政府在发展重点产业上主要有两个方面的政策方向:一是选择若干重点产业,集中优势资源加大培育。自主创新不能搞大呼隆,要有的放矢,根据不同地区的要素禀赋特点,针对人工智能、5G、工业互联网、高端医疗、芯片等领域推出产业扶持政策,加大重点产业的研发投入和人才培养。二是要加快重要核心技术的突破,在关键零部件、"卡脖子"技术等重点领域加大自主创新,国家和部分地区要出台一批重大项目,聚焦高精尖,力争减少核心领域的对外依赖。中美贸易摩擦给我们最大的警醒就是要提高核心技术的自主能力,逐步摆脱关键零部件和技术受制于人的局面。因此,要加大自主创新,特别是重点产业、重点领域的自主创新,加快推动核心要素升级。

(三) 要加快改革,激活创新主体的积极性

自古以来中国就有创新基因,中国创新也曾引领世界。但是从第一次

工业革命以后中国闭关锁国,长期的封建统治和官僚体制一定程度上压制了中国的创新,不利于激发创新积极性。因此,当前中国的科技创新要赶上西方发达国家,就要激发创新活力,提高创新主体积极性。我们有条件也应该回到世界科技创新的顶端,再次引领世界创新发展潮流。

1988年在中国改革开放启动10年之际,邓小平提出"科技创新是第一生产力"。经过40多年的发展,中国的科技创新取得的进步举世瞩目,中国与世界先进水平的差距越来越小。技术创新越往上走,创新的难度越大,当前的中国就是到了跃升、超越的关键时期。一定需要加大制度、体制和机制等方面改革,真正充分激发激活人潜在的创新力,才能实现质的飞跃。

从自主创新的发展规律来看,除了直接的扶持政策之外,改革创新制度,营造良好的创新环境,激发创新主体的积极性非常重要。创新主体的积极性提高了,就能激发更大的人力资本潜力,发挥事半功倍的效果。重点是加大对薪酬体系、人力管理机制、股权激励规则、精神激励模式等多方面的改革,比如,给予研发人员更大的经费自主性、提高科研人员的股权占比、更加弹性的工作制度等,让研究人员有归属感、获得感。

## 二、主动获取高级要素,扩大逆向溢出效应

提升出口能力内在依靠生产要素升级。跨国并购是发展中国家获取高级要素的捷径,发展中国家的跨国公司可以利用并购的高级要素再在母国组织生产推动出口增长。随着中国经济进入高质量发展阶段,要大力发展跨国并购,以购买方式获取国外优势资源带动国内产业发展。一方面,科技、交通等大发展为要素全球流动创造了更好的条件。互联网技术发展带来了交易的电子化,航海航空的发展导致运输更加便捷和廉价,这些都使跨国并购更加方便。因此,在全球化、信息化的大背景下,中国企业跨国并购迎来了新机遇。另一方面,中国经济当前处在转型升级阶段,对高级要素有着强大的需求,用好对外直接投资的逆向溢出效应是发挥后发优

势的重要途径。借助对外直接投资获取外部高级要素，能够有效提高技术水平，实现技术上的弯道超车，提升出口质量。纵观全球经济强国无一不是对外投资强国，要发展好、利用好对外直接投资，助力国内经济高质量发展。

中国以跨国并购获取高级要素，扩大逆向溢出效应重点在于"三个用好"：一是用好中国拥有资金优势。中国前期高速发展积累的资金和外汇储备为跨国并购提供了资金保障，但要将钱用在刀刃上，提高资金效率，做到事半功倍。二是用好人力资本。改革开放以来，中国劳动力素质快速上升，受教育水平大幅提高，通过干中学积累了一大批可以适应先进制造要求的工人和研究人员。要充分利用这些人才，特别是在对外投资中要学会使用各类国际国内人才。三是用好已建立的全球营销网络。多年的外贸发展使中国的全球销售网络初步建立，也培育了一批外贸人才，具备了较强的海外营销能力。跨国并购要能与贸易结合促进出口，充分利用产品渠道的溢出效应。总之，以跨国并购获取海外高级生产要素，促进国内要素升级的机制在于通过并购获取国外的技术、品牌等高级生产要素，再回到中国组织生产或中国的工人到东道国学习，以干中学实现溢出。由于跨国并购的目的是获取高级生产要素，所以从投资方向上，资金应该主要流向发达国家，购买其相对先进的企业或技术。

在以对外直接投资获取高级生产要素，扩大逆向溢出效应的过程中。制造业更容易发挥其优势，中国已经是制造业第一大国，制造业的转型升级很大程度上代表着中国产业升级的发展态势。虽然华为、中兴等高科技公司的产品也具备了一定的国际竞争力，但是整体看中国和发达国家在技术、品牌等方面还有较大差距。中国的技术水平处在发达国家与发展中国家的中间阶段，跨国并购为中国获取高级要素，激发创新潜力，提高技术水平，促进出口高质量发展创造了条件。中国可以并购那些在发达国家缺乏一定竞争力，同时在发展中国家又有一定优势的企业，将中国的生产能力和国外的技术、管理、销售网络、品牌等相结合创造新的竞争力，提高出口。比如，美的集团收购日本东芝生活电器株式会社80.1％的股份，通过此次收购东芝家电的控股权，美的集团可在全球使用东芝品牌40年，并获得一批技术专利,美的集团在中国生产再以东芝品牌销往全球即以并购扩大了出口。在这个并购中,美的集团获得了东芝的相关技术,对国内母公司可以产生逆向技术溢出,同时通过销售网络的拓展,再次扩大了海外销售,增加了出口。再比如,联想集团收购 IBM 公司的 PC 业务后 Thinkpad 的品牌和生产线归联想所有,联想再在中国生产 Thinkpad 笔记本并销往全世界,增加了出口总额。我们看到此次并购之后,联想的笔记本电脑其他系列产品的质量都得到了提升,联想电脑的国内市场占比和国际市场份额都相应增加。联想集团的并购激活了 IBM 的个人电脑业务,同时为联想电脑实现二次发展铺开了道路,是典型的双赢。联想集团既获得了技术、品牌的逆向溢出效应,有增加了出口。

从引进外商直接投资实现高级要素的被动流入,到发展对外直接投资主动获得高级生产要素是中国对外开放升级和国际直接投资转型发展的重要特征。中国的对外直接投资已经站在了新的历史起点上,是中国从被动参与全球化和国际分工转向主动配置全球资源的重要变化。中国作为全球第二大经济体,科技水平整体还远未达到全球第二的水平,科技赶超是最重要的赶超,生产力的超越是最根本的超越。对外直接投资也要致力于技术进步和生产力的提升上,宏观政策、产业政策、企业制度等都要从这一大格局出发,从宏观到微观为企业通过逆向溢出效应培育高级生产要素创造良好环境。

## 三、以企业为主体,推动产学研用一体化发展

创新的含义很广,就经济学角度来说,主要指能被应用到经济领域并获得收益的创新。显然,经济领域最重要的是企业,企业最了解市场需求、生产条件、研发成本等,应当鼓励企业加大力度自主创新,拓展创新渠道。但是,不可否认在创新的过程中,只有企业也是不行的,还需要大学、实验室、科研院所等提供理论基础和前沿探索,因为创新最活跃的因素和最前沿的理论一定来自科学家的想象。因此,一个国家的科技创新体系一定是以企

业为主体,产学研用相结合的整体,多种要素构成了一个生态系统,彼此配合才能发挥最佳效果。

但是,长期以来中国科技创新体系中的几大主体脱节。高校的理论研究不少是跟着欧美等发达国家的顶级期刊进行模仿或研究,开创性研究较少,脱离了国内企业和国内市场的现实需要。国内企业的一些技术进步也是利用西方已经淘汰的技术再完善、优化,一直走不到技术前沿,陷入低端锁定。美国、欧洲和日本的科技创新全球领先的一个因素是高校和企业的紧密联系,既有一流大学和试验室,又有一流企业,两者再形成合作团体,创新力就大幅增强。我们可以看到,比尔·盖茨、乔布斯、扎克伯格、马斯克等大企业家都是在大学阶段就开始创业创新,并带领一个团队在科技前沿上进行突破,与高校持续合作,产学研用一体化的创新体系。中国的企业家很少是在大学阶段就创新的,创业的多,创新的少,产学研用结合不足。

因此,结合国外科技创新的发展经验,中国在推动自主创新上要注重产学研用一体化发展,构建科技创新的生态系统。一是搭建校企合作的平台,鼓励高校和企业的项目合作,在校企合作上给予资金和人才政策支持。目前,国内不少高校都有产业孵化园或类似的产业化基地,但是多数只存在物理层面的合作,要加深具体项目的创新。另外,各地的人才、招商等过度竞争反而不利于创新项目的顺利推进。因此,在校企合作上要不断优化政策,根据适时变化推出有针对性的差异化的措施,促进企业和高校的良性合作。二是打通高校与企业之间的旋转门。建立校企人员的自由流动机制,使得企业高管可以到高校或科研院所任职,企业员工也可以在高校得到培训,同时高校和科研院所的研究人员可以到企业任职,形成学校和企业在人员互流上的长效机制。在校企合作上做得比较好的是日本,早在20世纪50年代,日本就由政府和财界共同成立了民间组织"日本生产性本部"并内设产学协作委员会。20世纪80年代,日本科技厅和通产省确立了产学官三位一体的科研体制,政府颁布了《研究交流促进法》,鼓励国立研究机构的研究人员到企业参加共同研究,国立研究机构的设施向企业研究人员开放。在日本的产学研体制中,企业一直处于主体地位,日本共同研究项目中企业为主体的研究项目占比超过80%。[1] 我国建立产学研用体系,也要使得企业与高校等科研机构的人员更加自由流动,以人流带动创新流。三是鼓励、扶持科研机构研究项目产业化。进入21世纪以来,我国的专利申请量多年位居世界前列,但是专利的转换率却和发达国家有较大差距,中国的专利转化率仅为10%,而美国、日本的专利转化率基本维持在30%～40%。[2] 要在专利授权存量和增量提高的同时,促进专利向市场化转换,使专利从纸上变成现实,从纸变成钱,推动经济高质量发展。一是要加大对现有专利的推介,加强专利的非核心信息共享,让更多企业更多了解现有专利,创造专利使用的机会。二是要加大对知识产权的保护,没有完善的法律保护,科技创新难以持续健康发展。要严厉打击各类假冒、盗版等违法行为,提高专利保护水平,营造鼓励创新的法律环境。

科技创新能力的持续提升,要建立以企业为主体,遵循市场经济规律,产学研用一体化的创新体系。政府、企业、社会团体等主体要共同努力,从硬环境到软环境的点滴改善开始,扎扎实实稳步推进。中国的科技创新能力和创新水平也将随着创新体系、创新环境的优化而不断提升,走向世界前列。

## 第三节　创新对外合作方式,多渠道扩大出口

经济全球化进入了新的历史时期,特别是新冠肺炎疫情以后,全球化变动对产业链布局产生了深刻影响。供应链安全更加受到主权国家的重视,一些发达国家开始呼吁制造业回归。新的保护主义导致产业链收缩加剧,国际贸易和国际投资遇到了更多阻力,必须创新对外合作方式,多渠道扩大出口。

---

[1] 刘彦:《日本以企业为创新主体的产学研制度研究》,《科学学与科学技术管理》2007年第2期。
[2] 闫华、褚农农、孙晓冬等:《供给侧结构性改革背景下提高我国专利转化率的途径研究》,《农业科技管理》2018年第1期。

# 一、加快建设境外经贸合作区，推动出口协同增长

改革开放 40 多年来，中国经济发展的一个重要经验就是开发区模式，从特区到开发区、高新区等，以各种物理围网展开政策创新，以局部试验推动全面改革。实践证明中国的这种局部改革是成功的，对其他发展中国家发展经济很有借鉴意义。随着"一带一路"建设的推进，有的沿线国家也开始尝试中国的开发区模式，以点带面地促进当地发展。中国企业也可以参与园区建设，以绿地投资等模式带动出口增长。近年来，随着境外经贸合作园区的逐步落地，中国企业以园区合作推动出口增长的效果开始显现。

开发区模式对于吸引外商投资和发展加工贸易等具有显著作用。一方面，在开发区内进行政策创新的风险小，可以采取更加灵活的政策，据此吸引各类企业入驻；另一方面，开发区可以集聚企业，形成产业集聚和要素集聚，通过集聚效应提高企业的生产效率。境外经贸合作区相当于将开发区模式复制推广。以园区合作拉动出口增长的机制在于通过对外直接投资建立合作园区，吸引大量国内外企业入驻园区，区内企业可以区内生产区外销售，也可以与区内企业合作，并带动出口增长。经过前期的开发、推广后，到 2018 年中国企业已经在 46 个国家共建设初具规模的境外经贸合作区 113 家，累计投资 366.3 亿美元，入区企业 4 663 家，总产值 1 117.1 亿美元，上缴东道国税费 30.8 亿美元。[①] 境外经贸合作区已经取得了一定成效，随着合作园区的扩大，将形成良好的对外投资合作环境，并拉动出口增长。发展中国家启动增长需要特殊政策、特殊手段，划出一片区域进行制度创新和产业培育，无疑是一个选择。所以，开发区模式是"一带一路"沿线国家推动经济增长的一个做法，中国企业可以积极参与，进行多方面合作，共同实现多赢式发展。

---

① 王俊玲：《中国企业在 40 多个国家建设境外经贸合作区 110 多家——境外经贸合作区为啥"立得住"》，2019 年 6 月 18 日《人民日报》（海外版）。

这几年，境外经贸合作区发展很快，境外合作区是中国政府支持企业"走出去"的重要抓手也得到了东道国的普遍欢迎。比如中国·埃及苏伊士经贸合作区是由国家商务部指导、天津市政府推动、天津开发区和天津泰达投资控股有限公司主导运营的国家级经贸合作区。埃及政局稳定，经济发展潜力大，与中国的产业有很大互补性，在经贸合作区内先行探索无疑有助于扩大两国的经贸合作。泰达集团在国内有超过30年的园区开发经验，将中国开发区模式应用到亟须发展的国家和地区，既帮助当地发展，又带动中国企业"走出去"。

经过10余年的发展，苏伊士经贸区取得了可喜的成就。截至2020年6月底，泰达苏伊士经贸合作区共有企业96家，实际投资额超12亿美元，销售额超23亿美元，上缴东道国税收超1.7亿美元，直接解决就业4 000余人，产业带动就业3万余人。[①] 经贸区内产业类型包括交通运输装备、纺织服装、石油装备、高低压电器、精细化工、研发服务、仓储物流商贸服务等，随着这些产业的发展和更多国内企业的入驻，区内区外经济的联系度将提升，对中国的相关中间品和核心零部件的进口不断增加，有助于中国的出口增长。另外，这模式将有助于提高经贸合作区的政策保障，营造更好的营商环境。特别是苏伊士经贸区为中国的中小企业"走出去"，搭建了平台，已经有包括志高空调、温州综合工业、维柯家具、富洋摩托、尼罗河编织袋、奥富床上用品等20余家的中小企业入驻，已经成为中国小企业"走出去"发展的孵化器和生长地。[②] 中国小企业对外投资的经验不足，利用境外经贸合作区可以降低搜寻信息成本，提高应对风险能力。

再比如，2005年就已启动建设的泰中罗勇工业园，是目前已在泰国形成具有一定知名度和影响力的中国境外经贸合作区，成为了中国传统优势产业在泰国乃至东盟最大的产业集群中心和制造出口基地。园区以"为中资企业搭建平台，鼓励中资企业抱团出海"为出发点，在众多境

---

① 中国境外合作区官网：《中埃泰达苏伊士经贸合作区》，http://www.cocz.org/news/content-243509.aspx，2021-11-08。
② 中国境外合作区官网：《中埃泰达苏伊士经贸合作区》，http://www.cocz.org/news/content-243509.aspx，2021-11-08。

外经贸合作区中率先设置了一般工业区和保税区,以满足不同中资企业的发展需求。① 园区吸引了大批汽配、机械、新材料、电子、五金等行业的企业入驻,入园企业的中资企业享受企业所得税最高8年全免、免缴进口机器关税8年、以外销为目的的进口原材料免缴关税5年、可携入外籍技工或专家及其配偶、外籍人士可拥有土地所有权等优惠政策。在优惠政策的吸引下,入驻企业不断增加,产业配套不断完善,以投资带动出口的作用将逐步显现。

在"一带一路"建设顺利推进的过程中,境外经贸合作区起到了以投资带动出口、以经贸合作促进文化交流的重要作用。以境外经贸合作区为依托推动外资和外贸的相互促进,有效结合了政府和市场的双重作用,有助于降低企业"走出去"时对风险把控的不确定性。因此,要充分利用已建立的境外经贸合作区,鼓励更多国内企业进驻合作区,将园区作为进入东道国的跳板,以资本"走出去"带动更多产品"走出去"。

## 二、鼓励东道国企业参与经营,有力落实共建共享

在逆全球化抬头,保护主义盛行的背景下,东道国政府对外资的态度越来越谨慎。未来,中国企业对外直接投资和出口面临的困难挑战都会越来越多,阻碍会越来越大,既可能是来自东道国政府,也可能来自第三国的反对或威胁。因此,新一轮高质量对外开放,是从粗放式"走出去"转向精细化"走出去"。一方面,要与世界各国广泛交朋友,签订双边合作框架,加入区域贸易投资协定等;另一方面,企业在"走出去"的过程中,一定要注重东道国的参与,以双方或者多方共建、共享。

最基本的做法是请东道国企业一同参与投资项目,更多雇用当地工人,更多使用当地原材料和中间品,为东道国增加税收、就业、收入等。经济利益、经贸合作是加深往来的基础,可形成利益共同体。具体来看,与东道国

---

① 中国境外合作区官网:《泰国泰中罗勇工业园》,http://www.cocz.org/news/content-243504.aspx,2021-11-08。

进行项目共建、成果共享主要有以下几种形式。一是雇用东道国的管理人员和简单劳动力。当地的管理者能够有效管理当地工人,减少因为文化冲突而造成的误解和纠纷。当地管理者熟悉当地规则、习惯,更容易与当地政府打交道,可以有效解决各类行政性难题。并且,使用当地人还可以通过干中学提高其各类技能,并产生溢出效应。所以,使用当地人是融入东道国最重要的方法也是最受东道国欢迎的做法。二是使用当地的原材料、中间品等生产要素。中国企业进入东道国投资,有的是出于市场导向,有的是出于成本导向,不论哪种目的,更多使用当地要素,都有助于降低运输成本,也更容易迎合东道国市场。中国企业通过对外直接投资配置全球资源,就是要充分利用全球各类要素,特别是要能够灵活使用东道国的要素。三是与东道国企业合资组建企业和参与项目。合资、合营、股比限制等都是通用的合作方式,我国企业在"走出去"的过程中,也要考虑吸收更多东道国企业或资金入股,共同参与项目开发,共享投资收益。

以共建、共享的方式"走出去",符合当前经济全球化的发展态势,也是中国参与全球化和全球经济治理的一贯主张。从20世纪70年代末开始的,以资本自由跨国流动为驱动的超级全球化已经走向新拐点,这一趋势又因新冠肺炎疫情席卷全球而愈演愈烈。以我为主、保护主义、单边主义成为越来越多国家的战略选择,我国发展的外部环境深刻变化。我国企业以对外直接投资推动出口增速提效,一定要能够团结东道国的各类主体,维护好发展海外投资的良好氛围。长期以来,中国企业"走出去"面临的一个重要问题就是不会和当地政府、企业和社会打交道,中西文化差异一定程度上造成沟通的不畅。因此,对外直接投资企业与东道国政府、企业和工人的交往过程中,要入乡随俗,学会用当地的风俗、习惯、文化处理问题。

## 三、推进构建跨国营销网络,以投资带动贸易

全球化是跨国公司主导的,以资本、商品、人员、技术、品牌等生产要素

全球流动为标志,实现了资源在全球范围的优化配置。实际上是跨国公司的全球经营调动了全球资源,形成了全球性的供应链和营销网络,促进了人与人、要素与要素之间的联系。其中,最重要的驱动要素是资本,资本以各类投资项目带动其他生产要素进入新的领域。全球化虽然一定时期内出现了局部逆全球化趋势,但是长期来看,全球化符合资源配置的发展规律,有助于全球整体福利的提升,全球化在国际制度调整后,将加速前进,并走得更远。

以资本驱动要素流动,以资本带动贸易增长的运转机制更加顺畅。在进入高质量发展阶段的背景下,中国的出口也面临着转型升级,一方面要稳住出口增长的下滑速度,另一方要提升出口产品的附加值。以对外直接投资推动出口增速提效,符合全球化发展规律和中国实际的战略选择。根据上述跨国公司全球布局的特征,我们可以知道,中国企业以对外直接投资驱动出口增速提效,最佳的最可持续的模式仍然是建立全球性营销网络。未来随着3D打印、人工智能等技术的发展,生产将变得越来越数字化和智能化,获取订单、占领市场就成为更加重要的竞争力。

中国企业构建全球营销网络主要可以通过以下路径:

## (一)并购海外营销网络完备的企业

建立市场往往是一个艰难的过程,需要长期积累形成良好口碑。每个行业都有很多品牌,最终只有知名品牌能在消费者心中占据重要位置,搭建完备的营销网络,占领较大市场份额。因此,购买已经建立较好营销网络的企业,不失为一个重要选择。过去,大多数情况是国外公司通过收购中国企业打入中国市场。未来,随着中国企业国际化程度越来越高,中国企业以跨国并购的方式获取海外公司的控制权或股份打通海外市场的将越来越多。

## (二)直接在东道国投资建厂进入其市场

绿地投资长期以来是国际直接投资中的主角,绿地投资既可以将东道国作为生产基地,也可以把东道国作为市场,在当地生产当地销售。新的全球化趋势下,到当地生产并销售的模式将更受欢迎。比如,我们正在推进的

"一带一路"建设,不少项目都是首先在当地建设厂房、组织生产,然后销售给当地或周边国家的居民和企业。未来,中国企业的对外直接投资也将更多瞄准发展中国家的市场,巩固已有市场地位,并拓展新市场、发掘新的市场潜力。

(三)设立海外营销分支机构

设立海外分支营销机构是成本最低的开拓市场方式,但通常有一定品牌知名度的产品更容易成功。目前,中国已经积累一些有国际知名度的品牌,比如华为、海尔、联想、美的、格力等,这些企业通过设立海外营销分支机构可以较快打开国际市场。相反,一些知名度较低但产品质量较高的企业,可以通过与海外超市、大卖场、专营店等合作以代销模式先行进入市场,待产品得到一定市场认可后再开设营销分支机构。

随着更多海外营销分支机构和生产基地的建立,产品在海外的销量会越来越多,产品海外知名度会越来越高,也将带动更多国内核心零部件或中间品的出口,形成投资带动贸易的良性促进机制。有国际竞争力的企业必然是掌控着庞大全球营销网络的跨国公司,中国经济高质量发展需要有一批高水平的本土跨国公司,日益完备的全球营销网络是中国企业将来扩大海外投资和出口双向互动的基础。因此,从宏观角度看,有必要大力鼓励支持企业通过多种方式构建全球营销网络。

## 第四节　加强风险管控, 提高投资安全

对任何一项投资来说,风险都是可能存在的,没有完全不存在风险的投资项目,所以要重视风险,尽量规避风险。对外直接投资同样要注意企业"走出去"的风险。海外投资相对国内投资的不确定性更高,更要谨慎,不能冒进,要时刻保持警醒,加快风险管理和控制,提高投资安全,让企业更快更稳地"走出去"。

# 一、加强地域政治研究，防控地区政治风险

政治风险是企业在对外直接投资过程中受到东道国、母国或国际政治环境的变化导致项目暂停或终止的可能性。和平与发展虽然仍是当今世界的主题，但局部冲突时有发生，政权更迭、边境纠纷、恐怖主义等都对跨国经营的造成了威胁。中国对外直接投资的新增目的地中不少是地缘政治冲突严重的发展中国家，再加上中美关系紧张，政治风险上升的概率增加。政治风险与其他风险的不同在于，政治风险不确定性高、受损伤的程度大，有时候可能投资项目直接被东道国政府废止。比如，2018年马哈蒂尔在赢得马来西亚总统大选之后，马上就宣布废止前总理签署的一系列工程项目，其中包括中国在马来西亚正在建设的马六甲输油管道、东海岸铁路和泛沙巴输气管道等3个投资总额过千亿元的大项目。马来西亚的政权更迭，直接导致项目中断，给中国在马来西亚的投资造成了巨大的损失。

除此之外，中国对外直接投资中还会涉及东道国设计的"玻璃门""弹簧门"等，严重干扰项目的顺利推进，极大增加了项目成本。比如，中亚的吉尔吉斯斯坦、哈萨克斯坦等国家在办理劳工签证上极为困难，劳工证已经在当地成为了私人垄断，必须打通各种关系，耗财费时，很多时候项目签好了，工人进驻超乎寻常的慢，严重影响项目正常进度。再比如，华为公司2010年收购美国的服务器技术公司、三一重工2013年收购美国俄勒冈州风电场、清华紫光2016年收购美国西部数据公司、中国峡谷桥基金2017年收购美国莱迪思半导体公司等，美国政府都以威胁国家安全为由而否决。国家安全本身就是非常模糊的概念，是发达国家惯用的阻碍发展中国家进入其市场的手段，实际是人为设置的"玻璃门"。从美国发起对中国的贸易争端以来，中美关系日趋紧张，中国对美国的投资受到政治影响很大，不少企业推迟或取消了对美直接投资计划。

在逆全球化的背景下，对外直接投资中可能碰到的政治风险增多，投资顺利完工的不确定性增大。化解政治风险的难度很大，因此政治风险要防

患于未然，企业在对外直接投资中要更加关注政治风险，加大对政治风险的研究，提高预防政治风险的能力。

### （一）要加强对全球主要地区的政治风险研究

扎实的研究是预防政治风险的基础，长期以来我国的人文科学类对外部情况的研究不够，聚焦国内的研究较多，特别是在国别风险的研究上更是少之又少。主要原因是中国企业"走出去"的时间较短，相关研究的需求不多。随着中国对外直接投资的大发展，"走出去"的企业越来越多，企业遇到的海外风险特别是政治风险也逐渐增多，对政治风险的研究需求也在增加，因此，为了适应中国高质量对外开放的新要求，有必要加大海外政治风险的相关研究。要鼓励和推动商务部、各省市商务部门、高校、科研院所、智库等单位加大对全球主要地区和国家政治风险的研究，通过设立研究项目、支持课题等，引导相关机构将研究力量向地区政治风险研究方面倾斜，提高对全球地缘政治风险和国别政治风险的认识。

### （二）要高度重视海外政治风险，提前研判，未雨绸缪

在对外直接投资启动之前，企业就应当对东道国进行全面的政治风险分析，包括东道国的政局、东道国与中国的关系、东道国的市场准入政策等都需要深入系统地分析，为投资决策做好准备。企业是对外投资的主体，投资项目的盈利水平直接影响着企业的健康发展，有些国内企业甚至因为海外投资不利造成巨大亏损。企业既可以成立专门的海外风险研究小组或相关部门，也可以将海外风险评估的工作委托给第三方，在充分研究的前提下，派专门人员到东道国进行实地考察。在掌握东道国政治局势、风险的前提下，再确定是否对外投资。即使决定到东道国投资也要充分做好应对政治风险的预案，在合同中做好相关条款，尽可能将政治风险可能带来的损失降低到最小。

### （三）要注重维护与其他国家之间的信任合作关系，为海外投资构建良好的外部环境

国与国之间的友好关系，是企业敢于投资和"走出去"的重要参考条件，

两国之间关系的微妙变化也可能引起企业投资的变动。特别是在逆全球化、在中美关系紧张的背景下,不少国家采取了以保守主义为主的对外战略。中国要积极主动加强与相关国家签订双边合作框架、备忘录,并争取达成双边贸易投资协定,主动营造国际环境。中国独立自主、不结盟的外交政策有助于中国在经济层面上交更多朋友,要利用好中国的优势,扩大"朋友圈",增进文化交流、项目合作、人才流动等,增强互信,了解更多东道国各方面的信息,既为政治风险研究提供材料,又为经济合作建立良好基础。也要加大培养一批了解当地风俗习惯、法律法规、精通当地语言、掌握海外投资技能的复合型人才。

## 二、加强对产业发展态势研究,防控经济风险

良好的经济发展形势是国家稳定最基本最重要的条件。全球化大发展将各国之间的经济通过产业链连接了起来,国家之间的经济联系更加紧密,产业合作更加深化,国际分工更加细化,但是,在经济合作增多、经济相互依赖增加的同时,经济风险也在增高。一方面全球经济融合的过程中,资本跨国流动增加,资本的撤出附带投资项目的流出可能对东道国经济产生负面冲击;另一方面全球产业链的调整,可能导致东道国产业的空心化和全球资源配置效率的降低。对外直接投资是中国参与全球经济和配置全球资源的手段,在资本跨国转移过程中,国内外的产业都会产生影响。因此,在大力推动海外投资的同时,也应提高经济风险防控能力。

### (一)对外投资多点布局

多点布局、分散投资是防控风险的重要手段,既要在不同国家进行分散投资,也要在不同行业进行分散布局,在同一行业进行差别布局。过去中国的对外直接投资重点目的国在发达国家,发达国家的先进生产要素是中国企业所稀缺的,因此中国企业向发达国家的对外直接投资也比较多。在行业分布上多集中在制造业的汽车、化工等重点行业,未来中国对外直接投资

的领域要注重从经济安全、产业安全的角度进行多元化布局。不同产业间的对外投资要相互注重配合,避免重复、无效投资,重要产业的海外投资要注意做好备选方案,尽量减少投资风险。投资在同一行业的要注重避免在同一东道国进行恶性竞争,要做好前期的沟通协调,同一行业分散化投资。

## (二)密切关注东道国产业政策动向

对外投资要高度关注东道国的产业政策和产业结构变化,这些变化可能直接对企业在东道国的市场和生产受到负面冲击。比如,当东道国对某一产业的鼓励政策取消,或者增加新的门槛或额外的税费等,都会对该产业的外资企业产生冲击,增加其成本。如果跨国投资所在产业转变为限制类别,则可能会进一步加大在东道国的经营困难。比如,2018年以来,美国就对中国的高科技企业采取了一系列的限制政策,不允许中国企业进入美国的高科技产业,这些企业在美国市场的发展和全球供应链的安全都受到了重大影响。因此,在进行对外直接投资的过程中要做好准备工作,充分评估海外市场和东道国的产业政策,防止由于海外市场和政策变化对其企业经营产生较大负面的冲击。

## (三)紧跟东道国市场需求变化

通常市场需求变化是缓慢的,但是技术更迭速度加快可能导致市场需求升级的时间缩短,企业要能够灵活应变,否则很可能被市场淘汰。中国的对外直接投资要防止进入在东道国处于即将被淘汰的产业,避免出现刚进入市场其产品即被淘汰的局面。对外直接投资的市场风险是企业面对的重要难题,比如TCL集团并购汤姆逊公司就是失败的典型案例。首先,企业要了解市场前沿变动,要安排相关人员对市场进行密切跟踪研究或设立专门的市场研究部门。其次,要加强紧跟前沿的研发,根据市场情况进行跟踪研究,研发团队要加强与市场团队的联系与信息交换,加强基于需求端的创新。再次,企业在对外直接投资过程中,要做好备选方案,同时向世界其他国家展开对外投资项目的搜集和储备。

对外投资中经济风险主要是由于东道国和海外市场的不确定性而导致

投资损失。因此,为了应对经济风险,企业要加大对海外市场的研究,包括东道国产业政策、市场需求变化、技术升级趋向等,从多个方面做好准备,以减少外部风险对投资项目收益的负面影响。

## 三、深度研究国际金融态势,高度注意汇率风险

贸易自由化、投资便利化和金融国际化是经济全球化的3个重要特征,其中贸易和投资属于实体经济领域,而金融属于虚拟经济领域。在经济全球化背景下,虚拟经济和实体经济的联系更加紧密,金融能够解决实体经济发展的资金需求,但过度的金融发展也可能导致金融危机并对实体经济产生负面冲击。在对外直接投资中,企业碰到的最多的金融问题就是汇率的剧烈波动,汇率风险已经成为企业对外直接投资面临的重要风险。2018年,因为卢布兑美元汇率的剧烈波动而导致福耀玻璃在俄罗斯市场巨亏14亿卢布,占销售总额的20%以上。[1]

从全球不同国家的汇率波动整体来看,中国企业对外直接投资中遇到汇率风险的主要集中在新兴市场国家,比如土耳其、巴西、阿根廷、俄罗斯等都是汇率大幅波动的高发国家。2018年8月,1个月之内土耳其汇率曾暴跌22%。2020年初全球爆发新冠肺炎疫情,巴西的雷亚尔对美元汇率暴跌,从1月1日至5月15日,跌幅超过40%。[2] 汇率是一国综合实力的体现,汇率稳定是宏观政策的重要目标之一,稳定的币值有助于开展国际贸易和国际投资。但是,影响汇率的因素很多,有经济的,也有政治的;有宏观的,也有微观的;有长期的,也有短期的,但是总体来说经济增长动力比较脆弱,政治局势不够稳定的国家往往汇率波动较大,汇率风险较高。另外,汇率作为一种金融市场交易品种,经济脆弱国家的汇率也可能被全球金融财团作为炒作工具,并影响国际投资和贸易。

汇率问题作为一个复杂的金融问题,对于企业来说,研究好研究透东道

---
[1] 李加林、张元钊:《新形势下中国企业对外投资风险与管控措施》,《亚太经济》2019年第4期。
[2] 数据来源:据Wind数据库计算。

国的汇率波动趋势比较困难,因此企业应对汇率风险的难度较大,要做好套期保值。相对于其他风险,汇率剧烈波动的风险有其自身特点,其最大特征是对业绩影响有短期与长期、暂时与永久之分。短期的大幅贬值或者升值对企业金融资产造成暂时的浮亏或浮盈,但是如果交易不当,短期损失可能变成永久损失。为了应对企业在海外的汇率风险,可以从以下几个方面考虑。一是企业在对外直接投资目的选择时要格外谨慎,提前对目的国汇率波动历史走势进行观察和分析,尽量减少向有汇率剧烈波动国家投资项目。如果有可替代的其他国家,即使收益率低一些,也可优先考虑将投资布局到汇率低风险国家。二是在充分研究的基础上,即使作出投资决策,也提前做好汇率风险应对措施。对于对外直接投资来说,不管投资到哪个国家,都要做好汇率风险应对措施,只是在汇率高风险国家的要加强对汇率波动的监测,有必要可以请专业的团队进行风险管理。三是在汇率高风险国家要做好套期保值,并防止持有过多外汇,从总量上减少风险。要加紧对应收账款的催收,尽最大努力减少企业的债权,对客户建立黑名单制度等提高回款效率。汇率波动大的国家其整体营商环境一般也比较差,对东道国的上下游客户做好信用评估很重要,根据客户信用采取有差别的对策。随着金融国际化的发展,汇率风险越来越突出,也越来越受到企业重视,不少企业已经建立了汇率风险管理体系。比如,海尔集团就对应对汇率风险的团队,在2016年海尔并购美国通用旗下电气业务的过程中,就成立"海运汇小微"专门应对汇率风险,有效地防范了汇率波动对并购交割的影响。

## 四、注重知识产权保护,防控技术流失风险

从中美贸易摩擦以来,我们可以看到,当前的国际竞争更多体现在科技竞争上。美国打着贸易不平衡的旗号,对中国的高新技术企业进行打压,因此,要加大研发力度,提高自主创新能力,增强科技实力。对外直接投资是中国发挥后发优势,实现弯道超车提升科技实力的重要渠道。中国在整体科技水平上和美国、德国、日本等发达国家还有一定差距,还有较大的后发

优势空间,但是中国的科技水平比巴西、南非等很多发展中国家又有一定优势。因此,一方面向发达国家跨国并购获取其高级生产要素,促进国内技术升级;另一方面向发展中国家投资将中国相对优势的要素转移到东道国,获得投资收益。在中国对外直接投资的过程中,要防止两方面的技术流失风险,一是防止发达国家对中国技术进步的低端锁定;二是防止中国的技术向发展中国家的无偿流失。

科学技术是第一生产力,掌握核心技术就拥有了话语权。科技竞争已经成为最为重要的国家之间竞争,各个国家和企业为了提高其科技实力,防止技术流出都不断探索新的决策和方法。毫无疑问,技术的全球传播对全球技术进步和世界福利改善都有正面意义,但是技术需要有效保护,要维护技术所有者的权利,防止侵权,才能促进技术的广泛传播。中国企业在"走出去"的过程中,也要做好相关的技术保护。加强知识产权保护和技术保密主要可以重点关注以下4个方面。

### (一) 在对外直接投资并购中做好技术保护,签订相关技术转让协议

对外直接投资是资本为载体的多种生产要素的跨国转移,技术要素在国际转移的过程中,要做好技术保密,防止技术的无效外流。针对可以通过市场进行交易的技术,要充分利用市场机制,通过合理的市场评估,签订技术转让协议,按合同要求和标准进行技术转让。而对于非转让的技术要做好技术流出的风险防范,可以借鉴发达国家跨国公司在中国的做法,比如成立专门由母公司科研人员参与的研发中心,关键核心技术研发的全封闭管理,所有参与人员签订技术保密协议等。防范技术风险关键在于细致,堵住所有可能导致技术流失的漏洞。不管在发达国家的投资还是在发展中国家的投资,涉及重要技术的项目,都应做好周密方案。

### (二) 规范科研管理,重视人才

科技创新归根结底是由科研人员研发创造出来的,留住人、用好人才能从根本上提升创新水平,保住科技创新的持有动力。各国都把吸引全球高端人才作为一项重要的开放政策,纷纷推出税收优惠、财政补贴、项目资助

等,人才竞争已经成为重要的竞争战略,我国也相继推出过相关吸引海归人才和国外高级技术和管理人才的项目规划,对于高端人才各省市也制定了一些优惠政策。比如,在落户、子女上学、个税优惠等方面,都有特殊政策,争取为高级人才创造更好的工作、生活环境。中国企业在"走出去"的过程中,吸引和使用更多东道国的高端人才,最重要的是要有激励,可以鼓励高管持股,设立国外高管的股权、期权激励计划,使公司经营业绩与高级技术人才的收入挂钩。另一方面,对于从国内母公司派出到海外工作的员工也要给予更高的待遇,提高其归属感,增加其忠诚度。

### (三)加强国内知识产权保护,大力打击侵权行为

知识产权的侵权通常比较隐蔽,发生在国外的侵权更是难以发现,除了公司发现线索外,依靠国外政府是重要的途径。中国企业在海外要想使得知识产权得到更好保护,必须东道国政府的支持,在立法和执法上一视同仁。练好内功就是要建立良好的知识产权保护制度,完善知识产权立法,对侵犯知识产权的行为要重拳出击,培育尊重知识产权的社会氛围,树立维护知识产权的意识。过去有很长一段时间,盗版在中国猖獗,盗版影像、图书、软件等对市场产生了非常不好的负面影响,也使国际形象受损。因此,首先要加强知识产权保护,改变国外对中国在保护知识产权上的错误认识,在推进改革的同时,扩大海外宣传。其次要严惩盗版侵权行为,要加强对出海公司的知识产权培训,增加海外投资过程中的知识产权保护知识储备和提高维权技能等。

### (四)加大对涉及重大科技创新领域的国家审查

对涉及重要产业领域和核心技术转让的海外投资,进行监管审批是全球通行的做法,比如,美国长期限制其高新技术项目的流出。中国企业"走出去"也应当经过政府审批,特别是涉及重大科技攻关和核心关键技术领域一定要加强审批力度。从中国企业海外并购案例我们可以看出,近年来中国向美国、德国、英国、加拿大等国家高新技术领域的并购,不少都以维护国家安全的理由被否决。全球科技竞争愈演愈烈,为了保护各国的核心技术,

设置的隐性障碍越来越多,中国企业进入高新技术领域的难度越大越大。在科技大竞争的背景下,中国也应当提高自身技术保护,以防止技术流失,加强对重点科技项目"走出去"的审核。

## 第五节 本章小结

中国经济已经由高速增长阶段转向高质量发展阶段,但中国的对外直接投资还处在大而不强的阶段,中国的对外开放要提高水平,特别是要更好地利用对外直接投资,以对外投资配置全球资源。本章重点分析了我国以对外直接投资推动出口增速提效的若干举措和政策建议,主要包括4个层次:一是拓展市场,继续发挥后发优势;二是加快培育高级要素,提升要素能级;三是创新对外合作方式,多渠道扩大出口;四是加快风险管控,注意投资安全。

# 后　　记

什么是对外开放的本质？这是我时常思考的一个问题。资本和贸易既是对外开放的表现，又是扩大开放的渠道，就像两个轮子驱动着世界经济滚滚前进。所以，将对外直接投资和出口联系起来可能对研究扩大对外开放和世界经济运行都具有重要的启示意义。

经济全球化既是商品、中间品、生产要素的全球流动，也是资金、资本、人才的全球流动。经济全球化是历史潮流，投资和贸易在经济全球化过程中互动、融合、影响的程度越来越高，投资和贸易融合的发展已经凸显出长期趋势。

本书从投资和贸易融合发展的视角出发，基于我承担的国家社科基金青年项目"高质量发展背景下对外直接投资推动出口增速提效的路径与政策研究"(18CJL036)的研究成果，也是我近年来专注国际直接投资领域研究的一些思考总结。本书的出版首先感谢国家社科基金的支持，感谢上海社会科学院世界经济研究所的出版资助。其次，特别感谢我的导师张幼文研究员，张老师从课题开题到成稿多次指导，为本书提供了诸多思路建议。再次，在本书的写作过程中，要感谢张道根研究员、金芳研究员、罗长远教授、王小明教授、赵蓓文研究员、胡晓鹏研究员、孙立行研究员、徐乾宇博士等众多师友，他们都提出了宝贵的意见和建议。最后，感谢上海社会科学院出版社王勤老师辛勤的编辑工作。书中如有错误或疏漏，恳请大家批评指正！

薛安伟<br>
2021年冬月于上海社会科学院

图书在版编目(CIP)数据

对外投资提升出口质量的机制研究 / 薛安伟著 . ——上海：上海社会科学院出版社，2022
ISBN 978 - 7 - 5520 - 3872 - 9

Ⅰ.①对… Ⅱ.①薛… Ⅲ.①对外投资—直接投资—影响—出口产品—产品质量—研究—中国 Ⅳ.
①F832.6 ②F752.62

中国版本图书馆 CIP 数据核字(2022)第 042908 号

## 对外投资提升出口质量的机制研究

著　　者：薛安伟
责任编辑：张　晶
封面设计：周清华
出版发行：上海社会科学院出版社
　　　　　上海顺昌路 622 号　邮编 200025
　　　　　电话总机 021 - 63315947　销售热线 021 - 53063735
　　　　　http://www.sassp.cn　E-mail:sassp@sassp.cn
排　　版：南京展望文化发展有限公司
印　　刷：上海天地海设计印刷有限公司
开　　本：710 毫米×1010 毫米　1/16
印　　张：16
字　　数：238 千
版　　次：2022 年 8 月第 1 版　2022 年 8 月第 1 次印刷

ISBN 978 - 7 - 5520 - 3872 - 9/F・699　　　　　定价：78.00 元

版权所有　翻印必究